当代美国的不平等

基于马克思主义视域的一项研究

INEQUALITY IN CONTEMPORARY AMERICA

A Study from the Marxist Perspective

刘小兰 著

社会科学文献出版社
SOCIAL SCIENCES ACADEMIC PRESS (CHINA)

目　录

绪 论

一 选题的缘起与意义

（一） 选题的缘起

当今世界依然面临"东升西降""北强南弱"的局势。美国作为"西方"和"北方"典型的资本主义头号国家，其国内状况和外交走向是影响世界局势的极其重要的变量。自 20 世纪七八十年代推行新自由主义以来，美国国内经济不断衰退、政治走向分裂、文化弊病丛生。在国际交往中，美国恣意妄为、我行我素，奉行霸权主义和强权政治。当今资本主义陷入了系统性困境，而这种困境在美国表现得尤为明显。因而研究美国问题既具有很强的现实性又具有突出的国际代表性。美国问题千头万绪，涉及宏观层面、中观层面以及微观层面，涉及经济层面、政治层面、文化层面、社会层面以及生态层面，涉及国内层面也涉及国际层面。因而需要找一个焦点，而且此焦点是在西方国家和地区具有普遍性的。不平等问题最为典型，能够成为研究美国问题甚至是西方资本主义世界问题的焦点。也就是说，可以从美国不平等问题来透视美国资本主义的困境，甚至透视整个资本主义世界的困境。

当今的美国处于金融资本主义阶段，不平等问题在这一阶段表现得尤为突出。马克思主义认为，金融资本主义是从工业资本主义发展起来的。多数西方学者认为，金融资本主义是 20 世纪 40 年代尤其是 20 世纪 70 年代以来，随着资本主义国家经济的高度金融化而发展起来的。新自由主义是金融资本主义的理论基础。20 世纪 80 年代，美国的里根政府与英国的撒切尔政府所推行的经济政策，以及所进行的大刀阔斧的改革便是以新自由主义经济理论为指导方针的。随后，在国际货币基金组织、世界贸易组织、世界银行等国际组织的帮助下，新自由主义凭借"华盛顿共识"在全球推广。① 其实，就在新自由主义闪亮登场并驰骋美国导致不平等扩大化之前，美国有几十年的相对平等时期。具体来说，1929～1933 年经济大萧条，促使美国实行罗斯福新政，并且接下来几十年均以凯恩斯主义为指导思想。其结果是，美国国内的不平等程度大幅降低。但是 20 世纪 70 年代美国出现"滞胀"危机，凯恩斯主义遭到批评和抵制，新自由主义迎来了春天，代替凯恩斯主义成为美国统治阶级的指导思想。自从美国实行新自由主义经济政策以来，美国国内不平等呈扩大趋势且愈演愈烈。不平等问题导致美国内部生乱，美国因为其内乱而不断转移国内民众视线并不停地制造着外患。换言之，美国因国内的系统性不平等而陷入系统性困境，但美国在根本意义上不直面国内问题和矛盾，不从国内寻找不平等问题的根源，而是把美国内部的困境、外部霸权的衰落统统归因于其他国家和地区。美国政府在国际上宣扬修昔底德陷阱，认为中国、俄罗斯等国家的发展壮大是美国发展的主要挑战。在这个本身已经存在治理赤字的世界，美国在内政外交上所奉行的一系列方针政策，以及所采取的一系列行为，无疑增加了世界治理的难度。

随着新冠疫情肆虐，美国国内不平等问题更加严重。美国不平等问题并不仅仅是美国国内的问题，考虑到美国的对外政策及大的时代环境、国际环境，美国不平等问题从某种程度上也可以被称为世界问题，说其是世界问题有两层含义：其一，美国会因国内不平等问题而在世界范围内直接或间接制造问题；其二，美国不平等问题具有一定的世界普遍性。中国不仅要担当起与国际社会一道解决世界问题的重任，还要努力维护国际的公平正义。目前学术界关于美国不平等问题的研究基本是就美国谈美国，缺乏一定的国际视野和本国观照。有必要从理论与实践相结合的角度，通过美国不平等问题对比资本主义制度和社会主义制度的优劣。

---

① 周宏、李国平：《金融资本主义：新特征与新影响》，《马克思主义研究》2013 年第 10 期。

（二）选题的意义

1. 理论意义

美国不平等问题不仅是一个经济问题，也是一个政治问题、社会问题，美国不平等问题是一个系统性问题而且涉及多个学科。本书研究美国不平等问题，着重从经济学、政治学、教育学、法学、医学领域进行探讨。本书既探索每个领域不平等的特质，又发掘各领域不平等的共同特征。学术界关于美国不平等问题的学术成果虽然已经很多，但是，既有研究往往是从单一领域研究不平等问题，而本书从多个视角探讨不平等问题，极大地拓展了不平等问题的研究领域。同时，基于马克思主义基本原理和马克思主义立场、观点、方法来研究美国不平等问题，既梳理了相关马克思主义理论，又做到以之为指导思想。本研究可以检视马克思主义的真理性和当代性，以增强同各种错误思潮作斗争的理论本领和理论自信。本研究还可以从理论上进一步厘清不平等与美国衰落和世界格局之间的关系，以及预见资本主义和社会主义的未来。

2. 实践意义

研究美国不平等问题，可以管窥美国资本主义的系统性困境，分析美国不平等的系统性原因，预测美国不平等的趋势；可以了解美国为何在世界范围内干涉他国内政、为何在世界范围内挑起战争冲突，理解美国为何会实行那些内政外交方针政策；可以揭露美国以所谓"人权外交"和所谓"普世价值"对本国公民权和他国人权的践踏，尤其能够有力反驳美国对中国的人权攻击；可以懂得美国为何发动对华贸易战、科技战、舆论战；可以反观中国在促进社会发展、使人民共享发展成果、保护人民平等权利等方面做出的努力和取得的成就。总之，研究美国不平等问题可以起到知己知彼的作用。

二　国内外关于美国不平等问题的研究动态

（一）国内研究动态

关于美国不平等问题的研究多见于文章之中，主要涉及经济不平等、政治不平等、社会不平等、法律不平等、健康不平等、教育不平等、种族不平等、性别不平等、多维不平等。其中多维不平等是指所述内容涉及几类不平等的情况。关于美国不平等的专著极少，且主要研究某一领域的不平等。有的论著在论述其他问题时附带提及了美国某领域的不平等问题。

1. 经济不平等

赖志花在《通货膨胀背景下居民收入不平等问题研究》一书中指出，中低收入水平家庭的投资机会相对少，而且遭遇信贷市场的"门槛效应"，无法获得足够信贷支持。而高收入水平家庭则相反。① 文雯、常嵘着重从财富分布的测度、形成机制分析和政策效果评估三个方面，对国内外财富不平等的理论和政策研究进行归纳和比较，其中很多内容涉及美国财富不平等问题。② 付随鑫介绍了美国经济不平等的表现，分析了经济不平等与政治极化的关系。③ 薛涌指出，在美国穷人和富人生长环境有着天壤之别，结果是贫富世代化的比例极高。④

方芳、黄汝南分析了金融对实体部门的挤出效应，指出金融部门从业者与非金融部门从业者的收入差距显著扩大。他们认为不平等程度扩大会扭曲投资与消费行为，加深金融化程度，形成恶性循环。⑤

2. 政治不平等

翁淮南、王慧指出，美国政治领域的不平等表现为选举权的不平等、政治参与的不平等、政治功能履行的不公平。⑥ 汪仕凯探讨了美国民主政治衰落的表现、根源及其后果。⑦ 张宇燕和高程在《美国行为的根源》一书中对利益集团政治有所论述。张顺洪等在《西方新社会运动研究》一书中对美国执法过程中的种族歧视现象进行了论述。陈纪安在《美国法律》一书中介绍了 20 世纪美国法律不平等的状况。⑧

---

① 赖志花：《通货膨胀背景下居民收入不平等问题研究》，经济科学出版社，2017，第 65 页。
② 文雯、常嵘：《财富不平等理论和政策研究的新进展》，《经济学家》2015 年第 10 期。
③ 付随鑫：《美国经济不平等和政治极化关系探析》，《美国问题研究》2017 年第 1 期。
④ 薛涌：《市场到哪里投胎：三种资本主义模式的得失》，商务印书馆，2013，第 209 页。
⑤ 方芳、黄汝南：《金融化与实体经济：金融本质再考察》，《教学与研究》2019 年第 2 期。
⑥ 翁淮南、王慧：《美国社会真的是机会均等吗》，《党建》2013 年第 4 期。
⑦ 汪仕凯：《不平等的民主：20 世纪 70 年代以来美国政治的演变》，《世界经济与政治》2016 年第 5 期。
⑧ 陈纪安：《美国法律》，中国科学技术大学出版社，2002。

3. 种族不平等

刘艳明介绍了美国关于种族不平等的系统性种族主义理论。① 姬虹指出，美国的种族不平等具体表现为：财富和权力集中于白人；金融危机后，大量黑人因无力还贷而失去住房；少数族裔输在起跑线上即教育不平等；少数族裔的健康状况和接受的医疗比白人差即健康不平等。② 张梦旭指出，非洲裔妇女和儿童的死亡率均高于白人。③ 钟景迅、杨雪婷指出，教育领域的种族差异是美国当代社会种族不平等的重要助推器。二人从意识形态主导的社会结构出发分析了美国黑白人学生差距的根源。④ 朱炳坤、佟德志考察了另类右翼运动的种族主义理念的发展过程，介绍了另类右翼运动的种族主义理念的三个组成部分，即种族政治认同、种族现实主义和白人至上主义，分析了其对美国政治价值和政治现实的影响。具体来说，在价值层面，另类右翼运动的种族主义理念主张"人人生而不平等"，否定了人人生而平等的自由价值观念，同时也消解着人们平等拥有权利的可能性。在现实层面，种族主义理念与美国政府的政策立场互为表里。二人最后分析了美国历史上的种族主义遗产这一另类右翼运动的观念基础和社会基础。⑤ 魏南枝指出，当前美国社会的种族矛盾不再局限于白人与有色人种特别是非洲裔之间的矛盾，出现白人内部基于不同文化认同而相互对抗的新情况；种族矛盾焦点不再局限于各族群之间的权利不平等和社会不平等问题，美国社会文化认同走向撕裂，即捍卫盎格鲁－新教文化主体地位的美国传统文化认同与文化多元主义进行对抗。⑥

4. 多领域不平等

马峰对经济不平等、政治不平等作了论述。⑦ 宋丽丹论述了美国经济、

① 刘艳明：《美国系统性种族主义理论综述》，《北京社会科学》2019 年第 3 期。
② 姬虹：《"美国梦"为什么渐行渐远》，《人民论坛》2016 年第 31 期。
③ 张梦旭：《种族不平等刺痛美国社会》，《人民日报》2019 年 9 月 3 日，第 17 版。
④ 钟景迅、杨雪婷：《"扮作白人"的争议与批判：当代美国黑白人学生间学业成就差异的新解释》，《比较教育学报》2021 年第 1 期。
⑤ 朱炳坤、佟德志：《"人人生而不平等"：美国另类右翼运动的种族主义理念评析》，《国外理论动态》2020 年第 4 期。
⑥ 魏南枝：《美国的文化认同冲突和社会不平等性——种族矛盾的文化与社会源流》，《学术月刊》2021 年第 2 期。
⑦ 马峰：《全球化与不平等：欧美国家民粹浪潮成因分析》，《社会主义研究》2017 年第 1 期。

教育、政治、健康等方面的不平等。① 王文分析了美国经济不平等、政治不平等、社会不平等特别是不同族群之间不平等的相互作用。② 李艳艳、朱继东在《从"占领华尔街"运动看美国社会道德滑坡》一文中回顾了美国历史上的四次道德滑坡，认为不平等加剧时期与道德滑坡时期重合。美国社会道德滑坡的根本原因是资本主义私有制和贫富分化加剧。③ 张文宗分析了奥巴马政府和特朗普政府对美国社会不平等的助推，分析了拜登政府应对美国社会不平等的举措及其制约因素。④ 王勇从家庭收入差距扩大，黑白人的收入差距，不平等在贫困、人均寿命上的反映等方面概述了美国几十年来的不平等扩大趋势。王勇认为导致美国不平等的主要因素有六个：一是贸易与全球化的影响；二是技术进步的影响；三是减税等政策的影响；四是资本力量操纵选举与政策制定、劳工势力对政策的影响弱化；五是历史与文化因素的影响；六是受教育程度对收入差异的影响。不平等对美国内外政策的影响主要有五个：一是导致中产阶级萎缩；二是贫富悬殊加剧美国教育不公；三是经济社会不平等加剧了美国的政治社会分裂；四是为美国经济增长埋下了隐患；五是影响了美国对外政策与国际关系。⑤ 庞金友认为，不平等问题的显著特征是多维性、普遍性、复杂性、轴心性。他从市场经济的失灵、技术进步的催动、全球收益的下降、制度因素的强化四方面分析了不平等问题的时代根源，最后指出不平等问题的政治后果是破坏机会平等，导致社会不公，形成代际传递，以及威胁民主制度。⑥

（二）国外研究动态

国外学者近年来关于美国不平等的研究和国内类似，集中于上述几大类型。以下不再以类型为小标题的命名依据，而是分别介绍学者关于不平等的表现形式、不平等的特征、不平等的原因、为什么不平等是一个重要问题（不平等的影响或后果），以及解决不平等问题的对策等相关观点和

---

① 宋丽丹：《论当代西方社会各领域的不平等》，《经济研究参考》2016 年第 58 期。
② 王文：《社会不平等让"美国梦"坠落》，《人民日报》2017 年 1 月 15 日，第 8 版。
③ 参见朱继东编《占领华尔街之争》，中国社会科学出版社，2013，第 126～129 页。
④ 张文宗：《美国社会不平等与拜登政府改革的前景》，《美国研究》2021 年第 6 期。
⑤ 王勇：《美国经济社会不平等：根源与影响研究》，《世界政治研究》2021 年第 1 期。
⑥ 庞金友：《大变局时代欧美不平等问题的源起与影响》，《世界政治研究》2021 年第 2 期。

主张。

1. 不平等的表现形式

国外学者认为，当代美国的不平等主要包括经济不平等、政治不平等、社会不平等、教育不平等、健康不平等、种族不平等、性别不平等、法律不平等，等等。

英国学者安东尼·阿特金森探讨了不平等的含义、审视了表明不平等的程度的证据，并且指出尽管存在诸多关于不平等的讨论，但学者关于这个术语的含义尚未达成共识，经常出现概念混乱。很多领域存在不平等，比如，政治权利不平等、法律面前并非人人平等，甚至关于经济不平等的解读也多种多样。安东尼·阿特金森讨论了不平等的纵向范畴，即贫富差距，并从性别、代际和全球三个横向范畴探讨了不平等。[①]

法国经济学家托马斯·皮凯蒂在《21世纪资本论》一书中缜密地证实西方的财富和收入分化严重，并且指出财富和收入分化仍在加剧。美国政治学家罗伯特·帕特南在《我们的孩子》一书中指出，日益扩大的贫富差距，不仅体现在经济收入上，还表现在包括家庭财富、幸福指数乃至预期寿命在内的许多衡量福利的指标中。[②] 该书对美国教育不平等、政治不平等的表现亦有所论述。

美国学者道格拉斯·A. 希克斯在《经济不平等何以是一个神学和道德问题》一文中分析了美国经济不平等的具体表现。[③] 美国学者理查德·佛罗里达指出，美国整体的收入不平等程度很高，基尼系数与伊朗相当，已达到0.45，高于俄罗斯、印度、尼加拉瓜。[④] 该书还指出，在如今的美国，经济不平等也是空间不平等。美国慈善家詹姆斯·M. 斯通指出，不平等表现

---

① 〔英〕安东尼·阿特金森：《不平等，我们能做什么》，王海昉、曾鑫、刁琳琳译，中信出版集团，2016，第34~40页。

② 〔美〕罗伯特·帕特南：《我们的孩子》，田雷、宋昕译，中国政法大学出版社，2017，第41页。

③ Douglas A. Hicks, "How Economic Inequality Is a Theological and Moral Issue", *Interpretation：A Journal of Bible and Theology*, Vol. 69, No. 4, 2015, pp. 432 – 446.

④ 〔美〕理查德·佛罗里达：《新城市危机：不平等与正在消失的中产阶级》，吴楠译，中信出版集团，2019，第92页。

为明显的财富集中和社会经济各阶层之间流动性的下降。① 美国学者马特·米勒在《向左走，向右走：美利坚的未来之路》一书中提到了美国的代际不平等问题。② 美国著名哲学家托马斯·斯坎伦在《为什么不平等至关重要》一书中梳理了种族、贫富、意识形态、名声地位等人与人之间各式各样的不平等。③ 经济学家罗伯特·戈登在《美国增长的起落》一书中对美国收入不平等的表现有所论述。④

关于教育不平等，詹姆斯·M. 斯通指出，学校存在成绩差距，原因除了教育理念和公共教育意愿不同之外，各社区、各地区的收入和财富差距是造成教育差距的主因。即使那些完成大学学业的"胜利者"也往往通过借债才得以毕业，而沉重的债务使他们几乎找不到能偿还债务的工作。⑤

英国学者迈克尔·马尔莫在《健康鸿沟：来自不平等世界的挑战》一书中提到了美国健康不平等的案例。有美国研究者指出，在美国，确诊和未确诊的 2 型糖尿病（T2D）在墨西哥裔西班牙/拉丁裔成年人中的发病率几乎是非西班牙裔/拉丁裔白人的两倍。与非西班牙裔/拉丁裔白人相比，西班牙裔/拉丁裔成年人中糖尿病相关并发症（如急性中风和终末期肾病）的发生率也更高。⑥ 卡罗尔·C. 古尔德（Carol C. Gould）分析了社会经济因素对于自然灾害导致的健康危机的推波助澜，⑦ 这是健康不平等的表现。美国科学院院士安妮·凯斯和 2015 年诺奖得主安格斯·迪顿指出，美国的医疗费用在全球居首，但美国的医疗制度在富裕国家里是最差的。美国的

① 〔美〕詹姆斯·M. 斯通：《美国社会经济五个基本问题》，忠华译，中信出版集团，2017，第 50 页。

② 〔美〕马特·米勒：《向左走，向右走：美利坚的未来之路》，韦福雷等译，机械工业出版社，2010。

③ 〔美〕托马斯·斯坎伦：《为什么不平等至关重要》，陆鹏杰译，中信出版集团，2019。

④ 参见〔美〕罗伯特·戈登《美国增长的起落》，张林山等译，中信出版集团，2018，第 591 页。

⑤ 〔美〕詹姆斯·M. 斯通：《美国社会经济五个基本问题》，忠华译，中信出版集团，2017，第 97~98 页。

⑥ Morales, J., Glantz, N., Larez, A., et al., "Understanding the Impact of Five Major Determinants of Health (Genetics, Biology, Behavior, Psychology, Society/Environment) on Type 2 Diabetes in U. S. Hispanic/Latino Families: Mil Familias-a Cohort Study", *BMC Endocr Disord*, Vol. 20, No. 4, 2020, pp. 1 – 13.

⑦ Carol C. Gould, "Solidarity and the Problem of Structural Injustice in Healthcare", *Bioethics*, Vol. 32, No. 9, 2018, pp. 541 – 552.

医疗行业不擅长增进人民的健康，但擅长增进包括一些成功的私人医生在内的医疗服务提供者的财富。它还给制药公司、保险公司（包括"非营利性"保险公司）、医疗器械制造商，以及更具垄断性的大型医院的所有者和高管输送巨额资金。① 美国历史学家蒂莫西·斯奈德指出："医疗体系曾经是医学专家掌控的领域，但现在已经被牟利专家入侵。"② 其在《美国的痼疾：一位历史学家对疫情的反思》一书中以自己及家人的亲身经历揭露了美国的健康不平等问题。

美国学者斯坦利·艾兹恩等人分析了美国的种族不平等，研究涉及种族的收入差距、种族的财富差距，少数族裔与白人的贫困率的高低、种族间的教育差异、各族裔在健康问题上的差距、各族裔的失业率和就业类型、环境种族主义。他们指出，美国种族不平等有三个趋势，即种族冲突（白人将工作和其他资源的缺失归罪于少数族裔、反移民中的仇恨行为、以种族定性和虐待为典型的司法系统中的种族歧视、校园种族主义）、少数族裔的经济两极化（市中心的社会和经济隔离）、美国种族政策转变。③ 关于健康不平等，托马斯·斯坎伦在《为什么不平等至关重要》中指出，美国人的预期寿命呈现地区和种族上的差异。④

关于司法体系或法律执行中的种族歧视，弗兰克·爱德华兹、海德薇·李和迈克尔·埃斯波西托指出了警察在执法过程中使用武力的不平等。具体而言，与白人同龄人相比，非洲裔美国人、印第安人、阿拉斯加原住民、拉丁裔男性被警察杀害的风险更高。拉丁裔妇女和亚太裔男女在美国被警察杀害的风险低于白人。黑人男性的死亡风险最高。⑤ 詹姆斯·M. 斯

① 〔美〕安妮·凯斯、安格斯·迪顿：《美国怎么了：绝望的死亡与资本主义的未来》，杨静娴译，中信出版集团，2020，第189页。

② 〔美〕蒂莫西·斯奈德：《美国的痼疾：一位历史学家对疫情的反思》，陈博译，商务印书馆，2022，第119页。

③ 〔美〕斯坦利·艾兹恩、玛克辛·巴卡津恩、凯利·艾岑·史密斯：《美国社会问题》，郑丽菁、朱毅译，电子工业出版社，2016。

④ 〔美〕托马斯·斯坎伦：《为什么不平等至关重要》，陆鹏杰译，中信出版集团，2019，第14页。

⑤ Risk of Being Killed by Police Use of Force in the United States by Age, Race-Ethnicity, and Sex, https://www.pnas.org/content/116/34/16793.

通认为，美国最高法院大门上的格言"法律之下有平等正义"是对公平正义具有历史意义的宣示，这是一个道德理想，失控的财富差距扩大了理想与现实之间的裂隙。①

城市不平等。理查德·佛罗里达指出，城市之间也开始出现赢者通吃现象，超级城市轻松凌驾于普通城市之上。② 城市中的创意阶层、工人阶层和服务业阶层经济状况差别较大。③

2. 不平等的特征

托马斯·斯坎伦在《为什么不平等至关重要》一书中指出不平等的特征：不平等针对的是人与人的关系，而且日益多元化；在多元社会，解决不平等尤其不能用"均贫富""一刀切"的方法；由于不平等的复杂性和体系化，全球不平等和一个国家内部不平等的趋势难以遏制。当今多元的不平等对穷人是致命的。

此外，还有几个特征值得注意。

（1）系统性。系统性是指各种类型不平等之间的相互作用。杰森·福尔曼分析了收入不平等、财富不平等、机会不平等三种不平等之间的相互作用。④ 斯坦利·艾兹恩等人指出，性别不平等与种族、阶级、性取向的不平等密切联系。⑤ 英国马克思主义理论家大卫·希尔教授指出，健康不平等是经济社会不平等的产物。⑥ 劳伦斯·高斯廷（Lawrence O. Gostin）和埃里克·弗里德曼（Eric A. Friedman）指出，如果你问任何一个流行病学家健康的单一最大预测因子是什么，答案将是卫生部门以外的社会决定因素，

---

① 〔美〕詹姆斯·M. 斯通：《美国社会经济五个基本问题》，忠华译，中信出版集团，2017，第 69 页。

② 〔美〕理查德·佛罗里达：《新城市危机：不平等与正在消失的中产阶级》，吴楠译，中信出版集团，2019，第 19 页。

③ 〔美〕理查德·佛罗里达：《新城市危机：不平等与正在消失的中产阶级》，吴楠译，中信出版集团，2019，第 37 页。

④ 〔美〕杰森·福尔曼：《美国不平等的形式与根源》，张晔、周建军译，《经济社会体制比较》2016 年第 4 期。

⑤ 〔美〕斯坦利·艾兹恩、玛克辛·巴卡津恩、凯利·艾岑·史密斯：《美国社会问题》，郑丽菁、朱毅译，电子工业出版社，2016，第 257 页。

⑥ 参见金伟《马克思主义者的现实观察与当代使命——访英国马克思主义理论家、教育家、活动家大卫·希尔教授》，《马克思主义理论学科研究（双月刊）》2017 年第 2 期。

包括就业、教育、住房和交通。① 迈克尔·马尔莫指出，通常受过的教育越多，健康状况越好。②

（2）自我强化和延续。保罗·克鲁格曼指出，美国人自认为的生活于精英制度之下纯属幻想，美国社会趋向阶级化，出身至关重要，来自社会底层的人几乎没有机会改变所属阶层。③ 理查德·佛罗里达指出，地域和阶层一道强化并再生产部分人在社会经济上的优势。④ 机会不平等在代与代之间被强化了。⑤ 纽约、芝加哥、华盛顿等超级城市在持续不断地积累并强化自身活力。⑥ 罗伯特·戈登认为，不平等借助教育机制实现代际传递。⑦ 关于未来美国经济不平等是会扩大还是缩小，詹姆斯·M. 斯通指出，美国的收入和财富分配比过去更不平等，而且这个趋势还在加速延续而非有所减退。⑧ 罗伯特·A. 达尔指出，一个趋势是，先天的禀赋和优势通过累积，会在不平等制度的发展中变得稳定，形成"马太效应"。⑨

（3）普遍性。詹姆斯·M. 斯通指出，财富不平等在世界上具有普遍性。美国并非唯一表现出财富不平等的国家。⑩ 性别不平等具有普遍性。《美国社会问题》一书指出，所有社会对男女都区别对待，任何一个国家都

---

① Lawrence O. Gostin and Eric A. Friedman, "Health Inequalities", Hastings Center Report.
② 〔英〕迈克尔·马尔莫：《健康鸿沟：来自不平等世界的挑战》，俞敏译，人民日报出版社，2019，第 150 页。
③ 转引自于海青《美国社会平等吗？》，《红旗文稿》2013 年第 5 期。
④ 〔美〕理查德·佛罗里达：《新城市危机：不平等与正在消失的中产阶级》，吴楠译，中信出版集团，2019，第 11 页。
⑤ 〔美〕理查德·佛罗里达：《新城市危机：不平等与正在消失的中产阶级》，吴楠译，中信出版集团，2019，第 127 页。
⑥ 〔美〕理查德·佛罗里达：《新城市危机：不平等与正在消失的中产阶级》，吴楠译，中信出版集团，2019，第 19 页。
⑦ 参见〔美〕罗伯特·戈登《美国增长的起落》，张林山等译，中信出版集团，2018，第 596～597 页。
⑧ 〔美〕詹姆斯·M. 斯通：《美国社会经济五个基本问题》，忠华译，中信出版集团，2017，第 56 页。
⑨ 〔美〕罗伯特·A. 达尔：《论政治平等》，谢岳译，上海人民出版社，2014，第 85 页。
⑩ 〔美〕詹姆斯·M. 斯通：《美国社会经济五个基本问题》，忠华译，中信出版集团，2017，第 59 页。

没有彻底做到男女平等。① 城市不平等具有普遍性。欧美发达地区没落的老工业城市和发展中国家贫困闭塞的城市与超级城市的差距正在不断扩大。②

（4）周期性。塞尔维亚裔美国经济学家布兰科·米拉诺维奇认为，不平等倾向于周期性循环。③ 保罗·克鲁格曼在《美国怎么了？——一个自由主义者的良知》一书中指出，美国现代史上不平等政治与平等政治交替出现，并决定着经济不平等与经济平等交替出现。④ 美国学者沃尔特·沙伊德尔在《不平等社会：从石器时代到 21 世纪，人类如何应对不平等》⑤ 一书中也有相关论述。

（5）固有性（内生性）。有学者指出，依据马克思主义观点，资本主义不平等具有内生性并且会一直恶化。⑥ 罗伯特·A. 达尔指出，资本主义的普遍信念与民主的普遍信念总是存在冲突。⑦ 市场导向的资本主义在接近政治资源方面产生了初始的不平等，比如收入、社会地位、强制能力等存在差异。类似这样的初始不平等是基于市场的经济秩序所固有的。⑧ 市场资本主义决定了政治平等几乎是不可能实现的。⑨

3. 不平等的原因

关于不平等的原因，国外学者主要从经济、文化、政治、历史等角度或几者结合的角度进行分析。

（1）不平等的政治经济原因。哈佛大学教授、美国总统经济顾问委员

① 〔美〕斯坦利·艾兹恩、玛克辛·巴卡津恩、凯利·艾岑·史密斯：《美国社会问题》，郑丽菁、朱毅译，电子工业出版社，2016，第 253 页。

② 〔美〕理查德·佛罗里达：《新城市危机：不平等与正在消失的中产阶级》，吴楠译，中信出版集团，2019，第 19 页。

③ 参见史硅钠编译《不平等是周期性现象，等待人类的是又一场战争？》，《文汇报》2016 年 4 月 8 日，第 14 版。

④ 〔美〕保罗·克鲁格曼：《美国怎么了？——一个自由主义者的良知》，刘波译，中信出版社，2008，第 3 页。

⑤ 〔美〕沃尔特·沙伊德尔：《不平等社会：从石器时代到 21 世纪，人类如何应对不平等》，颜鹏飞译，中信出版集团，2019。

⑥ 参见金伟《马克思主义者的现实观察与当代使命——访英国马克思主义理论家、教育家、活动家大卫·希尔教授》，《马克思主义理论学科研究（双月刊）》2017 年第 2 期。

⑦ 〔美〕罗伯特·A. 达尔：《论政治平等》，谢岳译，上海人民出版社，2014，第 94 页。

⑧ 〔美〕罗伯特·A. 达尔：《论政治平等》，谢岳译，上海人民出版社，2014，第 92 页。

⑨ 〔美〕罗伯特·A. 达尔：《论政治平等》，谢岳译，上海人民出版社，2014，第 91~92 页。

杰森·福尔曼指出，科技变革和全球化之类的力量、众多产业日益加剧的
市场集中和垄断会催生新的租金分配格局。这种租金分配格局的产生是由
于当前劳动力供过于求，工会密集度和相对谈判能力下降。①

罗伯特·戈登认为1975年以后不平等加剧的重要原因是工会力量下降、
进口增多和移民增加，他还研究了自动化和最低实际工资下降这两个加剧
不平等的因素。② 保罗·克鲁格曼认为社会阶级化根源于美国社会保障网的
漏洞和政府在推动机会平等上的失败。在《美国怎么了？——一个自由主
义者的良知》中，他指出，关于美国政治与经济之间的关系，不是人们通
常所认为的经济决定政治，而是政治决定经济，两极分化的不平等政治决
定不平等的经济。

皮凯蒂认为，资本的不平等是一国国内问题，而非国际问题。资本所有
权的不平等所引发的国内贫富冲突比其引发的国际冲突更严重。③ 美国学者吉
姆·韦登、大卫·格鲁斯基指出，自由市场经济中不断扩大的不平等不仅
源于分配底端的竞争日趋激烈，也源于分配顶端的竞争不断减少。出现这种
局面并不简单因为产业重组尤其是"金融化"，事实上，出现这种局面还源自
更广泛的制度变革。此外，他们列举了自由市场经济中不平等的传统根源。④

美国政治经济学家、政治活动家道格拉斯·多德在《不平等与全球经
济危机》中从全球化、金融化方面分析了不平等的经济原因。⑤ 理查德·佛
罗里达详细分析了美国城市工资和收入不平等的几个共同影响因素：全球
化与技术变革；种族和集中贫困的长期影响；第二次世界大战后企业、政
府和劳工之间社会契约的力量弱化。⑥ 美国历史学家杰瑞·Z. 穆勒认为，资

① 参见〔美〕杰森·福尔曼《美国不平等的形式与根源》，张晔、周建军译，《经济社会体制
比较》2016年第4期。
② 〔美〕罗伯特·戈登：《美国增长的起落》，张林山等译，中信出版集团，2018，第587页。
③ Thomas Piketty, *Capital in the Twenty-first Century*, Cambridge, Massachusetts: The Belknap
Press of Harvard University Press, 2014, pp. 44–45.
④ 〔美〕吉姆·韦登、大卫·格鲁斯基：《收入不平等与市场失灵》，蒋林、刘捷译，《国外理
论动态》2015年第9期。
⑤ 〔美〕道格拉斯·多德：《不平等与全球经济危机》，逸昊译，中国经济出版社，2011，第
81页。
⑥ 〔美〕理查德·佛罗里达：《新城市危机：不平等与正在消失的中产阶级》，吴楠译，中信
出版集团，2019，第97页。

本主义经济社会活动必然产生不平等。[1]

菲利普·科特勒指出，大部分收入不平等源自全球化、科技以及教育的差异。[2] 詹姆斯·M. 斯通认为，跨国公司不断扩张是财富分配不均的原因之一。[3] 罗伯特·帕特南指出，关于过去四十年不平等在美国"高歌猛进"的原因目前存在争议，但人们普遍认为其与以下因素有密切关联：全球化、技术革命及随之高涨的"教育红利"、工会的衰落、绩效收入和社会规范的变动，以及后里根时代的公共政策。[4] 道格拉斯·A. 希克斯指出，美国收入和财富不平等加剧的原因不是单一的，全球化、技术和政治政策均发挥了作用。[5] 麻省理工学院荣誉教授彼得·A. 戴蒙德指出，全球化、技术变革、金融服务的增长、工会作用的减弱、薪资标准的改变、税收和转移支付政策的收缩是不平等加剧的原因。[6]

（2）不平等的社会文化原因。道格拉斯·多德在《不平等与全球经济危机》一书中分析了不平等的社会文化原因，比如消费主义、资本主义的意识形态与政治、媒体集团、军国主义"乘数效应"依赖等。[7] 国际货币基金组织的三位经济学家已公开质疑新自由主义的有效性，特别是针对其所带来的不平等问题进行了深入批判，他们认为各国金融开放所带来的不平等问题已经阻碍了经济增长，这一点大大地削弱了新自由主义的合理性和可行性。[8] 同样，大卫·希尔也认为，新自由主义扩大了全球范围内的不平等，

---

① 〔美〕杰瑞·Z. 穆勒：《资本主义与不平等》，王东风译，《国外理论动态》2014 年第 6 期。

② 〔美〕菲利普·科特勒：《直面资本主义：困境与出路》，郭金兴等译，机械工业出版社，2016，第 39 页。

③ 参见〔美〕詹姆斯·M. 斯通《美国社会经济五个基本问题》，忠华译，中信出版集团，2017，第 65 页。

④ 〔美〕罗伯特·帕特南：《我们的孩子》，田雷、宋昕译，中国政法大学出版社，2017，第 40 页。

⑤ Douglas A. Hicks, "How Economic Inequality Is a Theological and Moral Issue", *Interpretation：A Journal of Bible and Theology*, Vol. 69, No. 4, 2015, pp. 432 –446.

⑥ Peter A. Diamond, "Addressing the Forces Driving Inequality in the United States", *Contemporary Economic Policy*, Vol. 34, No. 3, 2016, pp. 405 –411.

⑦ 参见〔美〕道格拉斯·多德《不平等与全球经济危机》，逸昊译，中国经济出版社，2011。

⑧ 孟鑫、鲁宁：《新自由主义的理论实质与实践困境》，《科学社会主义（双月刊）》2016 年第 6 期。

导致了国与国之间、一个国家内部各阶层之间的不平等现象急剧增加。①

迈克尔·马尔莫在《健康鸿沟：来自不平等世界的挑战》一书中深入探讨了健康存在差异的社会性、文化性根源。有美国学者指出，除了遗传和生物因素外，社会文化影响也是决定 T2D 风险和相关并发症的重要因素。这些影响因素包括种族、文化适应、居住地、教育和经济地位。这些学者分析了人类健康的五个主要决定因素（遗传学、生物学、行为、心理学、社会/环境）对拉丁裔家庭 T2D 负担的影响。② 哥伦比亚大学新闻学院名誉院长尼古拉斯·莱曼（Nicholas Lemann）指出，"精英体制毁了美国人的生活。通过把自己表现为提供平等机会的手段，它先发制人地压制了反对意见，它将不平等推向更高的水平，它是一种有效的继承机制，而不是在推翻特权。它甚至把为数不多的受益者变成了痛苦不堪且承受着巨大压力的工作狂，他们不得不把大部分收入花在子女的私立学校和家教上"。③ 詹姆斯·M. 斯通在《美国社会经济五个基本问题》中指出，美国的精英不经意间将自己隔离成为内聚力越来越强的永久的上层人群是财富和收入不平等格局形成的原因之一。④ 罗伯特·A. 达尔指出，公民态度和缺乏强大的社会民主党及传统可以解释美国的不平等问题。⑤

《人民的世界》网站 2022 年 1 月 10 日发文介绍了三本有助于加深人们对种族主义理解的论著，书中回顾了种族主义在美国的实践和种族主义的意识形态成分，其中包括当前的美国种族主义。目前最热门的是由妮可·汉娜－琼斯（Nikole Hannah-Jones）主编的《1619 计划：一个新的起源故事》（2021 年）［*The 1619 Project：A New Origin Story（2021）*］。它由 18 位不同

---

① 转引自金伟《马克思主义者的现实观察与当代使命——访英国马克思主义理论家、教育家、活动家大卫·希尔教授》，《马克思主义理论学科研究（双月刊）》2017 年第 2 期。

② Morales, J., Glantz, N., Larez, A., et al., "Understanding the Impact of Five Major Determinants of Health（Genetics, Biology, Behavior, Psychology, Society/Environment）on Type 2 Diabetes in U. S. Hispanic/Latino Families：Mil Familias-a Cohort Study", *BMC Endocr Disord*, Vol. 20, No. 4, 2020, pp. 1 – 13.

③ 转引自熊一舟编译《精英体制推动了不平等吗》，《社会科学报》2020 年 2 月 20 日。

④ 〔美〕詹姆斯·M. 斯通：《美国社会经济五个基本问题》，忠华译，中信出版集团，2017，第 59～60 页。

⑤ 〔美〕罗伯特·A. 达尔：《论政治平等》，上海人民出版社，2014，第 93 页。

作者的 19 篇文章组成。第一批非洲奴隶被送到弗吉尼亚州的詹姆斯敦的那一天具有里程碑意义。大多数文章最初发表在 2019 年的《纽约时报》上，以记录 400 年的奴役及其后果。该书收录了特里梅因·李（Trymaine Lee）关于"继承"的文章。作者指出，截至 2017 年，白人家庭获得遗产的可能性是黑人家庭的两倍。白人家庭继承财产的中位数为 10.4 万美元，而黑人家庭仅为 4000 美元。特里梅因·李列举了导致这种局面的涉及极端暴力的例子。到 1947 年，埃尔莫尔·博林成功地在亚拉巴马州的朗恩兹伯勒建立了农场和加油站，经营运输和送货业务。他的大部分农田是从祖父和父亲那里继承的。事实证明，对于当地的白人至上主义者来说，这个黑人在商业上取得的成功实在是太多了。博林被发现死于沟里，之后其土地和生意都被剥夺了。文中详细描述了他的妻子和六个孩子所遭受的创伤及其后果。妮可·汉娜－琼斯在她题为《正义》的总结文章中再次强调了结构性种族主义。她解释了一个多层面的赔偿计划将如何运作。

杰拉德·霍恩（Gerald Horne）博士的《1776 年的反革命：奴隶抵抗和美利坚合众国的起源》（*The Counter-Revolution of 1776：Slave Resistance and the Origins of the United States of America*）是一本对阶级问题研究得比较好的书。霍恩博士用大量篇幅记叙了奴隶制是如何从加勒比海来到北美大陆的。他描绘了许多发生在加勒比地区、北美南部和北部的奴隶起义，并且以 1689 年非洲人在当时位于曼哈顿哈莱姆（Harlem）的农业村庄的暴行为奴隶起义的典型案例。霍恩很重视邓莫尔勋爵在 1775 年 11 月发表的宣言，在书中对此着墨甚多。该宣言要求解放奴隶并且武装奴隶，以支持面临殖民叛乱的英国人。这吓坏了奴隶主，促使他们更加全面地支持独立运动。霍恩的《民主》（载《1619 计划：一个新的起源故事》）一文说明了这一点。事实上，英国直到 1834 年才废除奴隶制。从数量上看，英国实际上是奴隶贸易的先行者，有自己专门从事奴隶贸易的公司——皇家非洲公司（Royal African Co.）。霍恩进一步阐述了殖民地奴隶主参与独立运动的自私自利，甚至把 1760～1790 年这段时间称为"反革命"时期。从一开始，人们就知道大多数国父是奴隶主。霍恩认为，许多殖民地奴隶主也属于小型奴隶主，他们拥有两到三个奴隶。由于他的研究，奴隶财产现在被越来越多的人认为是普遍存在的。除了早期的英国和荷兰定居者、土著居民和被奴役的非洲人，还有来自中欧和东欧的工人和工匠。一些人在 1619 年被带到詹姆斯敦生产沥青、焦油、肥皂灰和玻璃。这些工人成功地组织了一次罢工，与英国人一起获得了选举权。这两本书很好地记录了奴隶制在 18 世纪和 19 世纪的强化态势。奴隶主阶级控制着国家的最高行政职位。美国前 12 位总统中有 10 位拥有奴隶。这两本书都触及了历史上的各个转折点，尤其是《1619 计划：一个新的起源故事》，它的触角延伸到了 21 世纪。这些时期包括 18 世纪的美国革命时期，1808 年禁止奴隶贸易、内战、重建时期（1865～1877 年），民权时代（1950～1970 年）。书中还提到因乔治·弗洛伊德之死引发的大规模游行（2020 年）。

第三本书是大卫·布莱特（David Blight）博士撰写的《弗雷德里克·道格拉斯：自由的先知》(2018)［Frederick Douglass：Prophet of Freedom (2018)］。大卫·布莱特博士撰写此书的起因是其发现了一批有关道格拉斯的材料。本书追溯了道格拉斯的生平，从道格拉斯人生经历的视角，道出了奴隶的意义以及种族主义心理，因为它影响了贫穷的白人。霍恩博士也强调过这一点，他所说的移民种族主义不仅仅表现为大种植园主的行为。布莱特作品的一个重要方面是他对"注定失败"(lost cause) 及当前其与白人至上主义的联系的解释。道格拉斯相信，无论哪一方赢得了有关内战前后及内战过程中所发生的事情的话语权，都将决定重建的命运。布莱特称之为为了历史记忆的持续斗争。战后，种族主义理论家推动了"注定失败"的叙事。事情是这样的：由于北方的工业力量，南方联盟军只在战场上输了。南方从来不是为奴隶制而战，而是为国家主权而战，为种族有序的文明和家园而战。随着时间的推移，南方将重新占据道德和政治的制高点。2021 年 1 月 6 日，一些举着南方联盟旗帜的人游行到国会大厦，他们中的一些人可能是"注定失败"想法的追随者。这三本书都揭露了扭曲历史的行径及种族主义意识形态。①

4. 为什么不平等是一个重要问题

关于政治不平等的后果，在《群众社会的政治》(The Politics of Mass

---

① Three Important Books on Race in America for Deep Winter Reading, People's World, https://www.peoplesworld.org/article/three-important-books-on-race-in-america-for-deep-winter-reading/.

Society）一书中，科恩豪泽指出，从纳粹主义到法西斯主义，甚至包括美国本土的麦卡锡主义，这些煽动性的群众运动最容易掌控的公民，正是那些最缺乏渠道参与正式或非正式集体生活的人。汉娜·阿伦特在《极权主义的起源》中有与之所见略同的论证。①

杰瑞·Z. 穆勒指出，不平等的持续会破坏社会秩序，导致民粹主义对抗资本主义体系。② 詹姆斯·M. 斯通在《美国社会经济五个基本问题》中指出不平等的影响是证伪美国梦。③ 美国学者菲利普·科特勒指出，高度且日益严重的收入分配不平等会降低经济增长率、破坏社会团结，导致阶级冲突。

理查德·佛罗里达认为，经济隔离给穷人带来的后果是灾难性的。他引用社会学家威廉·朱利叶斯·威尔逊在其 1987 年出版的《真正的穷人》中提到的贫穷的空间聚集带来的不利影响。④ 道格拉斯·A. 希克斯论述了不平等越严重危害越大，不平等越轻微益处越多。⑤ 哈佛商学院学者迈克尔·I. 诺顿分析了不平等对于生产率、个人决策制定和行为的消极影响。⑥ 罗伯特·A. 达尔指出，不平等的制度对统治者和被统治者具有同等的危险性。⑦

5. 解决不平等问题的对策

各位学者根据自己关注的不平等领域及其成因，提出了有针对性的解决不平等问题的对策。由于不平等具有的特征，应对某类不平等的措施对于应对其他类型的不平等也是有益的。因而，这里不再一一区分究竟是应对哪一类不平等的对策，除非一些作者明确提出对策是针对哪类不平等的

---

① 转引自〔美〕罗伯特·帕特南《我们的孩子》，田雷、宋昕译，中国政法大学出版社，2017，第 269 页。

② 〔美〕杰瑞·Z. 穆勒：《资本主义与不平等》，王东风译，《国外理论动态》2014 年第 6 期。

③ 〔美〕詹姆斯·M. 斯通：《美国社会经济五个基本问题》，忠华译，中信出版集团，2017，第 52 页。

④ 〔美〕理查德·佛罗里达：《新城市危机：不平等与正在消失的中产阶级》，吴楠译，中信出版集团，2019，第 114 页。

⑤ Douglas A. Hicks, "How Economic Inequality Is a Theological and Moral Issue", *Interpretation*: *A Journal of Bible and Theology*, Vol. 69, No. 4, 2015, pp. 432 – 446.

⑥ Michael I. Norton, "Unequality: Who Gets What and Why It Matters", *Policy Insights from the Behavioral and Brain Sciences*, Vol. 1, No. 1, 2014, pp. 151 – 155.

⑦ 〔美〕罗伯特·A. 达尔：《论政治平等》，谢岳译，上海人民出版社，2014，第 87 页。

或对策确实具有针对性。

杰森·福尔曼提出推动包容性增长的政策，具体分为四类。[①] 耶茨提出了改变当前权力结构的老办法和新办法。[②] 菲利普·科特勒提出缩小收入差距和减少财富高度集中的对策建议。约瑟夫·E. 斯蒂格利茨在《不平等的代价》一书的最后一章提出了系统性的解决不平等的方案。詹姆斯·M. 斯通认为首先应从公共政策着手解决经济不平等，[③] 不应任由公司权力膨胀，加大反垄断政策的实施力度，最好以更高的标准重新实施反托拉斯政策。[④]

詹姆斯·M. 斯通指出解决教育不平等的简单答案是，全民为国服务。[⑤] 对于解决城市不平等，理查德·佛罗里达提出，要让经济发展更全面和富有包容性，[⑥] 实现惠及全民的城市化。道格拉斯·A. 希克斯提到了解决不平等问题的诸多对策，值得一提的是，他认为需要将经济不平等与教育不平等、健康不平等联系起来一起解决。[⑦] 劳伦斯·高斯廷和埃里克·弗里德曼提出了解决健康不平等的三条建议：首先要测量健康不平等的情况；其次要从公共健康和社会因素着手；最后要呼吁人们互相尊重。[⑧]

美国学者苏珊·E. 迈耶（Susan E. Mayer）指出，要减少收入或教育方面的不平等，就需要制定具体的政策。减少收入不平等尤其需要借助税收和转移支付制度或工资控制进行再分配。一国不平等的程度取决于其政治决策。如果希望在学校教育中创造更多的平等，那么就必须直接从教育着

---

① 〔美〕杰森·福尔曼：《美国不平等的形式与根源》，张晔、周建军译，《经济社会体制比较》2016 年第 4 期。

② 〔美〕迈克尔·D. 耶茨：《权力与美国社会日益严重的不平等》，张峰译，《国外理论动态》2012 年第 8 期。

③ 参见〔美〕詹姆斯·M. 斯通《美国社会经济五个基本问题》，忠华译，中信出版集团，2017，第 61 页。

④ 〔美〕詹姆斯·M. 斯通：《美国社会经济五个基本问题》，忠华译，中信出版集团，2017，第 85～86 页。

⑤ 参见〔美〕詹姆斯·M. 斯通《美国社会经济五个基本问题》，忠华译，中信出版集团，2017，第 118 页。

⑥ 〔美〕理查德·佛罗里达：《新城市危机：不平等与正在消失的中产阶级》，吴楠译，中信出版集团，2019，第 62 页。

⑦ 参见 Douglas A. Hicks, "How Economic Inequality Is a Theological and Moral Issue", *Interpretation: A Journal of Bible and Theology*, Vol. 69, No. 4, 2015, pp. 432－446。

⑧ Lawrence O. Gostin, Eric A. Friedman, "Health Inequalities", Hastings Center Report.

手，而不是通过收入分配。① 罗伯特·A. 达尔提出了几个改变不平等的可能方向，比如，将市场与某种所有制结合，将解决不平等纳入政治议程；破除消费主义文化的影响，培育公民身份意识等。②

（三）研究评析

通过观察国内外关于不平等问题的研究动态可以发现，现有研究对于"平等"的含义要么没有涉及，要么讲得不太清楚。现有研究往往采用定量法分析不平等，没有结合相关的不平等理论进行定性定量相结合的分析。现有研究往往将"经济不平等"直接表述为"不平等"，或者仅涉及几个方面的不平等，涉及面不够宽广。也有将"经济不平等"和"社会不平等"混用的，或用"社会不平等"涵盖"教育不平等""经济不平等""法律不平等"的。对某一类不平等的测度和表现描写得也不是很全面。现有关于不平等特征论述的专题文章很少，几乎没有著作以不平等的特征命名。各种特征散见于文章或论著中。现有研究也往往只讲到特定类型不平等的特征，需要进一步研究各类不平等的共性和特性、各类不平等之间的相互关系。而对于美国不平等特征的梳理，有利于深入把握美国不平等的原因。关于不平等的原因，现有成果往往集中于以经济不平等为对象展开论述，忽视了各种不平等的综合作用，有必要将不平等的特征和原因综合起来进行探究。

现有国外研究往往倾向于持自由派或者保守派观点。国外学者提出的解决美国不平等问题的对策均是在资本主义框架内进行小修小补，无助于从根本上解决不平等问题。需要进一步运用马克思主义分析美国当代不平等现象，进一步研究不平等体现的美国困境、不平等将把美国带到何方、美国不平等的国际影响、解决美国不平等问题的出路何在，等等。

三　研究的重点、难点和可能的创新点

（一）研究的重点

本书研究的重点是：美国不平等的表现，美国不平等的经济根源、政

---

① Susan E. Mayer, "The Relationship Between Income Inequality and Inequality in Schooling", *Theory and Research in Education*, Vol. 8, No. 1, 2010, pp. 5 – 20.

② 参见〔美〕罗伯特·A. 达尔《论政治平等》，谢岳译，上海人民出版社，2014，第64页。

治根源、文化根源，美国不平等的基本性质、趋势与影响。

（二）研究的难点

由于本书研究的是美国当代不平等问题，需要阅读大量外文材料，尤其是最新的外文材料，查询阅读并梳理归纳这些外文材料具有一定的挑战性。此外，关于美国不平等的几大根源及其相互关系要论证清楚有一定难度，因而也是本书的研究难点。

（三）可能的创新点

本书可能的创新点是较为系统全面地研究了美国各领域的不平等。就目前来看，本书所研究的主题，国内研究成果不多，且集中研究美国某一领域的不平等，有待对这一主题进行深入而全面的研究。

四 研究方法

（一）文献研究法

搜集、阅读马克思主义经典作家关于经济、政治、文化的文献。搜集、整理国内外关于美国不平等问题的纸质文献及电子资源。

（二）阶级分析法

本书秉持马克思主义四大理论品格，即恪守科学性、人民性、实践性、开放性，站在广大无产阶级立场，为广大无产阶级代言。运用马克思主义关于阶级和阶级斗争的基本理论分析美国不平等的具体表现，探究美国不平等的根源，把握美国不平等发展规律和趋势，预测美国资本主义的未来。

（三）案例研究法

选取典型案例进行剖析。比如针对美国中产阶级的困境就选取了较为典型的案例。关于利益集团损害公共利益也采用了案例研究法。本书在分析美国破坏全球经济治理、全球和平治理、全球环境治理、全球卫生治理时均用到了案例研究法。

（四）调查研究法

没有调查就没有发言权，研究美国不平等问题当然少不了调查研究。本书在撰写过程中为确保现实性、真实性、可靠性，就美国总体不平等状况向美国民众等发起访谈，也就某些具体事项发起访谈，比如，就美国医疗领域存在的不合理现象采访美国民众和美国共产党，就美元霸权衰落的表现采访巴西经济学家。

（五） 历史研究法

在分析美国不平等的根源时，追溯了美国不平等的经济根源、政治根源、文化根源，涉及美国历史上的很多相关事件。

（六） 比较研究法

美国不平等问题虽然以美国为研究对象，但是不平等问题具有世界普遍性，同时为了凸显美国不平等的特征，本书在研究美国不平等时，也将注意力投向世界其他国家，考察其不平等状况。此外，研究美国霸权的相对衰落，免不了与其他国家进行比较，因而也用到了比较研究法。

五 基本思路和逻辑结构

除去绪论，本书总共分为六章。第一章是美国不平等的概念界定，具体阐述了美国经济、政治、文化不平等的含义，以及不平等的基本性质。第二章至第四章分别介绍了美国经济、政治、文化不平等的表现。第五章分析了产生前述美国不平等的经济、政治和文化根源，以及几大根源之间的关系。第六章总结提炼了美国不平等的基本性质，预测了美国不平等的趋势，分析了美国不平等对美国和世界的影响。

第一章 美国不平等的概念界定

研究美国不平等问题首先需要明确什么是不平等、不平等涉及哪些领域。本章的主要内容就是围绕着这几个问题展开的。

第一节 不平等定义的几种理论视角

一 由欧美学术传统中对平等的双重定义引申出不平等的双重定义

学术界一般认为，欧美学术传统中的平等一词有双重含义。托尼指出，平等既可以陈述事实，又可以表达一种伦理判断。艾德勒将平等的众多含义区分为"实际存在的"和"应该存在的"，即按照实然与应然的标准，作了大致划分。不足之处是，两人对平等的含义均没有在从描述性和规范性范畴进行划分的基础上作出合乎逻辑的界定。萨托利进一步对平等含义作了某种有意义的界定，即他所称的"作为相同性的平等"和"作为正义的平等"。但是，萨托利对平等含义的界定依然不彻底。因为"正义"本身就很复杂，此外，从他的界定中难以找到平等的双重含义之间的关联。在前人研究基础上，中国有学者指出，人们通常使用的平等概念是不同含义的复合体，平等同时具有相同性和相同对待两种含义，是一个复合概念，前者是基于描述性范畴使用的概念，后者是基于规范性范畴使用的概念。

不平等与平等是相互对立的两个概念。有史以来，人们往往主要关注平等一端，而未对不平等一端给予足够的关注。实际上，作为平等对立面的不平等也是一个描述性概念和规范性概念的复合体，所谓描述性概念是指人与人在某一方面、某一属性或某一特征上相异、不同、有差别，[①] 所谓规范性概念是指人与人在某一方面得到不同对待。本书所论述的美国不平等问题中的不平等，有的是指作为描述性概念的不平等，比如对贫困状况的描述；有的是指作为规范性概念的不平等，比如司法歧视、政府制定并实施偏袒性政策、资源分配上的不平等、人与人之间的支配和被支配关系、财富拥有的不平等、收入分配的不平等。

但是，这些学者对不平等的讨论和分析却忽略了一个基本的历史前提和逻辑前提，即这些学者是在认可资本主义私有制的前提下去讨论和分析不平等问题的。不推翻这一前提，是不可能真正理解和认识不平等问题的。这也是本书需要继续从马克思主义的视角来讨论不平等问题的根本原因所在。

二　由马克思主义经典作家对资产阶级平等的批判引申出不平等的定义

马克思主义平等观念建立在物质生产和处于现实的社会关系之中的人的基础之上，认为平等具有物质制约性、相对性、历史性，没有绝对的一成不变的平等。在某个时期某些群体看来的平等，在另一时期另一群体看来或许是不平等。马克思恩格斯通过对资产阶级平等观及其实践的辩证批判，提出了无产阶级的平等观，并认为，只有无产阶级的平等才是真正的平等。遵循马克思恩格斯的这一方法和路径，本书认为，马克思主义对"不平等"所下的定义，其实就是对于资产阶级"平等"的局限性和虚假性的批判。可以从马克思列宁主义经典作家对于资本主义平等的论述，以及无产阶级占主导地位的社会中"平等"的应然状态，提炼他们对于"不平等"的定义。

首先，只有形式而无实质内容的平等仍然是不平等。资产阶级的平等对于无产阶级而言是不平等。资产阶级消灭了封建等级特权，代之以私有财产的人权这一资本的特权，将平等限定在政治领域，[②] 并规定了法律面前

---

① 王元亮：《平等的学理基础》，北京大学出版社，2020，第3~7页。
② 在《论犹太人问题》中，马克思指出了资产阶级平等局限于政治平等。

人人平等。而法律面前人人平等中的人是抽象的人，不是现实的人。法律面前人人平等是对资产阶级而言，法律之于无产阶级是资产阶级为其准备的"鞭子"，无产阶级只在万不得已之时方才诉诸法律。可见，法律面前人人平等也只是法律形式上的平等，而具体的法治实践是不平等的。政治权利的平等也是形式上的，选举权和被选举权尤其与金钱挂钩。经济平等也只是交换过程中形式上的平等。剩余价值的生产无疑是对"商品是天生的平等派"① 的有力否定。美国学者亚历克斯·卡利尼克斯在《平等》一书中说道，马克思审视了劳动力市场上资本家和工人签订的合同。这一交易发生在商品交换领域内，在签订合同时他们彼此只以商品所有者的资格产生联系，以等价物交换等价物。但是，一旦我们随着资本家和工人进入"幕后的生产基地"，整幅画面的景色就改变了。工人和资本家的平等只是表面的，实际情况是，他们并不平等。② 财产权只是资产阶级的经济权利，在马克思恩格斯生活的年代，无产阶级是没有财产的，财产权、所有权对于无产阶级而言无疑只是些空话。文化权利的平等同样如此，资产阶级掌握和垄断着文化资源，灌输着资产阶级的意识形态，并根据资本增殖的需要培养工人的相应技能。

资产阶级平等更多的是关心人的形式上的抽象的权利，而不是关心这些权利是否能变为现实及其兑现的程度，其甚至包括资产阶级制定前后矛盾的法律对无产阶级的权利加以限制甚至取缔。它并不关心从事物质生产实践的现实的人，并不关心经济社会中人的不平等，甚至容忍经济地位、社会地位的不平等。资产阶级平等只是建立在富人和穷人不平等的基础之上的，"简直把不平等叫做平等"③。

其次，异化、阶级压迫、阶级剥削是不平等，私有制和阶级的存在本身就是不平等。马克思在《1844 年经济学哲学手稿》中关于异化的阐述其实就是对于资本主义经济不平等的揭示。在马克思看来，这种异化是资本

---

① 《马克思恩格斯文集》第 5 卷，人民出版社，2009，第 104 页。
② 〔美〕亚历克斯·卡利尼克斯：《平等》，徐朝友译，江苏人民出版社，2003，第 33～34 页。
③ 《马克思恩格斯全集》第 2 卷，人民出版社，1957，第 648 页。

主义特有的现象。根据恩格斯的考证，平等观念古已有之。① 列宁指出，平等"表示人同人的社会关系或人的关系"②。恩格斯和列宁的论述其实都是异化的反题，强调的是，所有人都应该被当成人，不能把一部分人当成牲口、工具，即使是奴隶，他们作为人的属性也不能被否定。而与此相对立的观念认为，奴隶不是人，他们不能被当成人看待，而应被当成可以任由主人支配和宰割的"牛马"。恩格斯说，消灭阶级是无产阶级平等要求的实际内容，一切不在此范围的平等要求，都必定是荒谬的。③ 巴特摩尔对马克思主义平等思想作了如下评述：马克思从道德、历史、社会学等角度去描述无产阶级社会，这是一种人们能够对个人命运进行平等而重大的支配的社会；一种充满创造性和合作精神的社会，而不是充满占有欲、仇视、嫉妒的社会。④ 斯大林曾对马克思主义平等观作过概括，认为平等对马克思主义而言，并非日常生活和个人需要上的平均，而是阶级的消灭……无论在社会主义时期还是在共产主义时期，每个人的口味和需要都会存在质的差异和量的差异。⑤

最后，仅有平等的权利没有平等的义务，仍然是不平等。资产阶级在坚持个人本位的同时，还坚持权利本位，认为个体向社会履行义务不过是为了维系社会整体的存在和基本的社会竞争秩序。资产阶级一方面规定每个个体在形式上对公共权力的平等所属关系，另一方面只是将占总人数比例很小的资产阶级这部分人的意志上升为全社会的意志。⑥ 法律所保障的是资产阶级实际权利，而无产阶级只是形式上享有法定权利，实际上承担着全部义务。与之不同的是，马克思恩格斯在强调平等权利的同时，还非常强调平等的义务。恩格斯指出，平等义务是对资产阶级民主的平等权利的极其重要的补充，而且使平等权利失去资产阶级所赋予的特定含义。⑦ 这种

---

① 《马克思恩格斯文集》第 9 卷，人民出版社，2009，第 109 页。
② 《列宁全集》第 55 卷，人民出版社，2017，第 12 页。
③ 《马克思恩格斯文集》第 9 卷，人民出版社，2009，第 113 页。
④ 参见〔英〕巴特摩尔《平等还是精英》，尤卫军译，辽宁教育出版社，1998，第 103 页。
⑤ 《斯大林选集》下卷，人民出版社，1979，第 335 页。
⑥ 韩冬雪：《马克思主义政治哲学诸范畴初探》，吉林出版集团有限责任公司，2007，第 155～156 页。
⑦ 《马克思恩格斯文集》第 4 卷，人民出版社，2009，第 411 页。

义务不是实现权利的工具性手段，而是从社会本位出发，对人以社会方式的存在并通过由不确定的他人所构成的社会整体来实现个人权利的辩证关系的肯定。①

第二节　美国不平等的具体意蕴

有学者根据不同标准将不平等划分为以下几类：依据社会生活的不同领域，可将不平等分为经济领域的不平等、政治领域的不平等、社会领域的不平等；依据事物发展的过程，可将不平等分为起点不平等、过程不平等、结果不平等；依据不平等的形成机制，可将不平等分为内在的不平等与外在的不平等；依据社会主体对不平等是否有认知，可将不平等分为客体化的不平等与主体化的不平等。② 结合上述对不平等的定义和类型划分及美国的现实不平等情况，本书将美国国内的不平等分为经济领域的不平等、政治领域的不平等和文化领域的不平等，除了文化不平等较多涉及客体化的不平等和外在的不平等以外，本书所讲的经济不平等、政治不平等主要是主体化的不平等和外在的不平等，即美国民众对经济不平等和政治不平等是深有感触的，而且经济不平等、政治不平等主要是由个人以外的客观原因造成的。而文化又发挥着为经济不平等和政治不平等辩护、助力的功能。以下分别对经济不平等、政治不平等、文化不平等进行界定。

一　经济不平等的界定

"经济"具有多种含义。在唯物史观看来，经济在广义上是与一定的生产力相适应的生产关系或社会经济制度，换言之，经济等于经济基础，是社会的经济结构或社会经济形态，且经济基础决定着政治结构、观念结构等社会上层建筑乃至整个社会形态的性质。从生产关系的内在结构来说，

---

① 韩冬雪：《马克思主义政治哲学诸范畴初探》，吉林出版集团有限责任公司，2007，第156页。

② 郭兴利：《论不平等的法律调控》，中国社会科学出版社，2011，第31~35页。其中，"内在的不平等"将不平等主要归因于个人主观因素，"外在的不平等"将不平等归因于个人以外的因素。结构性不平等便属于"外在的不平等"。

经济又是指全部物质生产和再生产的活动，包括生产、分配、交换和消费四个环节。另外，人们也把经济作为整个国家国民经济的总称或一个部门经济活动的总称，如农业经济、工业经济、商业经济等。经济还有节约、节省之意。①

根据社会再生产的四个环节，经济不平等主要是指人们在商品生产、商品分配、商品交换、商品消费中出现的不平等。根据工业、农业、服务业三大产业划分，美国的每一产业都存在阶级压迫和剥削现象。有的涉及劳动就业的权利，有的涉及工作中的过度支配和过度施压，有的涉及薪酬、税收，有的涉及休息休假的权利，有的涉及安全生产的权利，有的涉及工人结社、谈判、罢工的权利，有的涉及诱导、欺骗消费。与世界绝大多数国家相比，美国的教育和医疗商品化程度极高，而且都具有很强的经济效应，在其他国家本该被归入社会领域的教育和医疗在美国被归入经济领域，更符合美国的国情，而且教育和医疗很有经济上的代表性。因此，除了遵循当前学术界通常从财富、收入等角度论述美国经济不平等的惯例外，本书还从经济角度论述教育不平等和健康不平等，或者说本书将教育不平等和健康不平等归入经济不平等。此外，本书将生存资源的不平等也列入经济不平等，因为生存资源同样是需要购买的。

教育不平等是人类进入阶级社会以来便存在的现象，并且延续至今。"教育不平等在历史演进过程中可以分为两种：一是关系层面上的，不平等双方处于支配与被支配的关系；二是资源分配上的不平等。"② 教育不平等涉及教育机会的不平等（如幼年时期有没有受到良好家教，学龄时期有没有入学资格，在哪一类学校就读，等等）、教育过程的不平等（教师变为被学校支配的"生产工人"，分数成了硬通货助长各类培训、考试服务，学校对于无产阶级子女和资产阶级子女授以不同教学内容，等等）、教育结果不平等（工人阶级的子女所接收的教学内容无助于他们向社会上层流动，不同教育对于经济的不同作用）。

---

① 孙晶：《文化霸权理论研究》，社会科学文献出版社，2004，第115~116页。
② 郭丹丹：《教育不平等的发生机制研究——基于资源分配的视角》，华东师范大学博士学位论文，2019，第56页。

关于健康不平等，美国健康与人类服务部（Department of Health and Human Service）所颁布的《健康人民2020》将其定义为一种与经济、社会、环境的劣势紧密相关的特殊形式的健康差异。[①] 本书主要遵循此定义界定健康不平等。

二　政治不平等的界定

马克思主义运用经济分析和阶级分析的方法来分析和界定政治现象。马克思主义政治观包含三个基本观点。其一，政治是一种特定的社会关系。在阶级社会中，"政治就是各阶级之间的斗争"[②]。这一概念没有概括出全部政治实践。其二，政治是更为基础的经济关系的集中表现。政治是经济的集中表现，而经济问题实质上是利益问题，"人们为之奋斗的一切，都同他们的利益有关"[③]。政治生活的主体是阶级、各种社会集团和从属于一定阶级、社会集团的个人。在阶级社会，这些利益主体之间存在利益差别，也就存在利益关系。阶级关系便是人类"文明史"上最典型、最尖锐的利益关系。[④] 其三，国家政权是政治的核心问题。政治就是要争取政权和保持政权，"至今的全部历史都是阶级斗争的历史……即旧的阶级要保持统治，新兴的阶级要争得统治"[⑤]。这是因为国家政权是政治统治的工具，决定和支配着经济需要的满足方式。进一步讲，只有那些需要运用国家政权、政府行为和法律手段来处理的利益关系才是政治；只有在这些利益和利益关系的基础上形成的统治和被统治关系才是政治；只有那些运用国家政权或国家政权的延伸部分的力量来处理的利益关系才是政治。所谓"国家政权的延伸部分"是指某些国际组织的权力、某些受国家机关或政党影响较大的社会自治组织的权力，等等。那些处于个人或群体的私人领域的利益问题，由于无须动用国家政权的力量来解决，通常不属于政治的范围；而某些非

① 刘栋、宿德军、曲明：《美国健康不平等现象及相应对策》，《健康教育与健康促进》2019年第2期。
② 《列宁选集》第4卷，人民出版社，2012，第308页。
③ 《马克思恩格斯全集》第1卷，人民出版社，1995，第187页。
④ 朱光磊、郭道久编著《政治学基础》，首都经济贸易大学出版社，2007，第4页。
⑤ 《马克思恩格斯文集》第3卷，人民出版社，2009，第458页。

经济利益关系，比如文化方面的利益关系，在一定的条件下须借助国家政权的力量来实现，所以依然属于政治的范围。①

依据上述对于政治的定义，以及美国的现实情况，本书在论述美国政治时，将政治界定为，政治主体为了实现自身利益而运用国家政权或国家政权的延伸部分的力量去处理社会关系，制定、维持和修改社会一般规则的活动；涉及政治权力的获得和行使或丧失，涉及资源的生产、分配和使用，涉及权利的保障或侵犯。政治主体包括政府组织机构、集团、组织和个人，政府组织机构包括行政机关、立法机关、司法机关，集团涉及阶级、民族等②，组织涉及政党、利益集团（特殊利益集团、一般的利益集团）等，个人则包括官员、普通公务员、政府组织机构中的雇用人员、其他美国公民、非法移民等。本书所探讨的政治不平等，均与传统的政府组织机构或政府组织机构中的相关人员有关，会涉及其他组织或个人与他们的"互动"或"接触"等。家庭中的两性压迫、学校中的霸凌、工厂中的压榨、医生和患者之间的矛盾等不归入政治不平等。本书所探讨的政治不平等是资产阶级掌握国家政权大前提下的政治不平等，不涉及无产阶级通过阶级斗争去夺取政权，而是涉及资产阶级政权下的政治代表性的不同，涉及政治权利实现、保障或被侵犯程度的不平等，涉及政治参与机会的不平等、政治影响力的不同、政治回应性的差异等方面。

三 文化不平等的界定

马克思恩格斯从狭义和广义两个层面对文化进行过阐释。首先，从狭义的层面上而言，文化被界定为"文明活的灵魂""时代精神"，它的表现形式是知识、精神生活、文化意识、意识形态、文化观等。其次，从广义的层面上而言，马克思恩格斯将文化与文明等同。文化泛指人类文明，是与社会生活方式、文明形态的变化联系在一起的。

具体而言，马克思恩格斯文本中的文化一是指受教育的程度和掌握知识的水平。例如，马克思在《评一个普鲁士人的〈普鲁士国王和社会改革〉

---

① 朱光磊、郭道久编著《政治学基础》，首都经济贸易大学出版社，2007，第5页。

② 周平主编《政治学导论》，云南大学出版社，2007，第9页。

一文》中指出："……魏特林的天才著作……在理论方面甚至往往胜过他。"①
在文化第一种含义的基础上可引申出马克思恩格斯文本中文化的第二种含义，
即由知识带来的人文精神，如科学、理性、自由等原则、价值和理想。② 文化
的第三种含义是狭义的文化，"是指与经济相对应的社会制度及其意识形
态，文化作为对财富的补充说明，强调的是文化的非物质性，也即精神性
质"③。从广义层面来看，马克思恩格斯把文化界定为文明形态。这种文化
概念中不仅包含物质因素和精神因素，而且包含社会的制度因素，文明集
人类生活方式和内容于一体。马克思指出："人们是在一定的生产关系中制
造呢绒、麻布和丝织品的……这些一定的社会关系同麻布……一样，也是人
们生产出来的。"④ "人们……按照自己的社会关系创造了相应的原理……"⑤
这段话中，麻布是人类物质生产的产品，对应着物质文化；社会关系对应
着制度文化；原理对应着观念文化。马克思在《资本论》中分析剩余价值
的自然基础时，谈到了文明社会的产生期。他说，在文化初期，劳动生产
力非常低，人们的需要层次也很低，需要不仅与满足需要之手段一同发展，
而且依靠这些手段发展。在文化初期，社会上直接生产者的数量远远多于
依靠他人劳动来生活的人的数量，后者数量微乎其微。⑥ 可见，文化初期是
处于蒙昧和野蛮时期的人类历史发展阶段。马克思恩格斯还用"文化"状
态指称基于一定物质生产发展阶段的人的社会性关系。恩格斯在《反杜林
论》中作出著名论断："文化上的每一个进步，都是迈向自由的一步。在人
类历史的初期，发现了从机械运动到热的转化，即摩擦生火；在到目前为
止的发展的末期，发现了从热到机械运动的转化，即蒸汽机。而尽管蒸汽机
在社会领域中实现了巨大的解放性的变革——这一变革还没有完成一半——，
但是毫无疑问，就世界性的解放作用而言，摩擦生火还是超过了蒸汽机，

①《马克思恩格斯全集》第3卷，人民出版社，2002，第390页。
② 胡义清：《马克思恩格斯文化的社会功能思想研究》，上海社会科学院博士学位论文，2017，
第37页。
③ 衣俊卿、胡长栓等：《马克思主义文化理论研究》，北京师范大学出版社，2017，第53页。
④《马克思恩格斯文集》第1卷，人民出版社，2009，第602页。
⑤《马克思恩格斯文集》第1卷，人民出版社，2009，第603页。
⑥《马克思恩格斯文集》第5卷，人民出版社，2009，第585~586页。

因为摩擦生火第一次使人支配了一种自然力，从而最终把人同动物界分开。蒸汽机永远不能在人类的发展中引起如此巨大的飞跃，尽管在我们看来，蒸汽机确实是所有那些以它为依靠的巨大生产力的代表，唯有借助这些生产力，才有可能实现这样一种社会状态，在这里不再有任何阶级差别，不再有任何对个人生活资料的忧虑，并且第一次能够谈到真正的人的自由，谈到那种同已被认识的自然规律和谐一致的生活。"① 马克思在论述工人比农民更为先进时，也是从文化与自然相比较的角度展开的。他说："如果说城市工人比农村工人发展，这只是由于他的劳动方式使他生活在社会之中，而土地耕种者的劳动方式则使他直接和自然打交道。"② 在《哥达纲领批判》中，马克思对不问前提条件而将劳动称为创造财富源泉的观点进行了批判："资产者有很充分的理由硬给劳动加上一种超自然的创造力，因为正是由于劳动的自然制约性产生出如下的情况：一个除自己的劳动力以外没有任何其他财产的人，在任何社会的和文化的状态中，都不得不为另一些已经成了劳动的物质条件的所有者的人做奴隶。"③ "这里的文化特指的是一定历史时期内的社会性关系。"④ 具体来讲，在自然状态下，存在人类与其他物种之间的竞争，而在资本主义这一"文化"状态下，即资本主义的剥削压迫生产关系下，一部分人确实成为另一部分人的奴隶。

本书在阐述美国文化不平等时，主要依据马克思主义关于文化的社会关系定义、马克思主义文化观的三类型中的观念文化定义、马克思主义文化概念中的人化定义，并从这几个定义引申出美国文化不平等的定义。同时，本书认为，物质文化、制度文化、观念文化并不是截然分开的，而是互相融合、相互渗透的。比如将包含种族歧视观念、阶级歧视观念、性别歧视观念的文学作品拍摄成影片并刻制成光盘这一物质产品，随后根据相应的影视放映管理制度上映，其中就集合了观念文化、物质文化和制度文化。美国文化不平等体现在宏观和微观的方方面面。本书着重论述宏观社

---

① 《马克思恩格斯选集》第 3 卷，人民出版社，2012，第 492 页。
② 《马克思恩格斯全集》第 26 卷（第 2 册），人民出版社，1973，第 260 页。
③ 《马克思恩格斯选集》第 3 卷，人民出版社，2012，第 357~358 页。
④ 衣俊卿、胡长栓等：《马克思主义文化理论研究》，北京师范大学出版社，2017，第 56 页。

会层面的文化不平等，也会少量涉及微观层面的文化不平等。文化不平等在价值观念上，主要体现为民族、种族优越论，在美国的典型表现是白人至上主义，白人至上主义贬低其他种族和民族。文化不平等在价值观念上的另一突出表现是金钱至上主义，以及与此密切相关的主流社会的嫌贫爱富观念。性别歧视观念是文化不平等的又一表现。媒体对弱势群体形象的偏见，以及广告在文化上的强势地位便是白人至上主义和金钱至上主义、男权主义的综合体现。根据马克思主义的文化即人化的概念，文化创作作为人的对象性活动，本应是体现人的本质的自由自觉的活动，然而，由于支配着物质生产资料的阶级也支配着精神生产资料，无产阶级只能被动接受统治阶级的思想灌输，而无力与之在精神生产方面抗衡。比如，广告在文化上的强势地位，便是资本以"暴力"形式植入民众日常生活的。又如，影视演员、歌手等文艺工作者在文化生产中遭受着资本的压迫和剥削，必须生产出迎合资本需要的作品。再者，普通民众的文化权利、合理的文化需要尚未得到满足。

第二章　美国经济不平等的表现

依据第一章对于经济不平等的界定，本章将从社会再生产四环节去阐述美国经济不平等的表现，具体涉及生产中的剥削、压榨，分配中的收入、财富、资源占有不平等，交换中的不平等，消费中的消费者歧视和诱骗消费等。同时，经济领域有三大产业之分，也有实体经济和虚拟经济之分，这些不同的经济部门比例是否均衡是判断美国经济是否平等的指标之一。再者，美国的阶层、阶级划分主要依据收入和财富水平等经济状况，考察中产阶级的生存、生活现状，以及美国的物质贫困问题，无疑也可以看出其经济不平等问题。依据这种划分标准及美国的现状，本章集中介绍美国经济不平等的五大表现：其一，收入、财富、资源占有不平等；其二，政府和富人操纵经济，并且剥削劳动者和弱势群体；其三，美国失衡的经济结构；其四，美国被掏空的中产阶级和所谓"中产阶级"；其五，贫困问题。

第一节　收入、财富、资源占有不平等

美国经济不平等的重要表现是收入、财富、资源占有的不平等，以下将分别讨论这几个问题。

一　收入和财富占有不平等

资本主义社会实行按资分配，资产阶级独自占有市场财富的增值，工

人阶级的消费仅限于"必要生活资料"①。马克思在《资本论》中曾说："奢侈消费资料。它们只进入资本家阶级的消费，所以只能和花费的剩余价值交换，而剩余价值是绝对到不了工人手中的。"② 当前，美国的收入和财富占有状况依然如是。

（一）　收入占有不平等

经济学家罗伯特·戈登指出，近40年来，底层人群工资增长很少而顶层人群收入迅猛增加。③ 不平等加剧大部分源于增长偏向于顶层10%群体。即使在顶层1%群体内，更顶层的0.1%和0.01%群体的收入增长速度也快很多，这加剧了不平等。④ 金融危机以来，更多的人跌入低收入群体，而高收入群体的收入增加了，这形成了经济极化现象。同样，斯蒂格利茨说道，所谓的经济增长仅惠及在国民中居少数的顶层人士，如果GDP上升仅因为杰夫·贝佐斯的收入增加了，其他人的收入水平停滞不前，那么就不能说经济实现了繁荣。而这与美国今天的境况极其接近，而且过去40年来一直如此。在该时间段内，底层90%的人平均收入几乎没有变化，而占美国人口1%的顶层阶级的平均收入却在飙升。⑤

根据世界不平等实验室的数据，1980～2021年，顶层1%人口和顶层10%人口的税前国民收入比重总体呈上升趋势，而底层50%人口和中层40%人口的税前国民收入比重总体呈下降趋势。把时间拉至第二次世界大战后的1945～2021年，相应群体税前国民收入占比上升或下降的总趋势同样如此。⑥ 对美国这四个群体中最富裕和最贫穷的群体进行对比分析，即对顶层1%人口和底层50%人口的税前国民收入比重进行分析发现，1945～2021年，二者所占比重与其人口数量严重不成比例。以1997年为界，情况发生变化，即1945～1997年，顶层1%人口税前国民收入占比低于底层50%人

① 《马克思恩格斯选集》第2卷，人民出版社，2012，第394页。
② 《马克思恩格斯选集》第2卷，人民出版社，2012，第394页。
③ 〔美〕罗伯特·戈登：《美国增长的起落》，张林山等译，中信出版集团，2018，第591页。
④ 〔美〕罗伯特·戈登：《美国增长的起落》，张林山等译，中信出版集团，2018，第591页。
⑤ 〔美〕约瑟夫·E. 斯蒂格利茨：《美国真相》，刘斌、刘一鸣、刘嘉牧译，机械工业出版社，2020，第33页。
⑥ 说明：人口只包括成人。参见美国 World Inequality Database（WID），https://wid.world/zh/country/%e7%be%8e%e5%9b%bd/。

口的这一占比，但从 1997 年开始，顶层 1% 人口税前国民收入占比高于底层 50% 人口的这一占比。①

根据经济政策研究所的研究，1979～2019 年，收入最高的 1% 人群和收入顶尖的 0.1% 人群是明显的赢家：收入最高的 1% 人群的年工资增长了 160.3%；收入顶尖的 0.1% 人群的年工资增长率较收入最高的 1% 人群的这一增长率高出 1 倍多，达到惊人的 345.2%。相比之下，同期底层 90% 的人的年工资仅增长了 26.0%。

经济政策研究所的数据还表明，收入不平等具有种族、阶级和性别差异。遗憾的是，1979～2020 年，即使是薪酬普遍不足额的工人阶级，也未对不同阶级存在的待遇差异给予足够关注。普通工人在近 40 年里工资增长率尚且低于生产率增长率，黑人工人和西班牙裔工人的工资增长率则比白人工人更低。具体来说，1979～2020 年，生产率增长了 61.7%，而普通工人工资仅增长了 23.1%；白人工人工资增长了 30.1%，黑人工人工资增长了 18.9%，西班牙裔工人工资增长了 16.7%。与此同时，首席执行官的工资与普通员工的工资相比大幅上升，2020 年，首席执行官与普通员工的工资比为 351:1，1978～2020 年，首席执行官的实际工资增长了 1322%。② 尽管在过去 40 年里，从增长率上看，女性的工资增长率比男性高，但她们的工资既没有赶上男性的工资，也没有跟上经济生产力的整体增长。在白人、黑人和西班牙裔男性和女性中，1979～2020 年，黑人和西班牙裔女性的平均工资最低。此外，在过去 40 年里，女性的工资增长并不均等。在所有种族/民族群体的女性中，白人女性在所有时期的工资增幅最大。事实上，1979～2020 年，白人女性与黑人和西班牙裔女性的工资差距显著扩大，1979 年白人女性的工资比黑人女性和西班牙裔女性分别高出 6.9% 和 14.3% 左右，到 2020 年，这一差距扩大到 19.7% 和 31.3%。③

---

① 参见美国 World Inequality Database（WID），https://wid.world/zh/country/% e7% be% 8e% e5% 9b% bd/。

② Black and Brown Workers Saw the Weakest Wage Gains over a 40-Year Period in Which Employers Failed to Increase Wages with Productivity，Economic Policy Institute，https://www.epi.org/blog/black-and-brown-workers-saw-the-weakest-wage-gains-over-40-year-period/.

③ Black and Brown Workers Saw the Weakest Wage Gains over a 40-Year Period in Which Employers Failed to Increase Wages with Productivity，Economic Policy Institute，https://www.epi.org/blog/black-and-brown-workers-saw-the-weakest-wage-gains-over-40-year-period/.

危机对分配产生了巨大影响，市场收入占有不平等加剧。尽管所有人在收入分配中都遭受了损失，但低收入群体承受着不成比例的负担。较高收入群体的收入损失相对较小，而且是短暂的，而较低收入群体的收入损失不仅很大，而且持续时间很长。① 税收和转移支付制度是减少这些不利分配影响的关键。在国际金融危机爆发后的 5 年里，可支配收入差距仍大于危机前的水平，较高收入群体的收入接近危机前水平，基本从危机导致的收入损失中恢复过来，而较低收入群体仍在遭受不可忽视的损失。税收和转移支付制度只能阻止收入分配底部与中部的距离越来越大，而不能阻止顶部与底部和中部保持距离。②

从考察居民内部收入分配差异状况的重要指标基尼系数来看，美国的收入差距同样呈扩大之势。美国人口普查局 2019 年 9 月 26 日公布的调查数据显示，2018 年美国收入中位数创历史新高，同年美国基尼系数创 50 年来新高。数据显示，2018 年美国居民收入差距较往年显著扩大。2018 年美国基尼系数上升至 0.485，2017 年该系数为 0.482。美国人口普查局称，加利福尼亚州、得克萨斯州、弗吉尼亚州等 9 个州的收入差距扩大显著，而阿拉斯加州、犹他州等地的经济平等程度最高。③

（二）财富占有不平等

在 2008 年国际金融危机爆发前的 25 年里，人人似乎都变富了。然而，由于中低层群体的财富主要表现为住房价值，而房价充满泡沫，所以其财富属于幻影财富（phantom wealth）。国际金融危机后，上层群体很快就从危机中恢复过来，而中层和底层群体依然为危机所困。即便富人们因股价下跌而损失了一定财富，美国最富有的 1% 的家庭拥有的财富仍然是普通家庭的 225 倍，几乎比 1962 年和 1983 年增长了 1 倍。④ 顶层 1% 富人所掌握的

①　Vanda Almeida，"Income Inequality and Redistribution in the Aftermath of the 2007 – 2008 Crisis：The U. S. Case"，*National Tax Journal*，Vol. 73，No. 1，2020，pp. 77 – 114.

②　Vanda Almeida，"Income Inequality and Redistribution in the Aftermath of the 2007 – 2008 Crisis：The U. S. Case"，*National Tax Journal*，Vol. 73，No. 1，2020，pp. 77 – 114.

③　《调查显示：2018 年美国收入差距加大　基尼系数创 50 年新高》，中国经济网，http：//intl. ce. cn/sjjj/qy/201909/27/t20190927_33234742. shtml。

④　〔美〕约瑟夫·E. 斯蒂格利茨：《不平等的代价》，张子源译，机械工业出版社，2020，第8 页。

财富相当于底层 90% 民众财富之总和。① 而前 0.1% 家庭和前 1% 家庭之间财富分化也很严重。伯尼·桑德斯指出，在今日之美国，有 4300 万人生活贫困，其中包括 20% 的儿童。当大多数美国人生活步履维艰、前途渺茫之时，富人却更富裕了。②

此外，黑人成年人和西班牙裔成年人的收入仍然远远低于白人成年人或亚裔成年人。2020 年，黑人工人和西班牙裔工人的家庭收入中位数分别约为 4.6 万美元和 5.55 万美元，而白人工人和亚裔工人的家庭收入中位数分别为 7.5 万美元和 9.5 万美元。这些收入差距自 1970 年以来几乎没有变化，是种族财富差距持续存在的主要原因之一。2019 年，白人家庭的财富中位数为 18.4 万美元，而黑人家庭和西班牙裔家庭的财富中位数分别为 2.3 万美元和 3.8 万美元。③

俄亥俄州的肯特州立大学工商管理学院的全职教员史蒂夫·里佐（Steve Riczo）指出，美国最紧迫的问题之一是收入和财富占有不平等塑造了一个由富人和穷人组成的国家，因为一小部分公民控制着不成比例的国家财富。有 4000 万美国人生活在贫困线以下，而中产阶级的工资已经停滞了 40 多年。相比之下，亿万富翁通常过着极其奢华的生活，他们的特点是在世界各地拥有多处住宅、游艇、昂贵的汽车，并到异国他乡旅行。

史蒂夫·里佐还指出，希拉里·克林顿和唐纳德·特朗普在 2016 年总统选举中达成的少数几个共识之一是：美国经济受到了富人的操纵。民调显示，70% 的美国人，包括 50% 的共和党人，认为美国的经济体系尤其偏袒最强大的利益集团。

大量研究表明，财富增长主要集中在少数最富有的人身上，贫富差距迅速扩大。正如桑德斯在 2019 年 10 月的一场民主党辩论中所宣称的那样：

---

① 〔美〕伯尼·桑德斯：《我们的革命》，钟舒婷、周紫君译，江苏凤凰文艺出版社，2018，第 140 页。

② 〔美〕伯尼·桑德斯：《我们的革命》，钟舒婷、周紫君译，江苏凤凰文艺出版社，2018，第 139 页。

③ Racial Inequality in the United States, U. S. Department of the Treasury, https://home. treasury. gov/news/featured-stories/racial-inequality-in-the-united-states? utm_source = Economic + Policy + Institute&utm_campaign = 1d5faa028a-EMAIL_CAMPAIGN_2022_7_27&utm_medium = email&utm_term = 0_e7c5826c50-1d5faa028a-61015542&mc_cid = 1d5faa028a&mc_eid = 5601060482.

"当今天有 50 万美国人露宿街头，当有 8700 万人没有保险或保险不足时，当有成千上万的孩子上不起大学，数以百万计的孩子背负着沉重的学生债务负担，然后有三个人的财富超过了美国社会底层 50% 人口财富总和，这是不道德的，是一种经济上的暴行。"[1]

此外，第二次世界大战以来，美国的国民净财富和国民净收入比值总体呈上升趋势，这本身是贫富差距扩大的表现。因为，穷人甚或普通人基本只有收入而没有财富或财富很少。根据世界不平等实验室的数据，2007～2020 年，以 2012 年为分界点，2007～2012 年美国国民净财富和国民净收入比值呈下降趋势，2012～2020 年则呈上升趋势。这说明 2008 年国际金融危机一度使包括金融垄断资产阶级在内的财富所有者遭受重创，而美国政府的量化宽松政策则有效为金融垄断资产阶级等财富所有者纾困。到 2020 年，国民净财富和国民净收入比值已高于 2007 年的水平。2020 年新冠疫情进一步扩大和凸显了美国的贫富差距。[2]

二　资源占有不平等

讨论资源占有不平等问题，本书主要以教育资源、医疗保险及其附带的医疗资源，以及与人体健康密切相关的生存资源为例。

（一）教育资源占有不平等

教育资源即"教育经济条件"，是教育过程所占用、使用和消耗的人力、物力和财力资源。[3] 美国社会学家安妮特·拉鲁将家庭教育和课外教育视为教育资源的一部分，列举了富裕家庭和普通或贫困家庭在学前教育、初等教育、中等教育中不同的教育资源投入。拉鲁将不同贫富程度的家庭培养儿童的模式归纳为协作培养式和成就自然成长式两种。[4] 其实不仅儿童

---

[1]　转引自 Steve Riczo，"The Billion-dollar Question"，*USA Today*，Vol. 148，No. 2898，2020，pp. 18 – 19。

[2]　美国 World Inequality Database（WID），https：//wid. world/zh/country/% e7% be% 8e% e5% 9b% bd/。

[3]　"教育资源"，360 百科，https：//baike. so. com/doc/6240578 – 6453958. html。

[4]　〔美〕安妮特·拉鲁：《不平等的童年：阶层种族和家庭生活》，张旭译，北京大学出版社，2010，第 31 页。

培养存在这两种模式，整个中小学阶段的学生培养模式也几乎可以划分为这两种。这两种模式意味着父母不同的经济地位对应着不同的教育资源。由于教育的直接目的之一是就业，因而与教育密切相关的就业机会也可视为教育资源的延伸。以下依据对教育资源的这种定义，检视美国教育资源的分配状况。

在美国，经济特权的代际传递在很大程度上是通过教育体系完成的，教育是精英再生产的途径，因而教育资源配置的不均衡是经济不平等的表现之一。美国国内的教育水平存在地区差异，东部和西部沿海地区的教育水平总体上高于中部地区。优质教育资源主要集中在私立学校，但公立中小学的教育资源主要取决于特定区域房产价格，这种"学区房"制度使得优质教育资源向房产价格高的富裕片区集聚。美国的"学区房"制度与其教育财政制度密切相关。美国公立学校的经费主要来源于学区征收的房地产税。学区的学校好，富人就会蜂拥而至，房价就会上涨；房价越高，房地产税和学区教育经费也就会越多，学校办学资源就会越丰厚，办学质量就会越好，如此便形成了循环。"学区房"制度作为一种教育资源分配机制，反映的是更根本的社会竞争状态和机制。优质教育资源供不应求是"学区房"价格奇高的直接原因。[①]

美国质量最高的初等和中等教育完全在公立学校范围之外，存在于为数不多的几所精英私立学校之中，这些学校致力于培养来自非常富有家庭的孩子，它们的目标是造就一个统治阶级。像马萨诸塞州安多弗的菲利普斯学院（老布什和小布什是校友）这样的预科学校，仅学费一年就需要3.2万美元。该校的学生和教师比为5∶1，73%的教师拥有高等学位，学校课程设置齐全。这样的学校被视为通往常春藤联盟的红地毯。[②] 富家子弟不仅能够就读于更好的公立中小学或就读于精英私立中小学，家长还会为其购买课外辅导课程，报各种才艺班和"贵族"运动班，安排海外游学，使其在

---

① 《专访｜江涛：美国教育不平等下的阶层固化和特权暴力》，新京报网站，http://www. bjnews. com. cn/culture/2019/08/12/614403. html。

② 参见 Monthly Review，Education and the Structural Crisis of Capital，https://monthlyreview. org/ 2011/07/01/education-and-the-structural-crisis-of-capital/。

参加无薪实习或志愿服务时不必考虑经济报酬，这些"准备工作"无论对学业深造还是就业都是强大的加分项。[①]

贫困学生和少数族裔学生所在学校的教学设施、师资配备、班级规模、课程设置等均处于劣势。研究表明，教学设施对于教育质量具有重要影响。然而如今美国学校教学设施很多评级为 D，甚至更低。受学校教学设施影响最大的是贫困学生和非裔美国学生，他们的学校更需要维修，这很大程度上是因为他们的学校往往只能得到更富裕的同龄人所在学校大约一半的校舍建设资金。由于没有及时维修或者维修不彻底，教学设施方面往往需要支出更多维修费或替换费用。因此，社区不得不借入大量资金来升级或替换设施，于是产生了债务。尽管如此，政府预算还是大大缩减到远不能满足学校教学设施维护需要的程度。全球经济危机以来，美国学校资金短缺导致数十万名包括教师、教师助理、残疾人助理在内的教职工被解雇，更多的教学工作岗位面临空缺的危险，很多学校教师紧缺。其结果是班级规模扩大，很多与高中毕业要求不直接相关的课程和其他教学活动被取消了。[②] 近年来，加利福尼亚州的教师短缺加剧，该州现在的学生和教师之比是全国最高的。在华盛顿州，45% 的校长报告说，他们无法"用完全符合工作资质认证的教师填补学校所有的教师岗位"，而且"这种短缺使那些向高度多样化、受贫困影响学生提供服务的学校承受更沉重的负担。这些学校的学生更有可能由缺乏经验的教师执教"[③]。当今美国穷人及少数族裔在接受优质师资和教育机会上相比富人均处于劣势。来自低收入、单亲家庭或少数族裔的学生学业成绩差、辍学率高，部分在学校遭受歧视，被非法逮捕或者因自身违法犯罪而入狱。这种情况多多少少类似于恩格斯在《英国工人阶级状况》中所指出的，相比于英国人口规模，英国教学设施少得

---

① 参见《美国大学教育不平等加深》，中国社会科学网，http://ex. cssn. cn/hqxx/201801/ t20180131_3834433. shtml。

② Coles, Gerald, *Miseducating for the Global Economy: How Corporate Power Damages Education and Subverts Students' Futures*, New York: Monthly Review Press, 2018, pp. 157 - 160; ProQuest Ebook Central, http://ebookcentral. proquest. com/lib//detail. action? docID = 5217508.

③ Coles, Gerald, *Miseducating for the Global Economy: How Corporate Power Damages Education and Subverts Students' Futures*, New York: Monthly Review Press, 2018, p. 161; ProQuest Ebook Central, http://ebookcentral. proquest. com/lib//detail. action? docID = 5217508.

可怜。工人阶级中只有少数人能够就读数量有限的日校，但学校又是质量很差的，劳动力市场的淘汰者迫于生计才到该学校当教师，其中多数人在基本知识、道德修养方面表现差劲，而且不受公众监督。①

在过去的40年中，美国成年人中获得大学文凭的比例提高了，但不同阶级、阶层的大学文凭获取率是极不均衡的。数据显示：在收入排名前1/4的家庭中，在24岁之前完成本科学业的人数比例高达82.4%，而在收入排名最后的1/4家庭中，这一比例仅占8.3%。美国政府2005年的数据显示：家庭经济地位高但在8年级数学考试中分数位列最后1/4的学生，比起那些家庭社会地位低但在同样的考试中分数进入前1/4的学生，更可能获得本科学位。这与大学申请过程及学生为之所做的准备有关，且最主要是与美国大学学费的上涨有关。②

教育不平等还体现在求职过程中。制度化的文化资本和社会资本在评审人评估谁能进入面试上起着关键作用。制度化的文化资本即名校的教育背景和协作培养的课外活动资历。③ 在竞争全国薪水最高的入门工作中，谁会被允许进入竞技场取决于其所拥有的正确社会资本数量，而谁可以留在竞技场上等待选拔则取决于制度化的文化资本。那些没有制度化的文化资本的应聘者偶尔也会通过简历筛选并进入面试，出现这种情况最常见的原因是评审人自己出身经济不宽裕的家庭。但考虑到评审人绝大多数来自富裕家庭，因而简历筛选就是精英再生产。④ 一旦进入面试房间，面试官就会对求职者进行评估。大多数面试官通过非正式地聊一些与工作无直接关系的话题，如业余爱好，来判断彼此的文化契合度。面试官想找与自己存在相似之处的求职者。由于多数面试官是来自富裕家庭的白人，他们通过面试为那些乐于追求白人喜欢的生活方式的求职者提供便利，由此促进了社

① 《马克思恩格斯文集》第1卷，人民出版社，2009，第423页。
② 参见〔美〕约瑟夫·费西金《瓶颈：新的机会平等理论》，徐曦白译，社会科学文献出版社，2015，第307~310页。
③ 〔美〕劳伦·A.里韦拉：《出身：不平等的选拔与精英的自我复制》，江涛、李敏译，广西师范大学出版社，2019，第124页。
④ 〔美〕劳伦·A.里韦拉：《出身：不平等的选拔与精英的自我复制》，江涛、李敏译，广西师范大学出版社，2019，第125页。

会精英再生产。①

马克思恩格斯关于资产阶级教育目的的论述无疑有助于我们找到当今美国教育资源不平等的奥秘所在。他们认为，资产阶级教育主要有两个目的，一是培养在意识形态上认可资本主义的"顺民"；二是培养资本增殖的机器。工人阶级与资产阶级的子女、穷人与富人的子女通常接受不同的教育。伴随着所享有教育资源的不平等，资本主义条件下的个人会从事不同的职业或担任不同的职务，进而被固定在特定的阶级或阶层，仅有极少数例外能够向社会上层流动。关于教育趋势的研究表明，资助学校的方式、课程设置以及对待学生的态度倾向于复制现存的阶级等级、种族等级和性别等级。如女孩们所接受的培训是避开科学和数学的，黑人学生和拉丁裔学生被当作违反纪律者，所有种族的工人阶级学生都被训练成为下属、工人乃至卑微的劳动者。尽管遭到美国教育工作者、教师工会和家长的强烈反对，但诸如"不让一个孩子掉队"（"No Child Left Behind"）和推动特许学校的改革只是强化了这些鲜明的差异。这些改革将学校经费和教师工作与学生考试成绩紧密挂钩。这些测试不能衡量学生真正的智力或技术能力、创造力或批判性思维，而是衡量学生遵守规则和记忆特定类型信息的能力。这些改革只是把学生培养成顺从的工人，能够完成重复性的任务，但不具备可能对资本主义结构构成真正威胁的批判性思维。②

（二）与人体健康密切相关的医疗卫生资源的不平等

《共产党宣言》指出，资产阶级把医生等变为其出钱雇佣的"打工人"。言下之意，资本主义条件下的医务工作者至少是将治病救人放在资本盈利之后的。在《资本论》中，马克思指出，保持工人健康只是资本家为了生产顺利进行而不得不付出的代价。在《英国工人阶级状况》中，恩格斯介绍并谴责了当时英国的医生是如何售卖假药的。由此可见，马克思恩格斯反对以资本为中心的健康观。以资本为中心的健康观及其实践必然会导致

① 〔美〕劳伦·A. 里韦拉：《出身：不平等的选拔与精英的自我复制》，江涛、李敏译，广西师范大学出版社，2019，第167页。

② Public School Privatization Privileges Profits over Learning, People's World，https://www.peoples-world.org/article/public-school-privatization-privileges-profits-over-learning/.

医疗卫生资源占有的不平等，当今美国的情况便是活生生的案例。

以下从美国的医疗保健市场、医疗保险体系、医疗服务组合、新冠感染和致死率，以及新冠疫苗接种来看美国医疗卫生资源的不平等。关于健康究竟是人的基本权利还是特权，美国倾向于认为是特权，即并非生而具有，如果想要获得健康，是需要去市场购买的。在美国，医疗卫生资源被商品化了。美国医疗保健市场中价格歧视猖獗，产品差异化也是普遍存在的。从消费者/患者的角度来看，医生、医院、心理保健提供者、物理治疗师、助产士等是不可或缺的。供应商的专业知识、位置、设施、实践理念和性格都很重要。医疗服务提供者的专业知识是医疗产品的关键组成部分，这使得医生向患者推荐医疗服务时，在数量和质量上拥有很大的回旋余地。①

在当代美国复杂的医疗保险体系中，那些拥有向医疗机构支付更高费率的保险计划的患者更有可能接受昂贵的治疗。例如，与那些拥有公共保险或通过健康维护组织（Health Maintenance Organization）投保的患者相比，拥有更"慷慨"的私人保险的患者往往会接受更多资源密集型的心脏治疗。同样，有保险的妇女的剖宫产率要高于没有保险或仅有医疗补助的妇女。保险还与癌症筛查、癌症护理利用和癌症结果相关，保险良好的糖尿病患者更有可能由医生开具处方并接受推荐的预防服务。此外，选择性契约意味着参保者被"捆绑"在供应商网络上，这限制了他们在医生和医院中进行选择的自由。从宏观的角度来看，选择性契约会系统性地导致人们在获得高质量医疗保健方面的不平等，市场的逻辑将低收入者，包括医疗补助管理下的医疗受益人，引导到收取较低保费的管理式医疗保健（MCOs）中，因为这里医生和医院的补偿费率远远低于其他私人和公共支付者。② 美国是少数没有实行全民医疗保险的发达国家之一。与此同时，美国没有医疗保险的人数大幅上升。③《人民的世界》网站 2020 年 6 月刊文指出，许多

---

① Rachel Kreier, "Moral Hazard: It's the Supply Side, Stupid!", *World Affairs*, Vol. 182, No. 2, 2019, pp. 205 – 223.

② 参见 Rachel Kreier, "Moral Hazard: It's the Supply Side, Stupid!", *World Affairs*, Vol. 182, No. 2, 2019, pp. 205 – 223。

③ 《2019 年美国侵犯人权报告》，新华网，http://www.xinhuanet.com/world/2020 – 03/13/c_1125708063.htm。

新失业者失去了雇主提供的医疗保险。很快就会有 1100 万工人因失业而无法支付医疗保险费用。美国已出现医疗保健获取危机，2018 年，至少 3010 万 65 岁以下的人没有医疗保险。2019 年，28% 的拥有雇主提供的医疗保险的成年人没有得到足够的保险。[①]

美国的医疗服务组合倾向于成本较高、技术密集型的诊断和治疗服务，而对慢性病的初级保健和预防保健则比较吝啬。普通人忙于最基本的生计，很少会注重养生保健，反而是富人能够轻易获取养生保健服务。美国为了减少需求方的道德风险，采取了成本分摊的方式。患者所享有的自费医疗比例使之在接受慢性病和轻微健康问题的预防和常规治疗时三思而行，尤其是对低收入和中等收入人群而言。但这对外科手术或昂贵的诊断测试等项目的使用几乎没有影响。[②] 不合理的医疗服务组合同时增加了医疗成本并损害了治疗结果。[③]

少数族裔新冠感染死亡率更高，凸显了美国医疗资源不平等。少数族裔社区的医疗资源平时就不足，加之为贫困所困扰，很多人没有在患病早期去治疗，因而患上诸如糖尿病、心脏病和肺病等基础病。这些基础病提高了患者感染新冠后的死亡率。而富人平时就拥有良好的医疗保健，较少患病，在感染新冠后死亡率也更低。

美国富人优先接种疫苗是美国医疗体系不平等的一个缩影。自 2020 年 12 月新冠疫苗在美上市以来，各州掌握着谁具有资格优先接种疫苗的决定权。根据当地媒体的报道，疫苗接种工作存在很多的漏洞，一些医疗机构甚至帮助美国富人在不符合资格的情况下接种疫苗。[④]

（三）生存资源占有不平等

生存资源是人类维持基本生存所需的资源，具体涉及衣食住行等方面

---

① Economic Collapse and Unemployment Councils-Then and Now, People's World, https://www.peoplesworld. org/article/economic-collapse-and-unemployment-councils-then-and-now/.

② 因为患者在接受此类服务时很可能享有更高比例的公费医疗，而此时病情到了不得不治的程度。

③ 参见 Rachel Kreier, "Moral Hazard: It's the Supply Side, Stupid!", *World Affairs*, Vol. 182, No. 2, 2019, pp. 205 – 223。

④ 《美媒：不公平 一些富人优先接种疫苗》，中国网，http://news. china. com. cn/2021 – 01/16/content_77123142. htm。

的资源。马克思主义认为，人类为了生产，首先必须生活，必须满足食物、穿衣、居住等基本需要。然而，资本主义社会在这些方面均存在严重的两极分化。恩格斯通过详尽考察，在《英国工人阶级状况》中介绍了富人和穷人在食物、穿衣、居住条件等生存资源占有上的严重不平等，穷人的健康和生存因此受到严重的威胁。在当今美国，种族间、穷人与富人之间依然存在严重的生存资源占有不平等。以下从饮用水和居住条件两方面来谈论美国人的生存资源占有不平等。

在饮用水方面土著居民比其他群体遭遇更多困难。这种差距使得土著居民面临更多公共卫生问题，从而更易失业，更易贫困，更易死亡。① 特别是自然灾害之后，美国偏远地区波多黎各的饮水安全问题暴露无遗。《今日美国》2017 年 11 月 2 日发文称，飓风"玛利亚"过去 6 周后，波多黎各的水资源短缺引发了人们对健康危机的担忧。卫生工作者和环保人士警告，飓风"玛利亚"对波多黎各的供水系统造成了巨大破坏，暴露在受污染水中的岛上居民面临着严峻的健康危机。2017 年 9 月 20 日飓风袭击波多黎各以后，前往波多黎各的医生和护士表示，他们治疗了与不洁净水有关的广泛症状，包括呕吐、腹泻、结膜炎（红眼）、疥疮和哮喘，还有人因细菌感染而丧生。总督里卡多·罗塞洛办公室（Gov. Ricardo Rosselló's Office）指出，该岛 82% 的水表处于使用状态，但许多居民表示他们仍然没有自来水，或者他们所用的水是不安全的。自然资源保护委员会（Natural Resources Defense Council）健康项目主任埃里克·奥尔森（Erik Olson）领衔的团队在 2017 年 5 月的一份报告中说，波多黎各的供水系统在《安全饮用水法案》（Safe Drinking Water Act）下的记录最差，70% 的生活用水不符合美国法律规定的标准，飓风后，情况就更糟糕了。丧失水压时，如果地下水被污水或洪水污染，水就会进入这些管道。还有医生指出，成年人和儿科患者出现胃肠道疾病，多数患者发烧、呕吐和腹泻，疾病的来源很可能是受污染的食物和水。虽然煮沸是一种很简单的净化水的方法，但医生采访过的大

---

① 《2019 年美国侵犯人权报告》，新华网，http://www.xinhuanet.com/world/2020 - 03/13/c_1125708063.htm。

多数人没有电或燃气来将水煮沸。① 无独有偶，2022 年 9 月美联社发文指出，密西西比州首府正在与濒临崩溃的供水系统作斗争，这促使总统拜登和州长塔特·里夫斯宣布该地进入紧急状态。同期杰克逊市的水压很低，已经到了危险的地步，该市 15 万居民中的许多人的水龙头没有水流出。问题始于密西西比州中部的暴雨，暴雨改变了进入杰克逊污水处理厂的原水的质量。这拖延了处理过程，耗尽了水箱的供应，并导致压力急剧下降。有官员称，甚至在降雨之前，一些水泵就已经失效，一家污水处理厂正在使用备用水泵。由于州卫生部门发现浑浊的水会使人生病，杰克逊已经响应上级或相关部门指示，为居民供应沸水一个月。值得指出的是，杰克逊作为美国最贫穷的州密西西比州的最大城市，其税基在不断缩小，这是白人"逃离"的结果。1970 年，公立学校实现融合，大约 10 年后，白人开始"逃离"。杰克逊的常住人口 80% 以上是黑人，大约 25% 的居民生活贫困。②

下面来看居住条件的不平等。居住条件的不平等一方面体现在一部分人居住于陋室、贫民窟，甚至无家可归；另一方面体现在富人居住环境优渥，名下拥有多套豪宅。恶劣的居住条件是健康问题产生的主要原因。2017 年，联合国赤贫和人权问题特别报告员菲利普·奥尔斯顿（Philip Alston）教授讲述了 2017 年他访美期间的所见所闻：污水泛滥，而州政府不认为提供卫生设施是它们的责任。波多黎各南部的人住在成堆的完全不设防的煤灰附近，煤灰造成的污染给他们带来疾病、残疾甚至死亡。③ 飓风"玛利亚"过去 6 周后，一支由医生、护士组成的志愿者队伍治疗了当地有胃肠症状和患结膜炎的病人。他们还见过疥疮和哮喘患者，志愿者怀疑这与睡在潮湿、发霉、屋顶损坏的房子中有关。纽约市的家庭护理护士艾丽西娅·施瓦茨（Alicia Schwartz）描述了她治疗皮肤上有真菌的人的过程，这些人是

---

① Puerto Rico's Water Problems Pose Looming Health Crisis: Six Weeks after Hurricane Maria, https://www. usatoday. com/story/news/world/2017/11/02/puerto-rico-water-woes-raise-fears-health-crisis-six-weeks-after-hurricane-maria/808672001/.

② 参见 EPA leader: Jackson Needs "Fair Share" of Funds to Fix Water, People's World, https://www. peoplesworld. org/article/epa-leader-jackson-needs-fair-share-of-funds-to-fix-water/。

③ Statement on Visit to the USA, by Professor Philip Alston, United Nations Special Rapporteur on Extreme Poverty and Human Rights, https://www. ohchr. org/en/statements/2017/12/statement-visit-usa-professor-philip-alston-united-nations-special-rapporteur? LangID = E&NewsID = 2253.

在发霉的环境中睡觉的。① 美国住房和城市发展部的数据显示，2018 年，超过半数无家可归者居住在加利福尼亚州（24%）、纽约州（17%）、佛罗里达州（6%）、得克萨斯州（5%）和华盛顿特区（4%）。非裔美国人占美国人口的 13%，但占据无家可归人口的 40%，占据拖儿带女无家可归人口的 51%。② 在美国的一些国际性大都会中，一边是大量无家可归者，一边是富人因炫耀性消费或投机而购置的连年空置的房产。据称美国超级富豪平均拥有 9 处房产。③ 美国住房和城市发展部的数据显示，2018 年纽约、洛杉矶、西雅图等城市的无家可归者最多④，而纽约、洛杉矶均在美国超级富豪最多的城市之列。

第二节　经济操纵和剥削

马克思恩格斯格外重视劳动人民的解放问题，他们对资本主义制度下劳动者所遭遇的剥削压迫表示了深切的同情，对剥削压迫行为的施加者资产阶级进行了激烈批判。他们指出，在资本主义制度下是死劳动支配活劳动，未来共产主义社会则是活劳动支配死劳动。这里的"死劳动"和"活劳动"分别对应资本和劳动。当前美国经济领域依然是资本支配劳动，典型的表现是资本联合国家所进行的经济操纵和剥削。

2020 年，伯尼·桑德斯指出，亿万富翁阶层的贪婪和腐败已经与美国工薪家庭开战 45 年了。这里的"战争"是一种"被操纵的经济"，由结构性不平等构成，这种不平等通常是为富人设计的，也是由富人设计的。哥

① Puerto Rico's Water Problems Pose Looming Health Crisis: Six Weeks after Hurricane Maria, https://www.usatoday.com/story/news/world/2017/11/02/puerto-rico-water-woes-raise-fears-health-crisis-six-weeks-after-hurricane-maria/808672001/.

② 10 Facts about Homelessness in America, https://www.usnews.com/news/cities/articles/2019-09-23/10-facts-about-homelessness-in-america.

③ Ultra-rich Americans Own an Average of 9 Homes-here's Where They Are, https://www.marketwatch.com/Story/ultra-rich-americans-own-an-average-of-9-homes-heres-where-they-are-2016-12-03.

④ 10 Facts about Homelessness in America, https://www.usnews.com/news/cities/articles/2019-09-23/10-facts-about-homelessness-in-america.

伦比亚大学教授格拉谢拉·奇奇尔尼斯基（Graciela Chichilnisky）说道："美国的经济体系确实在很多方面偏向于最强大的利益集团。例如，金融市场偏爱富人。这是众所周知的。"① 以下先介绍几十年来工人在劳动力市场遭受的经济操纵和剥削，其次介绍政府和富人操纵经济政策增进富人利益而罔顾民生之艰，最后具体介绍农业、医疗、教育领域存在的经济操纵和剥削。

一　工人在劳动力市场遭受经济操纵和剥削

由于全球化、自动化的影响，当前美国工人在劳动力市场越发处于劣势。科技飞速发展，劳动生产率大幅提高，而工人的实际工资40年来未曾上涨，很多人不得不打两到三份工以维持基本生活。② 正如美国劳工联合会－产业工会联合会（AFL-CIO）主席利兹·舒勒（Liz Shuler）所言，长期以来，工人们被灌输了一种无力感，他们应该接受老板给他们的工资，在不安全的工作环境中辛苦工作，没有医疗保险，挣的钱不足以维持生计，除非他们做两到三份工作。③ 低端劳动力过剩也使资本家变本加厉压榨工人，使之遭受更严重的剥削，而拿到更少的工资。正如《资本论》中所指出的："工人阶级的一部分从事过度劳动迫使它的另一部分无事可做，反过来，它的一部分无事可做迫使它的另一部分从事过度劳动，这成了各个资本家致富的手段，同时又按照与社会积累的增进相适应的规模加速了产业后备军的生产。……所以，相对过剩人口是劳动供求规律借以运动的背景。它把这个规律的作用范围限制在绝对符合资本的剥削欲和统治欲的界限之内。"④ 与此同时，工会密度和工会谈判力均下降了。几十年来，雇主采用恐吓等方式猛烈攻击工会组建权。现如今，如果一个员工参与工会组织的运动，那么其被解雇的可能性是20%。如果工人通过选举来组建工会，半数雇主

① Steve Riczo, "The Billion-dollar Question", *USA Today*, Vol. 148, No. 2898, 2020, pp. 18 – 19.
② 参见〔美〕伯尼·桑德斯《我们的革命》，钟舒婷、周紫君译，江苏凤凰文艺出版社，2018，第83页。
③ AFL-CIO President Shuler, Pandemic Awakened Nation to Value of Workers, People's World, https://www.peoplesworld.org/article/afl-cio-president-shuler-pandemic-awakened-nation-to-value-of-workers/.
④ 《马克思恩格斯文集》第5卷，人民出版社，2009，第733~736页。

会以关闭工厂或转移业务相威胁。而当工人们兴致勃勃组建工会时，他们几乎总是被迫参加闭门会议，听取反工会宣传，主管们几乎无一例外被要求参加与打击工会相关的培训。即使工人们克服了巨大障碍组建了工会，多半情况是，工会组建之后一年内收不到任何合同。企业高管们常常就自己的巨额薪酬福利而谈判，到处为自己争取奖金、期权、津贴，但他们否认下属员工争取更优工资福利的机会。① 参议院的共和党人痛恨工人和工会，而对极端右翼分子、企业大亨则卑躬屈膝。② 此外，工作场所安全保障不到位，而且是沿着性别或种族主义运作的。比如，硅谷大部分领导、经理、专家是白种人，西班牙裔、亚裔则是技能平平的员工。相当多的妇女和移民在制造业工作，他们从事收入低的计件工作，身体健康受到工作场所、空气、土壤、饮用水污染的危害。③ 又如，新冠疫情挑明了一个事实，即美国保护工人和被压迫者的基础设施薄弱，即便在紧急情况下也是如此。在美国，医护人员中绝大多数是女性，她们奋战在抗击病毒的前线，感染的风险最大。然而，在这场危机中，全国各地的医院既无法为医护人员做好防护，也无法真正满足患者的需求。

二 政府和富人操纵经济政策增进富人利益

政府协同富人制定和实施偏袒富人而不利于普通民众的政策。以下从富人寻找税收漏洞、一小部分人和机构掌握商品定价权、美联储的量化宽松政策、政府和银行操纵信贷来展开论述。

其一，富人利用税收漏洞，保存财富。具体而言，与中等收入家庭不同的是，美国的8万多名超级富豪（净资产超过3000万美元）可以雇佣最好的律师和会计师寻找税收漏洞，以保护自己的财富。亚拉巴马大学伯明

---

① 〔美〕伯尼·桑德斯：《我们的革命》，钟舒婷、周紫君译，江苏凤凰文艺出版社，2018，第159页。

② AFL-CIO President Shuler, Pandemic Awakened Nation to Value of Workers, People's World, https://www.peoplesworld.org/article/afl-cio-president-shuler-pandemic-awakened-nation-to-value-of-workers/.

③ 参见周延云、闫秀荣《数字劳动和卡尔·马克思——数字化时代国外马克思劳动价值论研究》，中国社会科学出版社，2016，第225页。

翰分校（University of Alabama，Birmingham）政治学和公共管理教授、主席罗伯特·布兰顿（Robert Blanton）表示："任何收入主要来自普通工资收入以外的来源的人，实际上有无限的机会降低有效税率或完全逃税。这可能包括相对简单的漏洞，比如较低的资本利得税率、房地产投资的许多漏洞，以及用空壳公司隐藏资产的能力。"① 在《消失的国家财富：避税天堂的祸害》（In the Hidden Wealth of Nations：The Scourge of Tax Havens）一书中，经济学家加布里埃尔·祖克曼（Gabriel Zuckman）称，离岸账户让"腐败精英的财富隐匿，而我们其他人损失了财富。最终，逃避的税收不得不通过对遵纪守法的人（通常是中产阶级家庭）征收更高的税来弥补"。②

其二，一小部分人和一小部分机构掌握着定价权谋取部门利益而损害公众利益。以处方药价格为例，在美国，药品定价远不透明。制造商通常会设定较高的价格，然后与中间商（如处方福利经理）谈判回扣和折扣，以获得对其药品优惠的保险价。尽管不断上涨的药价通常会给保险公司带来提高费率的压力，但许多消费者从未看到过标价。有高免赔额或没有保险的病人经常困扰于被收取全额费用。③ 特朗普所实施的普降药价新政并不奏效，其执政的那几年大量处方药价格大幅上涨。其结果是相当多美国人买不起药或者去国外买药。

其三，2008 年国际金融危机以来，美联储每一次救市政策都采用了量化宽松货币政策，这加剧了贫富分化。量化宽松货币政策为市场注入流动性，富人持有股票更多，结果富人愈富、贫人愈贫。斯蒂格利茨指出，权衡取舍是制定经济政策的本质，这就会使一部分人受益而另一部分人受损。美联储当初未能维持经济稳定，危机后它又未能复苏经济；美联储制定政策所依据的经济理论存在严重缺陷，美联储所选择的政策迫使风险扑向房

---

① 转引自 Steve Riczo，"The Billion-dollar Question"，*USA Today*，Vol. 148，No. 2898，2020，pp. 18 – 19。

② 转引自 Steve Riczo，"The Billion-dollar Question"，*USA Today*，Vol. 148，No. 2898，2020，pp. 18 – 19。

③ Prescription Drug Prices Rising Despite Trump Pressure on Big Pharma，CBS News，https：//www. cbsnews. com/news/prescription-drug-prices-rising-despite-trump-pressure-on-big-pharma/？ intcid = CNM – 00 – 10abd1h.

屋所有者、工人、纳税人，而收益流入银行。① 保罗·克雷格·罗伯茨（Paul Craig Roberts）指出，美联储提高利率只是其将收入和财富集中在 1% 的人手中的政策的延续。量化宽松是美联储印 8.2 万亿美元新货币的幌子，这些新货币被引导或被发现进入股票市场和债券市场，从而增加了拥有这些金融工具的少数人的财富。美联储已经将这条财富集中的大道用到了极致，现在它正在提高利率，以推高有抱负的房主的抵押贷款成本。美联储正将个人投资者"赶出"房地产市场，目的是为"私人股本"公司腾出房产，让它们因房屋所具有的租赁价值而购买房屋。"私人股本"公司将现有房屋的租金收入视为最佳投资机会，这告诉我们，美国经济已经走到了尽头。当投资进入现有资产，而不是产生新资产时，经济就会停止增长。奥巴马政府救助金融诈骗犯的政策导致了 2008 年金融危机，同时取消了受害者的赎回权，这使得美国的房屋所有权比重从 70% 下降到 63%。城市研究院（the Urban Institute）预测，美国的房屋所有权比重还会进一步下降。今天，房主的资产净值从二战后的 85% 下降到 1/3，剩下 2/3 的房主资产净值在债权人手中。这充分说明，金融化的经济为了 1% 的食利者的收入而使国民负债。事实上，美联储创造的金融化经济重新建立了一种阶级制度，类似于被推翻的英国土地贵族制。事实上，美国有一个经济上最糟糕的阶级制度，类似于拥有土地的英国贵族生产的食物养活了整个国家。美国的阶级制度为金融体系生产利息和费用。②

其四，政府和富人操纵信贷，发放掠夺性贷款"洗劫"中等收入家庭。实际工资增长停滞、非工资福利减少、政府支持减少和生活成本上升限制了家庭预算。随着政府和富人操纵信贷，使之变得容易获得，更多的家庭使用无担保债务来缩小收入和支出之间的差距。2008 年金融危机已严重损害了中等收入家庭的投资组合，而房价下跌则可能令房地产财富消失。许多家庭在金融化过程中获得的假定收益只存在于纸面上，中等收入家庭现

---

① 〔美〕约瑟夫·E. 斯蒂格利茨：《不平等的代价》，张子源译，机械工业出版社，2020，第 229 页。

② The United States Does Not Have an Economy, https://www.paulcraigroberts.org/2022/07/18/the-united-states-does-not-have-an-economy/.

如今不得不为大量无担保债务偿还利息。当前的经济动荡表明，获得信贷不能取代实际工资增长和充分的社会保障。因此，旨在遏制金融危机的政治干预，需在解决长期流动性和提升家庭部门偿付能力上下功夫。① 也正如迈克尔·哈德森（Michael Hudson）所指出的，不增长的经济是金融化经济的最终结果。在金融化的经济中，债务扩张将消费者的收入从购买新商品和服务转移到偿还债务上——抵押贷款利息、汽车贷款、信用卡债务、学生贷款债务。由于大部分家庭收入用于偿还债务，几乎没有什么可以用来推动经济向前发展。②

三　农业领域的经济操纵和剥削

美国农业领域的经济操纵和剥削也很严重，本书仅列举两点。其一，小农场主获得的农业补贴过少，而遭受的大资本盘剥过多。在美国，农作物面积和产量与农业补贴的多寡密切相关，大部分农业补贴被大农场主攫取了。③ 特朗普政府曾对美国农业生产进行救助，但这种救助也极不公平。当时得克萨斯州的一个棉农因为政府政策不当而造成的经济损失得到了每英亩 145 美元的赔偿，但是明尼苏达州的农民受灾最严重的作物只得到每英亩 35 美元的赔偿。在 2018 年的第一轮救助中，农民们总共获得了 120 亿美元的救助资金，这些资金是基于对作物销售损失的估计。大豆种植者比其他受关税影响较小的农民受益更多。第二轮救助资金是根据某一县农业所受到的总体影响进行分配的，即使有规定禁止企业农场从该计划中获得不成比例的好处，美国农业部的 160 亿美元救助计划仍然让富裕的农民变得更富有，从而损害了小农场主的利益。④ 这就使得大农场经营越来越顺遂，小

---

① 参见 Johnna Montgomerie，"The Pursuit of（Past）Happiness？Middle-class Indebtedness and A-merican Financialization"，*New Political Economy*，Vol. 14，No. 1，2009，pp. 1 – 24。

② 参见 The United States Does Not Have an Economy，https：//www. paulcraigroberts. org/2022/07/18/the-united-states-does-not-have-an-economy/。

③ 赵颖文、李晓、彭迎：《美国家庭农场的发展经验及对中国的启示》，《中国食物与营养》2019 年第 2 期。

④ 参见 Harvest of Discontent：Trump's Trade War and the Rural Fight for Survival，People's World，https：//www. peoplesworld. org/article/harvest-of-discontent-trumps-trade-war-and-the-rural-fight-for-survival/。

农场经营越来越举步维艰。

由于农业机械化和规模化程度越高，生产成本越低，进而生产产值越高，加之美国政府鼓励农场实行规模化经营，农场存在扩大生产规模的倾向。而这需要资金、土地、机械设备等的投入，小农场几乎只有依赖贷款才能获得这些。为此，农场主们以抵押的方式获取贷款，一旦市场行情不好，就很容易亏本或破产。具体来说，20 世纪 70 年代以来，金融垄断资本日益进军农业生产和流通领域。金融垄断资本极力规避农产品交易中的风险，而让农村中产阶级和粮食需求者为之买单。在日常运营中，农民把土地和收成作为抵押品去获取资金，并将部分收入以利息支付给债主。农民极易因债务而破产。据《人民的世界》网站报道，美国农业局联合会（American Farm Bureau Federation）2019 年 7 月的一份报告显示，农场破产申请数量增长了 13%。报告还发现，"房地产和非房地产贷款领域的农业商业贷款拖欠率达到六年来的最高水平"，"高于 2.1% 的历史平均水平"。中西部和东南部的农场申请破产的数量最多。中西部地区的破产申请数量从 2018 年全年的 215 起增加到报告发布之时的 240 起，增幅为 12%。破产数量增幅最大的是在西北部，大约 50%，涉及地区有华盛顿、俄勒冈、爱达荷、蒙大拿和怀俄明。①

其二，农药生产商为了售卖更多的商品，施加政治压力，使相关部门提高允许施肥的农作物的安全标准，结果，农产品的长期安全性堪忧。波士顿学院（Boston College）全球公共卫生和共同利益（Global Public Health and the Common Good）项目负责人菲尔·兰德里根（Phil Landrigan）说："作为一名几十年来一直致力于保护儿童免受环境危害（包括食品中的农药）的儿科医生，我对美国食品药品监督管理局检测的 59% 的美国食品样品中含有可测量的有毒农药深感不安。"兰德里根还表示："虽然我知道这些农药中的大多数低于联邦农药标准，但我也知道这些标准可能受到政治压力的影响，它们并不总是能保护我们孩子的健康。"事实上，多年来，美

---

① Harvest of Discontent: Trump's Trade War and the Rural Fight for Survival, People's World, https://www.peoplesworld.org/article/harvest-of-discontent-trumps-trade-war-and-the-rural-fight-for-survival/.

国环保署（EPA）已经在某些农药销售公司的要求下批准增加某些农药的法定限量。例如，美国环保署已经批准了几项增加除草剂等化学农药草甘膦残留量的措施。国际癌症研究机构（International Agency for Research on Cancer）将草甘膦列为可能的人类致癌物，但美国环保署认为它不太可能致癌。[1]

四 医疗领域的经济操纵和剥削

在医疗领域同样存在经济操纵和剥削，典型表现有三。其一，患者遭受经济操纵和剥削；其二，医疗行业从业人员遭受经济操纵和剥削；其三，处方药价格操纵。就第一点而言，医疗消费具有特殊性。具体来说，时间具有突发性，诊疗方案通常不由消费者（患者）自主决定。消费的价格和金额无法事先谈判协商，消费后果往往具有不确定性和不可逆转性。在医疗消费之中，医生在医疗知识方面处于权威地位，这就容易导致过度消费、强迫消费和欺诈消费。只要医疗服务和相关产业继续作为营利性产业，医疗行业从业人员的收入与实施医疗服务的数量相关，而不是与公众的健康和实施医疗服务的质量相关，其就难以避免。美国的医疗机构大部分私营，大公司控制着大部分医疗产业，由此，医疗费用上涨就是必然的了。[2]

就第二点而言，医疗行业从业人员在从事医疗实践方面出现了相关问题。市场导向及资本唯利是图本性向医疗保健领域渗透，这导致专业人员在选择就业条件上越来越失去自主权，其结果是医疗行业从业者迅速无产阶级化。这主要是因为企业试图以质量为幌子，将目标和任务强加于专业人员，从而使结果和行为标准化、规范化。几乎没有人会对确保和提高卫生保健质量持反对意见。但是，在美国，以市场为导向的质量观占据了上风。从专业人士的角度来看，高质量的医疗护理应致力于提供最佳的服务，并以一种同理心的方式依据个人的特定需求量身定做。但是在新自由主义

---

① 59% of U. S. Foods Contain Pesticide Residues, FDA Tests Find · Children's Health Defense, ht-tps://childrenshealthdefense. org/defender/fda-tests-pesticide-residues-us-food-samples-cg/? itm_term = home.

② 蔡江南主编《医疗卫生体制改革的国际经验 世界二十国（地区）医疗卫生体制改革概览》，上海科学技术出版社，2016，第319页。

理论支撑下的医疗体系里，质量变成了客观的，而且用强加的任务、标准和量化的目标来评价专业人员。其结果是医生和患者之间产生了一种人为的距离，这种距离就像一道屏障，阻止医务人员展示有效的人际交往技能，并把患者当作一个"统计数据"。在这样的环境中，疏离感在专业人士之间蔓延，使他们找不到工作的意义。[1]

那些在一线抗击新冠疫情的医护人员所面临的工作条件尤其具有挑战性，且在医护人员中女性占绝大多数。疫情之下，医护人员从事着更高强度的工作，工作时间更长，工作要求更高。许多医护人员缺乏必要的防护设备，比如口罩、手套等，尤其在疫情出现之初。因而医护人员比一般人感染新冠的概率更大。为了避免传染给家人，一些医护人员几周甚至几个月不回家。更高的感染率、长时间工作、压力巨大、长期远离家人，这些都增加了医护人员患精神疾病，比如抑郁、焦虑、失眠的可能性。女性医护人员多于男性医护人员，而且女性医护人员患抑郁症和焦虑症的比例远远高于男性医护人员。[2]

就第三点处方药价格操纵而言，通常人们会认为，仿制药的价格低于原研药，并且随着同一种药物的仿制药种类增多，市场竞争会进一步压低仿制药价格。然而，在全球最大的仿制药消费国美国，其处方药[3]价格持续飙升。中产阶级的医疗费用支出逐渐升高，美国民众为支付医疗费用而债台高筑，为此很多人推迟甚至放弃治疗。[4]药品行业关乎每个人的生命安全，然而，少数医药巨头将利润置于人民生命安全之上。2019年5月10日，康涅狄格州等40多个州组成的联盟提起了一项诉讼书长达500页的诉讼，指控包括最大的仿制药生产商在内的20多家仿制药公司，策划了一场系统性的、大规模阴谋，骗走了消费者数十亿美元。康涅狄格州总检察长

[1] Monthly Review, Health Care for Profit (Not Health), https://monthlyreview.org/2020/04/01/health-care-for-profit-not-health/.
[2] The Gendered Pandemic: The Implications of Covid-19 for Work and Family, https://compass.onlinelibrary.wiley.com/doi/epdf/10.1111/soc4.12881.
[3] 原研药和仿制药均可能是处方药。
[4] 《2019年美国侵犯人权报告》，新华网，http://www.xinhuanet.com/world/2020-03/13/c_1125708063.htm。

表示，工作人员已经获得了几十名仿制药行业销售总监、营销人员和首席执行官自 2006 年以来操纵价格的证据，其中涉及成百上千种药品。2014 年，康涅狄格州反垄断部门的负责人迈克·科尔（Mike Cole）和此案的首席检察官乔·尼尔森（Joe Nielsen）在报纸上看到一篇有关一款名为地高辛的普通心脏病用药的价格急剧上涨的文章，他们立即觉察到有蹊跷，于是着手展开调查。随着调查的深入，他们发现本该是竞争者的仿制药商，私下联合起来提高药品价格，而这绝对是非法的。[①]

此外，美国退休人员协会公共政策研究所（AARP Public Policy Institute）的一份报告发现，制药公司在 2022 年提高了许多品牌 D 部分药物的价格，这对医疗保险患者的负担能力造成了挑战。根据该报告，在 2020 年医疗保险 D 部分支出最高的 100 种品牌药品中，有 75 种药品的目录价格在 2022 年 1 月出现上涨，而没有 1 种药品出现下降，平均涨幅为 5%，其中部分药品价格（75 种药品中的 12 种）涨幅接近 8%。2020 年，这 75 种药物被超过 1900 万 D 部分参保人使用，涉及金额占所有医疗保险 D 部分处方药支出的近一半（1987 亿美元中的 932 亿美元）。这些价格上涨将产生累积效应，因为它们是在前几年的基础上形成的。例如，如果 2006 年以来药品价格的增长速度没有超过通货膨胀，那么 2020 年一种品牌药物的价格通常会比其原本的价格高出 3700～6600 美元。对于平均每月服用四到五种处方药、年收入中位数略低于 3 万美元的医疗保险受益人来说，这可能是一个巨大的负担。处方药价格上涨也影响了医疗保险的融资。医疗保险支付咨询委员会（MedPAC）一直认为高价格是医疗保险 D 部分支出增长的关键原因。仅从 2013 年到 2018 年，处方药的医疗保险 D 部分支出就增加了 26%。委员们将几乎所有的增长归因于"更高的价格，而不是增加受益人的处方数量"。后果还不止于此。正如美国退休人员协会所指出的那样，"昂贵且不断增长的处方药价格最终将以某种方式影响所有美国人……个人健康保险的分担费用和保险费将增加。由药品价格上涨引起的政府支出增加将导致更高的税收和/或减少用于其他优先事项的支出。同样重要的是，高昂的药价和相关

---

① 《美国多个州联合起诉药厂操纵价格，部分药价涨幅超过 10 倍》，搜狐网，https://www.so-hu.com/a/313798286_405849。

费用将促使更多的美国老年人停止服用必要的药物"。①

与其他国家不同，美国没有直接监管药品价格。在仅次于美国的第二大制药市场欧洲，政府与制药商直接谈判，以避免政府为其资助的医疗体系过分买单。在美国，制药公司或多或少可以设定市场能承受的价格。对于大多数通过公共医疗补助计划（Medicaid）报销的门诊药品，制药商必须为政府提供回扣。但大部分药费由医疗保险或私人保险公司支付。当2003年的一项法律将处方药福利纳入医疗保险时，制药业成功地进行了游说，阻止了联邦政府利用其巨大的购买力来谈判药品价格。私人保险公司支付者通常依靠第三方药品福利管理公司来协商折扣，这些公司经常与制药商达成独家协议，这限制了患者对药物的选择。在美国，患者自掏腰包支付约13%的处方药费用。在一项调查中，1/5的美国成年人表示，由于费用问题，他们未能完成规定的疗程。在德国、加拿大和澳大利亚，这一数字是1/10。②

五 教育领域的经济操纵和剥削

在教育领域进行经济操纵和剥削的主要有两大主体，一个是政府，另一个是资本。政府操纵教育主要通过政治政策和政府议程安排来进行。《人民的世界》网站2022年6月23日发文指出，美国资产阶级设定了开支优先顺序。教育工人阶级家庭的孩子并不是重中之重。相反，美国政府两党合作的焦点是军费开支和大规模监禁。2022年，美国军费开支超过了8000亿美元，超过了地方、州和联邦政府在学前教育到12年级教育方面的总开支。美国人口占世界人口的4%，人均军费开支是中国的2倍多，而中国人口是美国人口的4倍。城市研究院的报告称，在1977年至2014年间，大规模监禁（警察、法院、监狱等）的公共支出增速远超过教育支出增速。各州为每个囚犯支付的费用仍然远远高于为每名小学生或中学生支付的费用。与

① Drug Prices Already Rising in 2022 – Medicare Rights Center, https://www. medicarerights. org/medicare-watch/2022/03/10/drug-prices-already-rising-in – 2022.

② https://www. bloomberg. com/news/articles/2022 – 07 – 19/why-prescription-drug-prices-in-the-us-are-so-high-quicktake.

此同时，今天的美国教师被狭隘的课程和严格的考试政策所束缚。新自由主义政客们把矛头指向了教师本身，维护教师权益的工会的存在本身成为争议话题。当教师工会努力保护教师、学生及其家庭免受冠状病毒感染时，特朗普政府威胁说，如果各地区不在 2020 年秋季强制教师和学生返回教室，就将切断联邦资源。这场疫情最终夺去了 100 多万人的生命。① 统治阶级通过学校经费安排、课程设置，以及对待师生的态度助推教育不平等。但在统治阶级看来，美国教育体系并没有出问题，而是按照预期运行。实际上，在一个资本主义社会中，工人阶级的数量占成年劳动人口的 70%，在这样一个社会中，在获取最高质量教育资源上设置严重障碍是常态。②

随着资本积累率的下降，资本开始垂涎教育领域，资本操纵教育有两个典型。其一，大企业干预教育政策和实践；其二，大学中的学术资本主义。就第一点而言，大企业长期以来热衷于公共教育。无论是按照工厂生产的方式来塑造教育体系，规定学生应该学什么，还是培养公私伙伴关系以获得政府资金，企业及其所有者都坚持要在美国教育政策出台和实行过程中发挥关键作用。分析人士估计 K - 12 教育市场的价值超过 7000 亿美元。商业投资者和企业家已经开始从日益私有化的教育市场中获利。风险投资家和初创企业只是从公共教育私有化中获利的一部分团体。还有一些知名的跨国公司，如皮尔逊和教育考试服务公司，它们控制着大部分"教育产业"。皮尔逊公司负责创建考试，还负责管理和评分。相应的，该公司向消费者推销了大量的考试"支持工具"，包括备考材料、应试教材、移动应用程序和计算机软件。在依赖市场竞争来提高盈利能力的教育行业，当代教育改革运动所倡导的高风险标准化考试是将教学和学习转化为产品的最好工具，因为其随时可以衡量、比较和销售。③

就第二点而言，在美国资本主义私有制的制约下，当今美国大学中盛

① Public School Privatization Privileges Profits over Learning, People's World, https://www.peoplesworld.org/article/public-school-privatization-privileges-profits-over-learning/.

② 参见 Public School Privatization Privileges Profits over Learning, People's World, https://www.peoplesworld.org/article/public-school-privatization-privileges-profits-over-learning/。

③ 参见 Monthly Review, Opting Out of the Education Reform Industry, https://monthlyreview.org/2016/03/01/opting-out-of-the-education-reform-industry/。

行的学术资本主义无疑是教育服务于资本增殖的突出表现。高校更加偏重于培养技能型的、受市场欢迎的人才。在学科和专业设置上也坚持市场导向，并且青睐与市场联系紧密的学科，将与市场相距较远的学科和专业边缘化。学校鼓励应用型学科的教职工帮助学校去争取更多的资源，而把更多教学和日常工作推给不太具市场竞争力的教职工。不同学科间教职工的经济待遇、升迁机会等出现分化。此外，无论对学校还是对教职工来说，市场竞争中的优胜劣汰机制都得到运用。学校可能因竞争而倒闭，也可能因竞争而变得拔尖。教职工可能因竞争而失业，也可能因竞争而脱颖而出。

第三节　经济结构失衡

美国经济结构失衡突出地表现在三个方面：其一，生产与消费失衡，经济增长主要由个人消费拉动，对外贸易逆差过大；其二，金融业脱离实体经济且过度膨胀；其三，企业巨头与中小企业经济权力的失衡。以下将详细讨论这几个问题。

一　美国经济增长主要由个人消费拉动，对外贸易逆差过大

当今美国经济增长过分依赖消费，破坏了生产和消费的良性互动。消费主义在美国不仅是一种经济策略而且是一种根深蒂固的社会文化。低储蓄、高消费是美国经济的一个重要特征。可以说，美国经济增长依赖居民消费增长，而非投资性消费增加或生产率提高。根据《2020年总统经济报告》（Economic Report of the President 2020），在截至2018年的10年间，消费支出占名义GDP的比例平均为67.9%。鉴于消费支出在GDP中所占比例如此之大，消费支出对总体实际GDP增长有巨大贡献。2019年，实际消费支出增长2.6%，与2018年持平。[①]然而，根据《2020年总统经济报告》，居民消费的增长建立在金融收入增长的基础上，而非工人实际工资增长的结果。在过去三年中，家庭财富（也被称为净资产）的增长支撑了实际消

---

① Economic Report of the President 2020, p. 42.

费支出的稳定增长，股市财富和其他房产财富的增长是家庭财富增长的主要原因。财富收入的增加支撑消费支出更大幅度的增长。①

与之相关的一个问题是美国对外贸易逆差严重。去工业化导致大部分低端制造业迁至广大发展中国家，留在美国国内的都是高端制造业。"美国在高端制造领域长期处于垄断地位。根据 PwC 统计，2018 年全球研发投入前十名的公司中，有 7 家来自美国，其中 5 家涉及高端制造。"② 疫情期间的支出由服务转向商品，因而美国贸易逆差大幅扩大。2021 年美国商品出口创下纪录，但进口也创历史新高——2.9 万亿美元，美国对 70 个国家和地区的进口创下纪录。虽然特朗普、拜登都有志于重振美国制造业，但美国仍严重依赖低成本国家和地区生产的大量消费品。美国商务部数据显示，2021 年美国商品和服务贸易逆差达到前所未有的 8591 亿美元。③ 保罗·克雷格·罗伯茨（Paul Craig Roberts）也指出，美国经济的主要问题是，全球主义正在解构它。就业岗位的离岸外包削弱了美国的制造业和工业，以及相关的创新、研发、供应链、消费者购买力，也缩小了州和地方政府的税基。公司获取了短期利润但以牺牲这些长期成本为代价。实际上，美国经济正从第一世界走向第三世界。④

二　金融业脱离实体经济且过度膨胀

金融化作为一种新的概念工具，被各个学科的社会科学家用来从实证和理论的角度解释当代资本主义金融的迅猛崛起。在最一般的层面上，金融化评估个人、企业和国内经济如何越来越多地受到金融市场的影响。⑤ 随着金融化，美国实体经济逐渐萎缩，GDP 中制造业所占比重下降，金融服

---

① Economic Report of the President 2020，p. 44.

② 于阳阳：《资本主义金融化视域下美国经济治理的失灵》，《当代经济管理》2022 年第 11 期。

③ 郑可、青木、倪浩、辛斌：《8591 亿，美贸易逆差又创历史》，《环球时报》2022 年 2 月 10 日，第 16 版。

④ P. C. Roberts，What Globalism Did was to Transfer the US Economy to China，https://www. paulcraig roberts. or.

⑤ 参见 Johnna Montgomerie，"The Pursuit of（Past）Happiness? Middle-class Indebtedness and A-merican Financialization"，*New Political Economy*，Vol. 14，No. 1，2009，pp. 1 - 24。

务业在 GDP 中所占比重越来越高。1948 年金融服务业占 GDP 的比重为 10%，1980 年上升到 16%，到 2015 年，金融业占 GDP 比重上升到 20%。即使在非金融企业中，越来越多的利润来自金融活动，包括提供信贷及参与大宗商品买卖和证券市场交易。20 世纪 70 年代末，制造业公司大约 29% 的收入属于金融收入。金融收入占总利润的比例在 1990 年上升到 45%，2005 年达到 60% 以上。通过这些相关现象可以发现，与金融资产所有权相关的收入，而不是制成品的销售，主宰了企业利润。[1] 2017 年，美国第一、第二、第三产业分别占比 0.9%、16.6%、82.5%，第三产业占比远超制造业，而金融业在第三产业中占比 20.8%。虚拟资本不创造价值，但在获取利润上相比于产业资本处于优势地位。1968 年，金融业和制造业所获利润在总利润中所占比重分别为 16.15% 和 49.41%。之后金融业利润占比不断上升，曾一度高于 40%，制造业利润占比则不断下降。2018 年第三季度，金融业和制造业所获利润分别占总利润的 26.74% 和 17.75%。产业结构的这种变化不仅容易催生金融危机，而且使美国进出口贸易结构相应改变，一方面，进口大量实物消费品；另一方面，输出服务、资本、金融产品。[2] 这完全源于资本的贪婪，正如马克思所言，资本尤其青睐虚拟经济等回报快、利润多的领域，商品生产只是资本家不得不干的"倒霉事"，资本家本意是能不从事生产就不从事生产。[3]

三 企业巨头与中小企业经济权力的失衡

马克思指出，资本的价值增殖在于运动[4]，资本集中是客观经济规律。马克思用"资本吸引资本的规律"[5] 指称资本间的联合与兼并。企业巨头和中小企业经济权力的失衡主要体现为公司权力的集中，也称为市场集中。

① John Posey，"Income Divergence Between Connecticut and Mississippi：Financialization and Uneven Development，1970 – 2010"，*Southeastern Geographer*，Vol. 59，No. 3，2019，pp. 268 – 293.

② 蔡万焕：《经济金融化视角下的美国经济结构与中美经贸摩擦》，《教学与研究》2019 年第 11 期。

③ 《马克思恩格斯文集》第 6 卷，人民出版社，2009，第 67～68 页。

④ 《马克思恩格斯选集》第 2 卷，人民出版社，2012，第 322 页。

⑤ 《马克思恩格斯全集》第 43 卷，人民出版社，2016，第 668 页。

斯蒂格利茨说，综观美国各行各业，相互竞争的企业的数量正在减少，市场的销售份额日益集中在前两名或前三名大型企业中。市场集中度一直在提高，市场势力也随之增强。企业利用市场势力提高商品价格，并据此攫取高额利润。① 比如，在今日之美国银行集中趋势非常明显。过去30年来，美国银行的数量呈下降之势，从20世纪80年代中期的约14500家下降到2015年前后的5600家。② 类似的是，酿酒行业的联合也显而易见。许多批评家认为，美国啤酒市场的真正问题在于这个行业本身。左翼经济学家杰夫·斯普罗斯（Jeff Spross）指出，仔细观察就会发现，啤酒专柜"为我们上了一堂课"，告诉我们"垄断势力对美国社会的腐蚀性影响"，虽然"看起来我们面对着各种品牌和大量精酿啤酒"，"实际上，这些选择中很多属于少数啤酒制造巨头"。③ 另外，疫情期间五大科技股——Facebook（Meta）、亚马逊、苹果、微软和谷歌母公司Alphabet表现优异。这五大科技股在美国经济中所占比重越来越高，美国经济结构的失衡也越来越严重。这些公司将凭借全球垄断地位强化自身优势，从而扼杀中小企业及其创新活动，导致分配上出现无法逆转的鸿沟。④

在医疗领域，美国医院协会报告了1998~2015年1412家医院的合并。1983年，3/4的医生在他们的业务实践中享有股权。到2016年，这一比例低于50%，而近1/3的人受雇于医院。一项对美国346个都市统计区（MSAs）的研究发现，其中90%的城市有"高度集中"的医院护理市场。那里集中了65%的专科医生和39%的初级保健医生。随着时间的推移，市场集中度逐渐提升，其中初级保健医生的增长速度最快。按照"军备竞赛"的逻辑，保险市场也呈现越来越集中的趋势。相当多的证据表明，医疗提供者的市场集中度与医疗保健服务价格呈正相关，而保险公司的市场集中

---

① 〔美〕约瑟夫·E. 斯蒂格利茨：《美国真相》，刘斌、刘一鸣、刘嘉牧译，机械工业出版社，2020，第55页。

② Michal Kowalik, Troy Davig, Charles S. Morris, Kristen Regehr, "Bank Consolidation and Merger Activity Following the Crisis", *Economic Review · First Quarter*, 2015, pp. 31-48.

③ 转引自 Jeremy Lott, "Monopoly Brewing Small Breweries Are Being Squeezed by Conglomerate Power", *American Conservative*, Vol. 19, No. 3, 2020, pp. 49-53。

④ 《美国股市与实体经济背离，反映其经济结构严重失衡》，《21世纪经济报道》2020年6月9日，第1版。

度与保费呈正相关。[①]

第四节 被掏空的中产阶级和所谓"中产阶级"

一 被掏空的中产阶级

美国"中产阶级"经常被政客、专家和媒体引用来表示收入等级，而且象征一种生活方式。中产阶级作为美国的脊梁，对美国经济、民主和社会的健康和活力至关重要。中产阶级繁荣昌盛，则美国繁荣昌盛；中产阶级挣扎落魄，则美国恐将衰落。[②]

与马克思主义依据是否占有生产资料和他人劳动来划分阶级不同，美国学术界常常依据马克斯·韦伯的社会分层理论将在生活水平和财产地位上处于社会中等层次的社会群体称作中产阶级。在美国，"中产阶级"是一个极其笼统、宽泛的术语，那些收入、职业和受教育水平差异巨大的群体都可能属于中产阶级。美国中产阶级可划分为三个子类别：一是通常从事蓝领工作且受教育水平较低的工人阶级；二是中下阶层即"低层次的白领"，这一群体大多有学士学位，有些还有硕士学位，从事专业技术和低级管理工作，过着相当舒适的生活，年收入 3.25 万美元到 6 万美元；三是中上阶层，这一群体通常由拥有硕士学位的白领专业人士组成，每年可以赚取 15 万美元。20 世纪五六十年代，美国中产阶级作为"稳定器"，在一定程度上缓和了国内的社会阶级矛盾。但是，自 20 世纪 70 年代以来，中产阶级的规模不断收缩，目前已经低于总人口的五成。[③]

美国的城市存在超级城市、高科技与知识中心、中小城市之分，不同类型的城市本身存在贫富差距，但是无论在何种类型的城市中，中产阶级

---

① Rachel Kreier, "Moral Hazard: It's the Supply Side, Stupid!", *World Affairs*, Vol. 182, No. 2, 2019, pp. 205 – 223.

② Jennifer M. Silva (Indiana University), Isabel V. Sawhill, Morgan Welch, Tiffany N. Ford, "What if Something Happens—A Qualitative Study of the Hopes and Anxieties of the American Middle Class Before and During the COVID – 19 Pandemic", November 2020.

③ 吴茜、窦宇楠：《所谓美国中产阶级衰落与特朗普政权的性质》，《世界社会主义研究》2020 年第 1 期。

都在消失。就超级城市而言，普遍存在房价高企且不断攀升的问题。住房走向异化，超级富豪购置高端房产不是为了居住而是为了资本增殖。这些城市最有活力和创造力的社区成了富豪彰显身份的标志。音乐人、画家等创意人群被迫离开，高房价将耗尽越来越多经济条件良好的知识型工人的积蓄。蓝领工人、服务业从业者、穷人和其他弱势群体被赶出超级城市。正因为服务人员无力承担工作地附近的房屋居住成本，城市正常的经济运转也难以为继。

在各类型城市中，中产阶级和曾作为美国梦实体化身的中产阶级社区均不断减少。1970~2012年，中产阶级社区的美国家庭占比从65%降至40%，而穷人社区和富人社区的美国家庭占比极大提升。皮尤研究中心2016年的报道显示，在过去的15年中，90%左右的美国城市地区的中产阶级人数有所减少。同样，郊区中产阶级人数也减少了。郊区贫困人口中少部分是从城市搬来的无家可归者，但大部分是当地人。失业和房价上涨使得部分中产阶级陷入贫困，跌出中产阶级。曾经郊区是富人区，如今郊区贫富差距不逊于城市。①

中产阶级贬值还体现在高学历与稳定、高薪工作的对应关系减弱或消失。很多大学毕业生只能在麦当劳、肯德基等当服务员。学历曾经代表着优秀的认知能力和文化特权，但随着高等教育规模的扩大，更多的人拥有高等教育学位证书。劳动力市场充斥着高学历求职者，但是很多工作根本不需要高学历，学历在劳动市场所具有的经济价值因而不断贬值。

中产阶级不安全感、不确定性增加，以前盛产中产阶级的城市的循规蹈矩、奋发向上的氛围遭到破坏。《大西洋月刊》描述了半数美国人在紧急情况下拿不出400美元的"中产阶级耻辱"。中产阶级正经历着政治学家罗伯特·帕特南在他的家乡俄亥俄州的克林顿港所看到的"美国梦的崩溃"。加里（Gary）仍然是城市衰落的代名词；马里恩（Marion）变成了一具躯壳；斯科特县（Scott County）因艾滋病毒流行而上了全国的头条新闻；哈里森县（Harrison County）是冰毒实验室破获的中心，而在20世纪80年代

---

① 〔美〕理查德·佛罗里达：《新城市危机：不平等与正在消失的中产阶级》，吴楠译，中信出版集团，2019，第8~9页。

冰毒并没有像现在这样在哈里森县猖獗。①

2019 年，在"中产阶级未来倡议"（the Future of the Middle Class Initiative）的支持下，布鲁金斯学会发起了美国中产阶级的希望和焦虑研究（AMCHAS）。该研究对内华达州、堪萨斯州、得克萨斯州、马里兰州和宾夕法尼亚州的 12 个中产阶级焦点小组在金钱、健康、时间、人际关系和尊重五个核心领域的状况进行了定性研究。该研究还调查了美国中产阶级内部基于种族和性别而存在的差异。②

在金钱和健康方面，甚至在新冠疫情之前，将近 40% 的美国人报告说他们过着"月光族"的生活，以至于 12% 的美国人无法支付 400 美元的意外开支，另有 27% 的美国人报告说他们必须依靠贷款、信用卡或出售个人物品来维持生活。在 2019 年秋季的中产阶级焦点小组中，来自全国各地的参与者描述了他们的感受，他们觉得自己"陷入了困境"，他们的工作收入跟不上不断上涨的生活成本，并哀叹在紧急情况下缺乏足够的安全网来保护他们。新冠疫情导致大范围的失业，集中在服务业、酒店业、建筑业、运输业和赌博业，这些行业曾经是拉斯维加斯当地经济的支柱，但这些行业也是在疫情出现之初最先被叫停的行业之一。焦点小组的参与者指出，房屋支出、医疗费用、退休储蓄、学生贷款、汽车贷款和健康食品是财务焦虑的来源。人们描述突发事件带来的无止境的威胁，不稳定是主旋律。中产阶级中的佼佼者也表达了一种经济不安全感。斯蒂芬——一位来自马里兰州乔治王子郡的年轻父亲，详细阐述道："过去去看医生的时候有健康保险，你只需要付很少的钱。现在当你去看医生的时候，即使是做体检，也会接到电话或信件说，你欠了 75 美元，你的保险不包括这些。如果你像我一样担心自己的信用问题，你就得想办法付清这一切。"③

---

① Aaron M. Renn, Governing, "The Rage of Those Left Behind", *The Atlantic Monthly*, Vol. 29, No. 10, 2016, pp. 22 – 23.

② Jennifer M. Silva (Indiana University), Isabel V. Sawhill, Morgan Welch, Tiffany N. Ford, "What if Something Happens—A Qualitative Study of the Hopes and Anxieties of the American Middle Class Before and During the COVID – 19 Pandemic", *The Brookings Institution*, November 2020.

③ Jennifer M. Silva (Indiana University), Isabel V. Sawhill, Morgan Welch, Tiffany N. Ford, "What if Something Happens—A Qualitative Study of the Hopes and Anxieties of the American Middle Class Before and During the COVID – 19 Pandemic", *The Brookings Institution*, November 2020.

在时间方面，新冠疫情以前，只有12%的美国人声称每月至少在家工作一天。焦点小组的许多参与者从事不能远程工作、工作日缺乏灵活性的职业。一些参与者报告说，他们无法享受带薪探亲假和病假等福利，还有一部分人由于害怕失去工作而无法利用这些福利。相反，参与者试图通过与配偶交换夜班和白班，使自己在工作中变得灵活。参与者愿意牺牲安全、休闲和睡眠，来获得哪怕是有限的对于如何和何时工作的控制。这种对控制时间的渴望也主宰了那些处于最高收入阶层的人的生活。虽然在过去的几十年里，越来越多的女性进入了劳动力市场，但满足上班族父母之需求的政策却没有跟上，这使得人们尤其是女性处于时间紧迫的境地。正如杰西卡（Jessica），一个有四个孩子的上班族母亲所说："我从来没有足够的时间。我觉得需要三个我，一个在这里，一个在那里，还有一个在别的地方，所有人在同一时间做一些事情，因为我没有时间做所有的事情。"新冠疫情大流行导致的居家办公对上班族母亲打击尤为严重。上班族母亲越来越多地承担起照顾孩子和料理家务的责任，同时还要全职或兼职工作，这使她们不得不减少家务，或者干脆辞掉工作去履行这些责任。①

在人际关系和尊重方面，主要关注的是种族关系是否和睦。2020年夏天的全国性的反种族主义和警察暴力活动，引发了抗议、骚乱和致命的暴力。在2019年秋天焦点小组进行的关于身份和尊重的对话中，这些紧张关系已经浮出水面。对于所有焦点小组中的有色人种来说，在工作场所不被尊重和被歧视的经历非常普遍。黑人妇女描述了她们如何出于害怕报复或冲突而压抑自己的情绪和意见，同时也更加努力地去争取一个公平的机会。在采访过的一些白人中，他们有的讨厌被归入种族类别，有的则认为他们正在成为美国的"少数族裔"。②

---

① Jennifer M. Silva（Indiana University），Isabel V. Sawhill，Morgan Welch，Tiffany N. Ford，"What if Something Happens—A Qualitative Study of the Hopes and Anxieties of the American Middle Class Before and During the COVID‑19 Pandemic"，*The Brookings Institution*，November 2020.

② Jennifer M. Silva（Indiana University），Isabel V. Sawhill，Morgan Welch，Tiffany N. Ford，"What if Something Happens—A Qualitative Study of the Hopes and Anxieties of the American Middle Class Before and During the COVID‑19 Pandemic"，*The Brookings Institution*，November 2020.

二 所谓"中产阶级"

"中产阶级"这一概念是资产阶级用来对付无产阶级的意识形态工具，企图掩盖阶级矛盾，使无产阶级丧失阶级意识，服从于资产阶级统治。"中产阶级"这一概念从三个方面对马克思主义阶级概念进行解构。[①]

首先，以非历史的阶级概念解构阶级。"中产阶级"概念经历了一个历史演变，先是指代资产阶级，然后主要指代小资产阶级，现在则是一个除社会两端的极富、极穷者外的非阶级的概念。

马克思主义认为，私有制导致阶级，只有在共产主义社会，随着私有制的消灭，阶级才会消亡。与之不同的是，"中产阶级"一词却意味着"无产阶级和资产阶级的消亡"，社会按照贫富状况而变为中间大、两头小的橄榄型，穷者和富者数量少，中产阶级取代劳动者成为社会主体。

1932年，伯利和米恩斯基于对美国制造业公司的经验性研究，声称股份制使资本所有权变得高度民主化，资产阶级不复存在。[②] 之后，拉尔夫·达伦多夫提出"统治阶级解体"的观点，"19世纪存在着一个统一的、由资本家所构成的支配阶级，但随着巨型公司的成长，所有权与支配权的分离，资产阶级也越来越趋于瓦解。"[③] J. 伯纳姆、丹尼尔·贝尔和 A. A. 伯勒等学者也指出，资本家阶级已为经理阶级所取代，"技术上必不可少的经理成了一个新阶级，他们靠的是他们的薪水，而不是他们的财产"。[④] 米尔斯以"大众精英"的概念取代了统治阶级的概念。[⑤] 这些人有意或无意忽视了资产阶级社会两极分化的现实，而将"中产阶级"无限放大。一些人据

[①] 宋丽丹：《"中产阶级"与资本主义的历史归宿：以当代西方社会为例》，中国社会科学出版社，2017，第72~79页。

[②] 转引自〔英〕戴维·李、布赖恩·特纳主编《关于阶级的冲突——晚期工业主义不平等之辩论》，姜辉译，重庆出版社，2005，第5~6页。

[③] 转引自〔英〕安东尼·吉登斯《社会学：批判的导论》，郭忠华译，上海译文出版社，2013，第36页。

[④] 转引自〔英〕约翰·斯科特《公司经营与资本家阶级》，张峰译，重庆出版社，2002，第278页。

[⑤] 转引自周穗明、王玫等《西方左翼论当代西方社会结构的演变》，江苏人民出版社，2008，第7页。

此得出马克思主义阶级理论过时的结论。

其次，以多元化的"中产阶级"概念解构阶级。虽然马克思恩格斯并未给阶级下一个明确的定义，但阅读其文献不难看出，马克思恩格斯是依据生产关系划分阶级的。列宁明确指出，阶级表现为不同集团在一定社会经济结构中处于不同地位，一个集团得以占有另一个集团的劳动。[①] 可见，绕过生产资料所有制问题是不可能理解阶级问题的。同样可见，马克思主义的阶级概念是一个政治经济学范畴。马克思的剩余价值学说揭开了资本主义阶级关系的奥秘。他指出，在资本主义社会，劳动力成为商品，劳动力商品的使用可以创造出比劳动力价值更大的新价值，资本家无偿占有了这个新价值中的剩余价值。这种占有关系表明了资产阶级和无产阶级存在不可调和的阶级对立关系。阶级关系在社会再生产过程的生产、分配、交换和消费四个环节中鲜明体现出来。拥有生产资料的人决定何时何地生产什么、如何生产、生产多少，而不拥有生产资料的人只是作为生产要素进入生产过程。生产过程结束之后，产品的分配取决于产权关系：生产资料所有者能够占有工人创造的剩余价值，生产决定分配，分配进而决定交换和消费。可见，资本及其必然带来的雇佣劳动是讨论阶级划分问题的必要尺度。

资产阶级学者企图通过在资本和雇佣劳动概念上下功夫，来解构马克思主义阶级概念。资产阶级学者提出了与马克思的资本概念针锋相对的"信息资本""文化资本"等多元化资本概念。"信息资本""文化资本"的提法意味着，创造财富的不仅有劳动，还有信息、文化。这就否定了马克思主义资本概念和劳动价值论。相应的无产阶级和资产阶级划分及阶级剥削便无从谈起。存在的只是与"信息资本""文化资本"等相对应的作为"新阶级"的"中产阶级"。

实际上，资本是能够带来剩余价值的价值。信息和文化固然可以成为生产要素，但它们不是独立存在的可供剥削的活劳动，它们的使用价值并不能创造价值。拥有信息和文化的人本身也无法成为资本，因为他们不可能自己剥削自己。他们要么凭借自己的特长去剥削他人的活劳动，要么凭

---

① 《列宁选集》第 4 卷，人民出版社，2012，第 11 页。

借自己的特长而供他人剥削自己的活劳动。信息和还未成为商品的劳动力都是自身不能单独创造价值的生产要素，如果有"信息资本"的说法，那就可以有"劳动力资本"的提法，而这实际是把劳动者称为资本家的"强词夺理"。所以，"信息资本"是虚假概念。

同理，"文化资本"也不能支撑"中产阶级"概念。随着技术的不断进步，"文化资本"贬值了，有教育资格证书或其他专利的"文化资本"就不再是"资本"了。美国大学毕业生就业难，白领大量失业和低收入临时工作日益成为新增工作主流的现象，说明所谓的"文化资本"不仅不能去剥削别人，更没有机会被他人使用，这些现象都是对"文化资本"的绝妙讽刺。现在许多大公司的首席执行官普遍高薪，报酬是普通工人的成百上千倍。但这些顶尖经理的高收入并不表明"文化资本"创造财富，因为他们不参加劳动过程。激烈的市场竞争使资本家努力在提高劳动生产率和市场营销上下功夫，但这些努力本身并不能创造价值，只不过是有助于价值的产出。

最后，解构阶级意识。马克思认为虽然很多人因经济条件而变为劳动者，这批人又因资本的统治而成为同类，但他们尚不能称为自为阶级。只有当这些人在与资产阶级的斗争中，意识到彼此的共同处境和利益后，方可"形成一个自为的阶级"①。阶级意识使无产阶级团结起来改造社会。

"中产阶级"概念允许人们从收入、职业、声望、地位、生活方式甚至通过主观评价来划分和界定"阶级"，这就挖空了阶级意识的根基——对共同的阶级利益的关注和重视。无产者们在市场"人与人的战争"中彼此对立，争相成为"中产阶级"，唯恐落入"下层阶级"（underclass），因为后者是"不够努力的失败者"。

个人命运维系于个人奋斗，与社会无关，更与阶级命运无关，同时，"中产阶级社会"的谬说进一步掩饰了阶级社会存在的现实。总之，"中产阶级"概念既否定阶级作为对立性客体的存在——通过混合若干阶级为"中产阶级"，又通过所谓生活方式等表面现象来界定"中产阶级"，从而抽离了关涉共同阶级利益的阶级意识。可以说，"中产阶级"概念是历史虚无主义在阶级

---

① 《马克思恩格斯文集》第 1 卷，人民出版社，2009，第 654 页。

理论方面的产物。

第五节　贫困问题

马克思恩格斯格外关注无产阶级的贫困问题，并且认为在资本主义条件下，无产阶级的贫困是必然的。当今美国底层民众生活的窘困无疑证明了马克思恩格斯判断的正确性。美国经济高度发达，但是仍然有相当多的公民面临着饥饿的威胁或者正处于饥饿之中。美国有 4000 万左右的贫困人口。超过 2/5 的美国人无法承担基本生活支出。① 圣路易斯华盛顿大学乔治·沃伦·布朗社会工作学院的教授马克指出，美国这一世界最富裕的国家，也是发达国家中贫困率最高的国家。不论是考察儿童贫困问题、成年工人的贫困问题、单亲家庭的贫困问题或者总体的贫困问题，结论都是一样的——美国的贫困程度极高。② 以下先总体介绍美国贫困状况，然后分别介绍美国儿童贫困、老年贫困和女性贫困状况。

一　美国贫困概况

自 1980 年以来，美国官方的贫困率一直保持在 11% ~ 15%，然而，由于人口的增加，贫困人口的数量随着时间的推移而增加，目前有将近 4000 万美国人生活在贫困线以下。③ 根据《全球研究》（*Global Research*）的报道，2022 年美国官方公布的贫困率是 14.4%。6/10 的美国人的储蓄账户里没有 500 美元，这表明大多数美国人需要努力维持收支平衡。美国通货膨胀率飙升至 7% 以上，这是过去 40 年来最高值。大约 69% 的美国人的储蓄账户里不足 1000 美元，而美国是世界上最富有的国家。④

---

① 《2019 年美国侵犯人权报告》，新华网，http://www.xinhuanet.com/world/2020 – 03/13/c_1125708063.htm。

② Mark R. Rank, "Rethinking American Poverty", *Contexts*, Vol. 10, No. 2, May 1, 2011, pp. 16 – 21.

③ 王勇：《美国经济社会不平等：根源与影响研究》，《世界政治研究》2021 年第 1 期。

④ Chaitanya Davé, "$54 Billion for Ukraine While America's Millions Suffer in Poverty", *Global Research*, August 2, 2022.

根据美国最大的饥饿救济组织"喂养美国"（Feeding America）的数据，现今有 5400 万美国人正在挨饿。"穷人运动"（Poor People's Campaign）指出当今美国有 1.4 亿穷人和"低财富"人口，这部分人口占美国人口的 42%。对这个世界上最富有的国家来说，这真的是一个耻辱！2021 年，美国无家可归者总人数为 580466 人，其中纽约市的无家可归者人数最多，为 77943 人。① 有色人种居住在高贫困社区的比例过高。2019 年，近 1/4 的美洲印第安人或阿拉斯加原住民，21% 的非西班牙裔黑人和 17% 的西班牙裔居民生活在高贫困社区，这些社区是贫困率达到或超过 30% 的人口普查区。相比之下，分别只有 4% 和 6% 的白人、亚太裔居住在高贫困社区。高贫困社区往往缺乏重要的资源和设施，如好的学校、大型且价格合理的杂货店、便捷的公共交通、安全和干净的社区空间。②

二 儿童贫困问题

美国儿童贫困率在不同的年份存在一定浮动，但无论如何浮动，总是保持在高位。在《美国真相》一书中，约瑟夫·E. 斯蒂格利茨指出，美国有将近 1/5 的儿童是在贫困中长大的。③ 根据《2019 年美国侵犯人权报告》，2018 年，美国 18.4% 的儿童生活在贫困之中，13% 的儿童生活在集中贫困地区。截至 2018 年，美国仍有 1280 万名儿童生活在贫困之中，其中有 75% 是少数族裔，少数族裔儿童贫困率高达约 25%，5 岁以下的贫困儿童多达 350 万人，其中约有 46% 处于极端贫困状态。④ 根据《全球研究》的数据，在今天的美国，每 6 个孩子中就有 1 个生活在贫困线以下。换句话说，1/6

---

① Chaitanya Davé，"$54 Billion for Ukraine While America's Millions Suffer in Poverty"，*Global Research*，August 2，2022.

② Racial Inequality in the United States，U. S. Department of the Treasury，https://home. treasury. gov/news/featured-stories/racial-inequality-in-the-united-states? utm_ source = Economic + Policy + Institute&utm_ campaign =1d5faa028a-EMAIL_CAMPAIGN_2022_7_27&utm_medium = email&utm_term =0_e7c5826c50-1d5faa028a-61015542&mc_cid =1d5faa028a&mc_ eid =5601060482.

③ 〔美〕约瑟夫·E. 斯蒂格利茨：《美国真相》，刘斌、刘一鸣、刘嘉牧译，机械工业出版社，2020，第 196 页。

④ 《2019 年美国侵犯人权报告》，新华网，http://www. xinhuanet. com/world/2020 – 03/13/c_ 1125708063. htm.

的美国孩子生活在贫困中。2022 年 1 月，儿童贫困率为 17%。截至 2022 年 2 月，美国约有 340 万名儿童生活在贫困中。[①]

　　少数族裔的新生儿更可能生而贫困。例如，近 45% 的黑人婴儿生来贫困。西班牙裔人口的出生贫困率也异常高，这在西班牙裔生育率远高于全国水平的时期是一个重要趋势。婴儿往往由于出生在贫穷的地方而处于更不利的地位，这种综合劣势在黑人和西班牙裔婴儿中尤其常见，他们很可能出生在贫困家庭，而且在高度贫困地区占据很高的比例。相比之下，出身贫穷的亚裔和白人婴儿今后进入相对富裕社区的概率更大。[②]

三　老年贫困问题

　　老年贫困率因当事人所在城乡、年龄段、是否独居、婚否等因素而存在差异。生活在农村地区的老年人贫困率高于生活在城市的老年人。农村地区的老年人占农村人口总数的比例往往要高于城市老年人占城市总人口的比例。这是因为，经济压力迫使年轻的农村居民移居到城市去寻找工作，也契合了农村老年人就地养老的趋势。农村居民比起城市居民，不太可能在退休之后搬家。农村老年居民获取必要服务的渠道会更少，而且他们更依赖私人交通工具。[③]

　　自 20 世纪 70 年代中期以来，随着老年人总数的增加，老年穷人的数量也在增加。2017 年，470 万 65 岁及以上的人生活在贫困之中，其中大约 9.2% 收入低于贫困线。[④] 80 岁及以上的人比其他美国老年人的贫困率更高。2017 年，大约 11.6% 的 80 岁及以上人口生活在贫困之中，而 75～79 岁人口的贫困率为 9.3%，70～74 岁人口的贫困率为 8.6%，65～69 岁人口的贫

①　Chaitanya Davé，"$54 Billion for Ukraine While America's Millions Suffer in Poverty"，*Global Research*，August 2，2022.

②　Brian C. Thiede，Scott R. Sanders，and Daniel T. Lichter，"Born Poor? Racial Diversity，Inequality，and the American Pipeline"，*Sociology of Race and Ethnicity*，Vol. 4，No. 2，2018，pp. 206 -228.

③　Elderly Poverty：The Challenge Before Us-Center for American Progress，https://www.americanprogress. org/article/elderly-poverty-the-challenge-before-us/.

④　Poverty Among Americans Aged 65 and Older，https://fas. org/sgp/crs/misc/R45791. pdf.

困率为 7.9%。在所有年龄性别组中，80 岁及以上女性的贫困率最高，2017
年 80 岁及以上女性的贫困率为 13.5%，独居女性的贫困率为 18.6%。①

80 岁及以上的老年人的贫困状况因其是否与其他家庭成员共同居住而
有所不同。2017 年，与其他家庭成员共同居住的老年人的贫困率比独居老
人的贫困率的 1/2 还要低。2017 年，80 岁及以上且与其他家庭成员共同居
住的男性的贫困率为 6.3%，而同龄独居男性的贫困率为 15.5%。2017 年，
80 岁及以上的与其他家庭成员共同居住的女性的贫困率为 8.2%，而同龄独
居女性的贫困率为 18.6%。②

已婚并与配偶生活在一起的 65 岁及以上的美国人的贫困率通常低于未
结婚的人。在 65 岁及以上的女性中，2017 年约 4.3% 的已婚女性总收入低
于官方贫困线，相比之下，分别有 13.9%、15.8%、21.5% 的丧偶女性、
离婚女性、未婚女性的总收入低于官方贫困线。在 65 岁及以上的人群中，
未婚男性的贫困率也很高，其在 2017 年的贫困率为 22.5%。③

四　女性贫困问题

生活在官方贫困线以下的女性比例高于男性。而少数族裔老年妇女的
贫困率几乎是白人老年妇女的 2 倍。④ 几乎所有种族和族裔的女性比男性面
临更高的贫困率。贫困率最高的是美洲印第安人或阿拉斯加原住民中的女
性、黑人女性和拉丁裔女性。大约 1/4 的阿拉斯加原住民女性生活在贫困之
中，这是所有种族或族裔群体中贫困率最高的一个群体。黑人女性、拉丁
裔女性和阿拉斯加原住民女性在贫困女性中的比例也不尽相同。尽管拉丁
裔女性占美国女性总数的 18.1%，但她们占贫困女性的 27.1%。黑人女性
占美国女性总数的 12.8%，但占贫困女性的 22.3%。未婚母亲的贫困率高
于已婚女性，也高于未婚无子女的女性。几乎 1/4 的未婚母亲生活在贫困线

---

① Poverty Among Americans Aged 65 and Older, https://fas.org/sgp/crs/misc/R45791.pdf.
② Poverty Among Americans Aged 65 and Older, https://fas.org/sgp/crs/misc/R45791.pdf.
③ Poverty Among Americans Aged 65 and Older, https://fas.org/sgp/crs/misc/R45791.pdf.
④ 《2019 年美国侵犯人权报告》，新华网，http://www.xinhuanet.com/world/2020 - 03/13/c_
1125708063.htm。

以下。2018 年，1190 万 18 岁以下的孩子生活贫困，占贫困人口的 31.1%。女性和男性在整个童年时期的贫困率几乎相等，但处于生育高峰期的 18 岁至 44 岁的女性与男性的贫困率差距显著扩大，75 岁及以上的女性与男性的贫困率差距再次扩大。25 岁至 34 岁女性生活贫困率比同龄男子高出 69%。虽然女性和男性之间的贫困率差距在 34 岁之后缩小，但贫困率差距在两性整个成年期内从未消除，而且在老年期实际上又扩大了：75 岁及以上的女性中，有 13.2% 的人生活贫困，而同龄男性的这一比例为 8.8%。残疾女性比残疾男性和无残疾女性更可能生活在贫困之中，残疾女性的贫困率为 22.9%，而残疾男性的贫困率为 17.9%，非残疾女性的贫困率为 11.4%。同性恋女性的贫困率高于异性恋女性和男性。加州大学洛杉矶分校法学院威廉姆斯研究所（Williams Institute）2019 年的一项调查发现，17.9% 的女同性恋、29.4% 的双性恋和 29.4% 的变性人生活在贫困之中，而异性恋女性和异性恋男性生活于贫困中的比例分别为 17.8% 和 13.4%。调查还发现，不符合性别标准的人的贫困率同样很高。[①]

有美国学者研究了女性贫困率居高的原因，主要有三个。第一，与男性相比，大部分女性所从事的工作是低薪的、零星的、临时的。由于一生当中与男性收入的差距，女性获益更少。考虑到在劳动市场的双重不利因素——既是女性又是少数族裔，黑人和拉丁裔的收益远低于白人，而老年少数族裔女性的处境又尤其不利。第二，女性，尤其是少数族裔女性不太可能像男性一样获得私人养老金。因为女性工作具有非连续性，女性倾向于从事兼职或者福利待遇低的工作。这就引发了晚年贫困，因为私人养老金是每月社会保障福利的重要补充。几乎 1/3 的男性拥有私人养老金，而仅有 18% 的女性拥有私人养老金。在那些获得养老金的人当中，男性的养老金数额几乎是女性的 2 倍。第三，女性如果丧偶，配偶生前若在工作则损失了配偶的就业收入，配偶生前若已退休则损失了养老金收入。除此之外，丧偶女性还必须支付高额的临终医疗费和丧葬费，使她们本已很低的收入不堪重负。而且，已婚夫妇往往忽视妻子比丈夫多活几年这个事实，因此

---

① The Basic Facts About Women in Poverty-Center for American Progress，https://www. american-progress. org/article/basic-facts-women-poverty/.

他们可能不会相应地计划自己的储蓄和投资。结果是与已婚男性相比，老年丧偶女性，特别是那些早年面临经济劣势的女性，晚年陷入贫困的风险更高。①

① Deborah Carr, "Golden Years? Poverty Among Older Americans", *Contexts*, Vol. 9, No. 1, February 1, 2010, pp. 62 – 63.

第三章　美国政治不平等的表现

在经济不平等的基础上分析政治不平等，这是理论逻辑的自然延伸。美国的政治不平等主要有四大表现：其一，政治寡头化和金钱化；其二，特殊利益集团把控政治；其三，普通人政治参与效果差；其四，法治实践不平等。

第一节　政治寡头化和金钱化

一　政治寡头化

政治寡头化主要是指，美国政治被少数精英集团所垄断，统治精英在法律、政策制定和安排上只顾及少数精英集团的私利，而罔顾公共利益。值得强调的是，美国统治精英基本是富人，而且非富即贵，因而寡头控制政策走向也意味着富人控制政策走向。以下从美国的国际经济政策、金融和货币政策、税收政策由谁制定和为谁制定，以及美国公共卫生预算的压缩来看美国政治的寡头统治特性，即美国政治的嫌贫爱富、劫贫济富性。

第一，国际经济政策。在当今全球化经济中，美国所奉行的国际经济政策对美国财富拥有者现在和未来的资产有着至关重要的影响。为美国的出口、进口和投资而开放外国市场（使其保持开放，必要时诉诸武力），有助于保护财富，并极大地促进财富积累。消除或阻止形成任何自由贸易壁垒，甚至是那些深受美国公众欢迎、可能对外国和美国工人都有利的壁垒，也能起到同样的作用。从关贸总协定、世贸组织到北美自由贸易协定等，种种迹象表明，美国的国际经济政策与美国的跨国资本所有者有着更密切的联系，而不是与普通公民有着密切联系。[1]

第二，金融和货币政策。货币政策虽然复杂且远远超出了大多数普通公民的认知，却是富人的核心利益所在。他们几乎都强烈支持高利率和"稳健货币"，除了在金融恐慌期间他们可能更青睐宽松货币。特别是，持有以美元计价的债务（如债券）的富人通常对防止通货膨胀非常感兴趣，因为通货膨胀会侵蚀他们的资本价值，减轻那些背负沉重固定债务的人的负担（意料之外的通胀导致固定美元资产的实际价值下降）。这就是著名的货币和债务冲突的核心，正是这些冲突激发美国的缔造者通过宪法确保任何一个州都不能再发行引发通货膨胀的纸币来减轻债务人的债务。有关金本位制的冲突在19世纪爆发了好几次，最终在1896年否决了自由铸造银币。《政治观点》2009年发文指出，美联储委员会一直在努力对抗通胀，甚至在大萧条开始时避免了扩张性政策，在20世纪70年代油价上涨时也挤压了经济。2008年至2009年，对金融机构的纾困行动使数千亿美元主要流向了银行家和债券持有人，购房者和纳税人几乎没有获得帮助。[2]

第三，税收政策。稳定的政治、法律安排允许少数人持有巨额财富，挣得令人难以置信的薪水，而不用担心财富被没收或社会地位受到其他威胁。在私有财产神圣不可侵犯的情况下，税收政策、税收制度是政治经济领域关键的"争夺项"。大多数富人不希望他们的收入或财富的很大一部分被累进税夺走，然后再分配给不那么富裕的人。[3] 美国的税收政策偏袒富人和大公司，不利于大众。2013年《纽约时报》指出，美国的税收制度对99%的人不利。约有60%的人认为税收体制是不公平且偏右翼的，因为超级富豪无须缴纳自己应缴的税。最富裕的400名纳税人平均收入逾2亿美元，但他们适用的所得税率低于20%，远远低于收入20万～50万美元的那

---

① Jeffrey A. Winters, Benjamin I. Page, "Oligarchy in the United States?", *Perspectives on Politics*, Vol. 7, No. 4, 2009, pp. 731–751.

② Jeffrey A. Winters, Benjamin I. Page, "Oligarchy in the United States?", *Perspectives on Politics*, Vol. 7, No. 4, 2009, pp. 731–751.

③ 参见 Jeffrey A. Winters, Benjamin I. Page, "Oligarchy in the United States?", *Perspectives on Politics*, Vol. 7, No. 4, 2009, pp. 731–751。

些人所承担的超过25%的税率。2009 年，这400 名最富裕的纳税人中的116人所得税率低于15%。[①] 美国法定最高企业所得税税率为35%，但实际上多数公司适用的税率没有达到这个数值。2008～2012 年，大公司实际缴纳的联邦所得税只占利润的14%。每 5 家盈利能力极强的公司就有 1 家在2012 年完全没有缴纳联邦所得税，"不是35%，而是零"[②]。

第四，公共卫生预算的压缩。与普通民众日常密切相关的事宜几乎都在政治议程中属于弱项或干脆缺席。以公共卫生支出为例，根据美国凯泽健康新闻社（KHN）和美联社对政府公共卫生支出的分析，自 2010 年以来，州公共卫生部门的人均支出下降了16%，地方卫生部门的支出下降了18%。自 2008 年经济衰退以来，至少有 38000 个州和地方公共卫生部门的工作岗位消失了，留在公共卫生系统的劳动力非常少。超过 3/4 的美国人生活在人均公共卫生支出不足 100 美元的州。数据显示，各州人均公共卫生支出从 32 美元（路易斯安那州）到 263 美元（特拉华州）不等。这笔钱还不到大多数州总开支的 1.5%，其中一半交给了地方公共卫生部门。[③] 而一些处方药、专利药价格高企，维护了医药利益集团的利益，很多患者只能放弃治疗。

至于寡头是如何把控、参与政治，影响政策走向，使得政策有利于富人的，可联系本章第二节、第三节、第四节来理解。

二 政治金钱化

马克思主义认为，经济决定政治，政治是经济的集中表现。这对于解释美国政治的金钱统治特性是再合适不过了。美国建国之时政治权力的分配便是基于以国父为代表的资产阶级的经济实力，随着时间的推移，美国政治金钱化程度越来越高。在今天的美国，财富越多的人，其政治影响力越大。工人和中产阶级的大部分资源无法用于政治行动。他们的收入不得

---

① 〔美〕约瑟夫·E. 斯蒂格利茨：《巨大的鸿沟》，蔡笑译，机械工业出版社，2017，第 148 页。

② 〔美〕伯尼·桑德斯：《我们的革命》，钟舒婷、周紫君译，江苏凤凰文艺出版社，2018，第 183 页。

③ Already Hollowed-out U. S. Health System Faces even More Cuts, People's World, https://www.peoplesworld. org/article/already-hollowed-out-u-s-health-system-faces-even-more-cuts/.

不用于购买日常生活必需品。财富拥有者的年收入即使很低或为负，也能凭借巨大的财富施加政治影响。最富有的人拥有大量储蓄，可以随时利用。非流动性财富可以作为贷款的抵押品，然后用于政治。政治是有钱人增进和巩固自身利益的手段。普通人由于财力有限，无法有效地参与政治生活以维护自身权益。

以个人财富为基础的物质权力指数显示，美国最富有的 10% 家庭的政治权力平均是最贫穷的 90% 家庭的 22 倍。顶层 1% 成员的平均权力是底层 90% 成员的 100 倍以上，如果按更具政治相关性的非住宅财富来计算，前者约是后者的 200 倍。许多最富有的人在金融危机中损失了大量财富，但不平等的程度可能没有改变，因为底层 90% 成员（大部分财富由房屋净值构成）的损失比例可能与顶层 1% 成员一样大，甚至更大。[1]

基于遗产税数据的个人物质权力指数显示，最富有的 1% 的人的政治权力平均是最贫穷的 90% 的人的 25 倍；最富有的 1% 的人中前 10% 的人的政治权力平均是最贫穷的 90% 的人的 100 倍；最富有的 1% 的人中前 1% 的人的政治权力平均是最贫穷的 90% 的人的 463 倍。最富有的 1%、最富有的 1% 的人中前 10% 的人和最富有的 1% 的人中前 1% 的人所拥有的全部物质力量分别占这个国家所有财富力量的 23%、9% 和 4%。特别值得一提的是，最富有的 1% 的人中前 10% 的人所拥有的 9% 的财富表明，一小部分非常富裕的美国人（大约 30 万人）掌握着资源，行使着相当大的政治权力。[2]

约瑟夫·E. 斯蒂格利茨说，美国政治体制的建构，虽然名义上号称基于"一人一票"原则，但实际是为上层群体利益服务的。恶性循环已经显现：政治规则不仅直接有益于上层群体，赋予他们过多的话语权，而且衍生出一种间接给予上层群体更多权力的政治进程。上层群体企图剥夺底层群体的选举权，民众看出了美国政治和经济体制的不平等，认识到信息流动受到上层群体控制的媒体的操纵，看到了竞选捐款中金钱对政治的影响

---

[1] Jeffrey A. Winters, Benjamin I. Page, "Oligarchy in the United States?", *Perspectives on Politics*, Vol. 7, No. 4, 2009, pp. 731 – 751.

[2] Jeffrey A. Winters, Benjamin I. Page, "Oligarchy in the United States?", *Perspectives on Politics*, Vol. 7, No. 4, 2009, pp. 731 – 751.

力，失望的民众减少了政治参与。① 保罗·克鲁格曼也指出，美国政治体制正在被大财阀的影响扭曲着，并且随着少数人的财富日益增长，那种扭曲也在加剧。②

伯尼·桑德斯同样表示，2016 年美国的竞选筹资体系如此腐败，亿万富翁和特殊利益群体的政治权力如此之大，他非常担心自美国建国以来就崇尚的"民有、民治、民享的政府"将会在美国消失。公民联合会一案③的判决表明，美国的富人已经牢牢掌控了美国经济，而且现在美国的富人有机会去收买美国政府、白宫、参议院、众议院、州长、立法院以及各州的司法机关。总统大选时，富人们将数十亿美元洪水般地注入政治领域。超级政治行动委员会使得最富裕阶层和大型企业为竞选注入无限资金。正如美国前总统吉米·卡特所指出的，不受限制的竞选资金捐助违背了美国政治体系建设的初衷。寡头政治已成为美国常态，政治贿赂成为提名候选人的主要影响因素，政治体系也只是为主要的献金者提供回报。④

第二节 特殊利益集团政治

今天所说的利益集团即共和政体的创始人所说的派系。派系是美国国父们所使用的一个术语，指政党和特定的利益团体或利益集团。在制宪者们看来，重要的是怎样建立一个稳定有序的宪政体制，使其既能尊重公民的自由又能阻止一个处于支配地位的利益集团或多数人的暴政。詹姆斯·

① 〔美〕约瑟夫·E. 斯蒂格利茨：《不平等的代价》，张子源译，机械工业出版社，2020，第120 页。

② 转引自〔美〕约瑟夫·E. 斯蒂格利茨《不平等的代价》，张子源译，机械工业出版社，2020，第122 页。

③ 公民联合会诉联邦选举委员会案〔Citizens United v. Federal Election Commission，558 U. S. 08 - 205 (2010)〕，是由美国联邦最高法院主持判决的一场具有重要意义的诉讼案。美国联邦最高法院于2010 年1 月21 日作出判决，认定限制商业机构资助联邦选举候选人的两党选举改革法案（又称麦凯恩 - 费恩古尔德法案，由共和党议员约翰·麦凯恩与民主党议员拉斯·费恩古尔德于2002 年提出）的条款违反宪法中的言论自由原则。著名法学家埃尔温·乔姆伦斯基将其称为"近年来关于美国宪法第一修正案最为重要的案件"。

④ 〔美〕伯尼·桑德斯：《我们的革命》，钟舒婷、周紫君译，江苏凤凰文艺出版社，2018，第137 页。

麦迪逊等人在《联邦党人文集》中承认美国人生活在一个集团利益的迷宫之中，并且财产分配的多样化和不平等是派系存在最普遍和最持久的根源。①

美国政治历史学家詹姆斯·麦格雷戈·伯恩斯指出，利益集团有时被称为"特殊利益集团"。他认为"特殊利益集团"这个词本身是非常主观的。一个人的特殊利益可能是另一个人的公共利益。而一些利益集团宣称代表"公共利益"，实际上却支持一些并非大家皆认可的政策。政治可被看作各种不同概念的公共利益的碰撞，而非特殊利益与公共利益的斗争。② 当政治学家们将一个团体称为"利益集团"或者"特殊利益集团"时，他们是在用这些词来描述一个代表部分人利益而非代表一切人利益的组织。③

本书认可詹姆斯·麦格雷戈·伯恩斯关于特殊利益集团是代表一部分人利益的组织的说法，也承认美国社会充斥着形形色色的特殊利益集团，但把特殊利益集团限定为在很大程度上代表社会较高阶层的内部利益、受金钱驱动的具有狭隘性的利益集团，与之相对的是代表公共利益的公共利益集团。在众多的特殊利益集团中，最具影响力的是商业利益集团。研究表明，在美国的政策压力体系中，那些社会下层成员的利益得不到代表。"新政治经济学"对美国商业利益集团与政治之间的互动进行了较好的分析。商业利益集团的政治活动及其实力的增长，使制度和政策安排偏向于那些获得充分代表的群体。特殊利益集团所追求利益的狭隘性通常意味着对公共利益的损害。

一　美国的商业集团与政治集团等非商业集团的关系

总体来说，人类历史上主要有两大类集团，即以营利为目的的商业集团和由公共权力运用者组成的政治集团。这两类集团形成两种关系模式，其一是政治集团控制商业集团，其二是商业集团控制政治集团。尽管美国

---

① 〔美〕詹姆斯·麦格雷戈·伯恩斯等：《近距离看美国政治》，吴爱明、李亚梅等译，中国人民大学出版社，2016，第143页。

② 〔美〕詹姆斯·麦格雷戈·伯恩斯等：《近距离看美国政治》，吴爱明、李亚梅等译，中国人民大学出版社，2016，第143页。

③ 〔美〕詹姆斯·麦格雷戈·伯恩斯等：《近距离看美国政治》，吴爱明、李亚梅等译，中国人民大学出版社，2016，第143~144页。

利益集团众多，其利益集团也主要分为商业集团和政治集团两大类，其关系是商业集团控制着政治集团。美国各式各样的利益集团充当着社会政治体制得以运转的润滑剂。公共政策取决于利益集团间的博弈，美国的集团博弈和党派政治可以说是与国家同步出现的。美国政党政治和利益集团政治互动交融。① 商业集团在美国内政外交政策制定中发挥着举足轻重的作用。

除了商业集团外，非商业集团也对国家政策制定产生影响。比如，以种族划分的利益集团——"德国人、爱尔兰人、西班牙人组织"②。另外，美国的大学、基金会、传媒精英及研究机构等组成了所谓的"权势集团"。这些权势集团既不同于追逐权力的政府，也不同于追逐利润的企业界。但非商业集团通常居于从属地位，服务于商业集团赢利是其存在的理由之一。③ 也有学者发现，弱势群体、小众，虽然表面上可以进入集团政治的竞技场，但他们往往缺乏资金和人脉，参与政治的效果一般。因此，商业集团等大权势集团才是集团政治的赢家，小集团的诉求常常被集团政治所漠视。④ 也正如加拿大著名管理大师罗杰·马丁所指出的："经济和美国政治只是美国民主资本主义系统中最大的两个博弈市场。……博弈循环……其结果是产生一个日益颠倒的世界，少数享有特权的人在短期内受益，而大多数人的长期利益则被牺牲。"⑤

二　商业利益集团及其活动的新政治经济学分析

美国是商业立国的国家，民族国家充当着商人的后盾。美国官僚集团长期受制于商人集团，罗斯福新政一度大幅提升了官僚集团的实力，但商人集团仍然处于优势，美国政治体系也继续充当商人集团保护人的角色。在今日之美国，利益集团虽然名目繁多，但能够对国家政策发挥实质作用

---

① 张宇燕、高程：《美国行为的根源》，中国社会科学出版社，2015，第 120 ~ 124 页。
② 〔美〕詹姆斯·麦格雷戈·伯恩斯等：《近距离看美国政治》，吴爱明、李亚梅等译，中国人民大学出版社，2016，第 151 页。
③ 张宇燕、高程：《美国行为的根源》，中国社会科学出版社，2015，第 139 ~ 141 页。
④ 陈刚：《集团政治视角下的美国民主》，《江汉论坛》2016 年第 9 期。
⑤ 〔加〕罗杰·马丁：《失衡的美国：资本主义经济的效率陷阱》，王正林译，广东经济出版社，2022，第 90 ~ 91 页。

的仍然是强势的商业利益集团。①

不同商业利益集团间的派系斗争、妥协，及其与政府的博弈催生了美国的大多数政策。在美国，政治是一种商品，利益集团和政治人物是商品交换者。利益集团在游说活动中追求回报最大化；政治人物则以相应的保护主义政策来换取利益集团的竞选支持。商业集团通过所谓的"旋转门"机制、游说、选举、劝说、诉讼等方式影响公共政策的制定以谋求本集团的特殊利益最大化。②

"寻租"理论对制度和政策的形成过程进行了"新政治经济学"③分析。安妮·克鲁格最早使用了"寻租"这一概念，她分析了商业集团与政府之间出现"寻租"活动的动力和过程。布坎南、本森等学者将"寻租"理论与美国的现实进行了对照，并得出如下结论：现代议会制民主政体由投票联盟支配，这类联盟往往受惠于大的工商业利益集团。故此，议会的多数就会向其"客户"提供歧视性保护和优待。④

三 特殊利益集团损害公众利益

特殊利益集团往往为了本集团的私利损害大众利益，使社会问题迟迟得不到解决。比如，烟草业集团反对反烟草法案，化学制品利益集团反对有关环境保护的法案，煤炭产品利益集团反对应对气候变化的法案，"全国步枪协会"反对控枪法案的出台，美国医学会阻挠有益于民众的医疗政策的出台，等等。以下就反对控枪的利益集团和医疗领域的利益集团作进一步论述。

美国每年大量人员因枪支事件而受伤或丧生，公众具有控枪的强烈意愿，但由于"全国步枪协会"及其他拥护持枪权集团的强力公关和阻挠，

---

① 参见张宇燕、高程《美国行为的根源》，中国社会科学出版社，2015，第124～126页。

② 参见张宇燕、高程《美国行为的根源》，中国社会科学出版社，2015，第126～128页。

③ "新政治经济学"在研究经济增长、经济发展、资源配置等问题时不将制度、法律、意识形态等排除在外，其采用经济学的工具和方法内生地分析制度、法律、意识形态等，是一门横跨经济学和政治学的交叉学科。李增刚：《新政治经济学的学科含义与方法论特征》，《教学与研究》2009年第1期。

④ 参见张宇燕、高程《美国行为的根源》，中国社会科学出版社，2015，第134～136页。

枪支严控政策总是无法获得通过，或者即便通过也被法院宣布为违宪。正如《人民日报》发文披露的："美国枪支暴力顽疾难除，利益集团的推波助澜是根源之一。在美国，枪支制造和买卖是一个大产业。美国全国射击运动基金会的报告显示，美国枪支弹药市场规模近年来持续增长，2021 年达到 705 亿美元。拥枪派团体建立起规模庞大、触角灵通的游说网络，通过巨额政治献金获得影响力。美国'公开的秘密'网站显示，1998 年至 2020 年，美国拥枪派团体花费超过 1.7 亿美元游说政客、左右立法，仅全国步枪协会的投入就超过 6300 万美元。美国控枪组织'妈妈们要求采取行动'创始人香农·沃茨直言不讳地指出，美国枪支暴力问题是政治性的，因为全国步枪协会花钱让政客不作为。"[1]"全国步枪协会"为了阻止控枪法案出台，还阻挠有关枪支负面社会效应的科学研究活动的进行，比如反对国家支持有关自杀率与枪支供应关联性的科学研究活动。根据美国科学院院士安妮·凯斯和 2015 年诺奖得主安格斯·迪顿的分析，美国的枪支数量多于美国人口，虽然不知道枪支供应量是否增加了，但自 2000 年以来，每年被枪杀的人数和涉及枪支（包括自杀）的死亡率均有所上升。在美国，自杀率与枪支供应的关联性存在争议且被政治化。人们当然不应该忽视枪支供应的增加是自杀率上升的部分原因。"全国步枪协会"一直向国会施压，要求国会拒绝为此类课题研究或数据收集提供资金。[2]

美国具有全国性和地方性的医学会。医学会对内制定职业规范、整合医生内部利益、出版刊物，对外代表医生介入政府医疗政策的制定和修改，医学会的游说力量相当强大。几十年来，美国医学会都持保守态度，并在关键时刻极力阻挠医改。[3] 据美媒报道，美国医疗行业拥有全美规模最大、年度支出约 5 亿美元的游说团队。在 2020 年竞选活动中，美国医疗行业就向议员们捐赠了 750 万美元。相关的利益集团将赚取的利润用作政治献金，

---

① 钟声：《枪支暴力折射美国治理失灵》，《人民日报》2022 年 7 月 28 日，第 17 版。

② 〔美〕安妮·凯斯、安格斯·迪顿：《美国怎么了：绝望的死亡与资本主义的未来》，杨静娴，中信出版集团，2020，第 88~89 页。

③ 蔡江南主编《医疗卫生体制改革的国际经验　世界二十国（地区）医疗卫生体制改革概览》，上海科学技术出版社，2016，第 317 页。

游说医疗立法及相关政策走向以迎合资本利益并且"绑架"美国人的生命。[1] 安妮·凯斯和安格斯·迪顿也指出："在医疗领域，正像在其他领域一样，企业的游说力度在过去 40 年急剧加大。它已成为一股重要的力量，推动将权力从劳动者手中夺走，将其重新分配给资本，以及从工人和消费者手中夺走权力，将其重新分配给企业和富有的专业人士。游说和寻租并不仅仅是公司行为。代表小企业的行业协会，如美国医学协会（拥有 25 万会员）和美国验光协会（拥有 4 万会员）是两个典型例子，这些协会的会员来自美国各地，从而使它们和国会的每位议员都能搭上话，并拥有来自家乡的有效政治力量来支持它们的经济影响力。政治和经济力量相互扶持，共同以牺牲患者为代价，不断增加协会会员的利润。"[2]

医院、医生、制药厂商、设备制造商通力合作，共同推高价格。高科技医用扫描设备的制造商向医生、牙医和医院提供具有吸引力的租赁和定价条款，后者使用设备，为相关方带来源源不断的现金流，而并未给患者带来明显的效果改善。或许，扫描设备（scanner）和骗子（scammer）的英语难以区分并非巧合。制药厂商也会与医院和医生合作，助力研发新产品，并且增加需求。2018 年，著名乳腺癌研究专家何塞·贝塞尔加被迫辞去纽约纪念斯隆－凯特琳医院的首席医疗官一职，该医院自称是世界最大、最古老的私人癌症治疗中心。贝塞尔加被迫辞职的原因是他未能在已发表的论文中披露潜在利益冲突，这种利益冲突来自他与生物技术初创公司和制药公司千丝万缕的财务联系。在他辞职后，这些利益冲突方中的一方——阿斯利康公司立即任命他为该公司的研发主管。[3]

这些特殊利益集团之所以不顾及环保等全球问题，不顾及枪控、医疗等攸关民众生命的问题，是因为特殊利益集团本身是资本的化身，而资本是短视的、投机的。在上述议题上采取有益于民众的措施意味着特殊利益

---

① 《〈撕裂的美国〉国际锐评｜被资本绑架的医疗体系"绑架"了美国患者的生命》，央广网，http://news.cnr.cn/native/gd/20210117/t20210117_525392917.shtml。

② 〔美〕安妮·凯斯、安格斯·迪顿：《美国怎么了：绝望的死亡与资本主义的未来》，杨静娴译，中信出版集团，2020，第 206 页。

③ 〔美〕安妮·凯斯、安格斯·迪顿：《美国怎么了：绝望的死亡与资本主义的未来》，杨静娴译，中信出版集团，2020，第 197 页。

集团经济利益的损失。退一步说，即便以特殊利益集团为代表的资产阶级懂得让利于民和休养生息，以维护自己的统治利益，那也是资产阶级的统治策略，而不是其初心使命。考察美国资本主义发展史不难发现，特殊利益集团与政界的"联姻"，使总体的资本家——国家表现出亘古不变的短视性、投机性，因为其不懂得人民就是江山，江山就是人民；不懂得只有真心诚意兼顾人民长远利益，才是政权安身立命的根本。从某种程度上可以说，在资本的眼里只有利润而无其他。

第三节　普通民众的政治参与及其效果

政治参与本身是一个极其庞大和复杂的话题，涉及不同的参与主体、参与方式和参与渠道等。由于本书逻辑思路和主题的限制，本书对此不详细展开论述。以下专门介绍美国普通民众参与投票的状况，并且进一步分析影响民众政治参与效果的因素。

一　普通民众的政治参与状况——以投票为例

列宁曾说，资产阶级政治是狭隘的、骗人的民主，对富人是天堂，对被剥削者、对穷人是骗局。[①] 投票这一美国普通民众的政治参与行为便突出体现了列宁的这一论断。普通民众要么消极投票而无法通过投票表达真实意愿，要么干脆被剥夺或限制投票权。

弗洛姆指出，在当代西方社会中人们表面上在公共政治领域拥有选举权，但实际上，权力结构以外的劳动群众不可能真正参与政治决策。因为，群众只有被权力结构需要时才会被允许参与投票。在当代西方政治领域中，国家官僚体系、政治官僚和劳动群众的关系也是一种异化的关系。政治官僚把劳动群众当作物品一样随意摆布和驱使，劳动群众表达意愿的方式与购买商品的选择方式差不多，他们听信各种宣传鼓动，而很少实事求是地思考。[②]

---

① 《列宁专题文集　论资本主义》，人民出版社，2009，第238页。
② 参见王雨辰《伦理批判与道德乌托邦——西方马克思主义伦理思想研究》，人民出版社，2014，第234页。

约瑟夫·E. 斯蒂格利茨指出，尽管那种赤裸裸不让人参加投票过程的做法在今日之美国不多见了，但是限制民众参与投票的一系列措施仍然存在，"躺枪"的始终是穷人和社会关系不强的人群。政府部门甚至采取特定办法阻止特定团体参与政治：给予穷人或移民街区的投票机会不充分，为投票点配备的工作人员不足，不让某些罪犯投票。有时很难区分是忽视还是故意剥夺了民众投票权，但效果都是降低了选民投票率。每 4 个有资格的选民中就有 1 个没被登记，总计 5100 万人甚至更多的美国人没被登记。①

伯尼·桑德斯指出，重犯基本被剥夺了投票权。在美国有些州，重犯即便服刑完毕也不再享有投票权。2013 年联邦最高法院作出裁定，指出1965 年《投票权法案》中一项重要条款违宪。这一判决公布几天后，共和党大举出台法案，让更多民众无法参与投票——非裔、拉丁裔、穷人、老年人、年轻人，因为这些人大多不支持共和党。研究显示，严格的身份认证法案使拉丁裔、非裔、亚裔投票率分别下降了 9.3 个、8.6 个、12.5 个百分点。实施严格的身份认证制度后，民主党投票率下降了近 8.8 个百分点，而共和党仅下降了 3.6 个百分点。共和党还通过限制提早投票、取消当天登记，极大降低了选民投票率。在全美很多地方，少数族裔民众很难在选举日当天投票。②

美国学者克里斯托弗·海耶斯同样指出，尽管美国民主的基本原则是一人一票，但是美国的整个代表制度却在极大程度上迎合了最富有阶层的偏好和利益，有效地促使这些最富有变得更为富有。③

二 影响普通民众政治参与效果的因素

罗伯特·达尔指出了政治平等的六个因素：政治资源、技能和动机的分配；时间的单向性和有限性；政治组织的规模；市场经济的盛行；不民

---

① 〔美〕约瑟夫·E. 斯蒂格利茨：《不平等的代价》，张子源译，机械工业出版社，2020，第117 页。

② 〔美〕伯尼·桑德斯：《我们的革命》，钟舒婷、周紫君译，江苏凤凰文艺出版社，2018，第131 页。

③ 〔美〕克里斯托弗·海耶斯：《精英的黄昏：后精英政治时代的美国》，张宇宏译，上海译文出版社，2017，第156 页。

主的国际体系的存在；严重危机的必然性。^① 将罗伯特·达尔的这几个观点与美国中下层人民的民主权利实现状况及政治参与状况相结合，会发现前者与后者高度契合。

底层的 90% 的人口在集体行动和通信问题上存在困难，他们必须将收入的很大一部分用于购买生活必需品。他们缺乏参与政治的资源、知识、技能，参与政治的效果不理想又进一步削弱了其参与政治的动机和热情。他们基本忙于生计，而政治活动的时间、场所设置常常不便于他们参与。而且基于对参与政治活动的时间成本和收益考量，普通民众不会像上层人士一样花费大量时间去寻找和运用政治影响。在美国，大约每 67.3 万人选举 1 位众议员，即使运用最先进的技术，每一位议员也只能与极少数选民进行认真而广泛的讨论。扩大政治机构的规模和委派权威的规模，能够解决规模难题——减少每位议员所代表的民众的绝对数量，但这又不可避免地制造了全体公民获得政治平等的障碍。因为代表们本身比普通民众更能够影响政治决定。^② 总之，在美国政治体制下，民众选不到"代表"与代表不"代表"民众是真实存在的。

在美国，市场经济高度发达，市场竞争将公民分为三六九等。经济实力可以转化为相应的政治影响力。普通民众的经济实力不如上层人士，因而其政治影响力和获得的政治代表性亦不足。市场化使美国很多人成为贫民，这也遏制了他们参与政治。第二次世界大战后，美国主导建立的那些国际组织不仅对于发展中国家来说缺乏民主，对于美国普通民众而言也是对民主的限制。各种规则、政策都是少数精英制定的，民众只是被动接受。21 世纪以来，美国多种危机交加，为了应对危机，行政权力不断加码。例如，"9·11"恐怖主义袭击之后，以打击和防范恐怖主义为由，美国公民的民主权利和自由受到政府侵犯。新冠疫情发生后，政府非但没有采取有力措施保障人民生命财产安全，反而侵犯公民对疫情的知情权。政府防疫措施不力使普通民众的生活更加艰难，民众于是走上街头抗议，但政府只是将抗议者视为犯罪分子和反动派。这些无疑是对民主的重击。

---

① 〔美〕罗伯特·A. 达尔：《论政治平等》，上海人民出版社，2014，第 34 页。

② 参见〔美〕罗伯特·A. 达尔《论政治平等》，上海人民出版社，2014，第 40~42 页。

第四节　法治实践中的不平等

　　法律属于政治上层建筑，因而本书将法治实践归入政治，并且将法治实践中的不平等作为政治不平等的表现之一。历史唯物主义法律观认为，由社会物质生活条件所决定并受社会物质生活条件制约的资本主义法律体系反映的是资产阶级统治意志，资产阶级所标榜的"法律面前人人平等"只不过是法律原则或法律形式上的平等，与法治实践中的不平等形成巨大的反差。美国法治实践不平等问题体现在立法、执法、司法的方方面面。新冠疫情在美国暴发和流行的情况，已经再次戳穿了所谓的在美国法律平等保护每个公民的权利、法律面前人人平等的谎言。美国的实际情况是处处反映了法律的不平等保护，以及同样情况不同对待，同罪不同罚。在美国，种族歧视、性别歧视和欺贫媚富的现象司空见惯，白人至上的逻辑大行其道，富人和大公司总有办法使法治实践对自己有利，穷人、少数族裔以及女性则往往缺乏维护自己权益的法治途径。

一　立法上的不平等

　　美国统治集团一向把自己打扮成"自由、平等"的"人权"卫士，标榜为民主的世界楷模和灯塔，把自己的意识形态和价值观向全世界推销，把反对和抵制它的国家污蔑为"邪恶国家、流氓国家"。然而回顾美国建国以来的历史，就会清楚地看出，世界上平等喊得最响的美国，正是一个在不平等方面创造世界纪录的国家。

　　马克思恩格斯指出，资产阶级为了保护自身利益而颁布法律，纵然个别法律有对其不利的情形，但是整个立法毕竟是保护资产阶级利益的。作为资产阶级社会地位强有力支柱的法律，表明了资产阶级积极依照自己意志规定下来并由无产阶级被动接受的秩序神圣不可侵犯。然而，在广大工人看来，法律是资产阶级为其准备的鞭子，因此，只有万不得已之时，工人才诉诸法律。①

---

　　① 参见《马克思恩格斯文集》第 1 卷，人民出版社，2009，第 462 页。

资产阶级会颁布某些法律认可公民的某些权利，然后往往又会颁布其他法律对之前认可的公民权利加以限制或取缔。

在美国，法律规定公民有出版、游行等权利，法律也规定公民有选举权和被选举权。但这些字面上的、抽象的权利变为现实的、实际的权利的可能性，以及这些权利实现的程度，往往取决于公民的富裕程度，即公民掌握财产的多寡。对于没有达到相应权利条件的人来说，相关法律规定的公民权利只是一张空头支票。而有产者和富人才能够切实实现自己的权利。这也说明，这样的法律其实是为富人设立并保障富人利益的。以出版权利为例，美国新闻出版业被少数大公司垄断，这些大公司受垄断资本操纵，大资本家也就自然而然控制着新闻出版的话语权。普通民众没有经济实力通过出版发行来传达自己的声音。同样，法律规定公民有诉讼权，然而，高企的诉讼费无疑剥夺了贫困民众甚至中产阶级公民的这一权利。公民的集会、游行、示威权利往往也没有保障。公民集会、游行、示威极有可能被当成叛国者加以驱散或逮捕。新冠疫情期间，白人警察"跪压"弗洛伊德致死案及其他几起类似案件，不但是白人至上和种族歧视的表现，也是美国政府剥夺公民集会、游行、示威权利的典型表现。"面对反对种族主义的大规模示威，特朗普先生呼吁使用的是暴力和霸道。"[①] 公民的结社权利也常常受到限制，以加入工会为例，国家和地方政府机构通过使加入工会的程序复杂化而将相当多的公民包括共产党员排除在工会组织之外。

至于法律规定的公民享有选举权和被选举权，从总统选举到议员选举，无不需要大量金钱赞助，因此普通民众根本不可能当选。比如，美国历任总统都来源于大资产阶级，工人阶级的成员从来没有当选过总统。研究发现，相当多的议员具有中产阶级和上流社会背景，他们与来自其他背景的议员相比多得不成比例，来自工薪家庭的议员则通常屈指可数。由此可见，议会显然是不能代表广大民众的。[②] 美国议员一般是男性、白人、新教徒并

---

① 〔美〕蒂莫西·斯奈德：《美国的瘤疾：一位历史学家对疫情的反思》，陈博译，商务印书馆，2022，第91页。

② 〔美〕威廉·J. 基夫、莫里斯·S. 奥古尔：《美国立法过程：从国会到州议会》（第十版），王保民、姚志奋译，法律出版社，2019，第195页。

且具有盎格鲁－撒克逊"血统"。有的群体在美国议会中拥有过多的代表，而有的群体拥有的代表则相对不足。在南方和北方的许多州中，黑人议员名额依旧不足。① 大资产阶级会亲自或派遣代表垄断议席，以制定符合本阶级利益的法律。女性、黑人的投票权和代表权不足，重犯的投票权被剥夺。

美国的立法者主要包括总统、国会、联邦政府机构、地方议会和政府机构。由于美国金钱政治的特性，利益集团往往通过影响这些立法者来影响立法。② 利益集团影响立法的方式包括：在立法前，利益集团首先通过游说立法者，推动出台符合自身利益的法案，或阻止出台有损其利益的立法；在立法过程中，借机推动或阻止法案的通过，或游说变更法律条款；法案正式作为法律颁布之后，反对相关法律的利益集团会提交修正案或废除或修订法律。2016 年国会通过的《保障病患获得有效药物执行法案》就是制药行业利益集团多年游说的结果。该法案为阿片类药物的滥用开了"绿灯"。安妮·凯斯和安格斯·迪顿指出："药物的生产商则采取各种直接手段，或间接处分福利经理，尽可能增加销售额和利润，哪怕药物已经明显被滥用。例如，在两年的时间里，900 万粒药物被发送到仅有 406 人的西弗吉尼亚州克米特城的一家药房。……而根据哥伦比亚广播公司的《60 分钟》节目和《华盛顿邮报》进行的调查，当负责制止此类滥用行为的美国缉毒局试图采取行动时，国会通过了 2016 年的《保障病患获得有效药物执行法案》，其规定有效地阻止了美国缉毒局采取制止药物泛滥的行动。唐纳德·特朗普随后提名宾夕法尼亚州众议员汤姆·马里诺担任他的禁毒负责人，负责该法案的执行。随后，《60 分钟》和《华盛顿邮报》的调查揭露，马里诺多年来一直代表制药业努力推动通过这一法案……"③ 2017 年，在所有与阿片类药物有关的死亡中，医生开具的阿片类药物处方致死情形占了 1/3，后者还占了当年 70237 例因药物过量使用死亡人数的 1/4。该数字高于每年死于艾滋病、枪杀或交通事故的最高人数，也高于美国在越战

---

① 〔美〕威廉·J. 基夫、莫里斯·S. 奥古尔：《美国立法过程：从国会到州议会》（第十版），王保民、姚志奋译，法律出版社，2019，第 198～199 页。

② 王保民、袁博：《美国利益集团影响立法的机制研究》，《国外理论动态》2020 年第 1 期。

③ 〔美〕安妮·凯斯、安格斯·迪顿：《美国怎么了：绝望的死亡与资本主义的未来》，杨静娴译，中信出版集团，2020，第 115 页。

中的死亡总人数。[①]

在美国，资产阶级掌握着国家政权，并通过立法机关将自己的意志上升为法律。资产阶级掌握着立法权，无产阶级在立法参与上总是缺场，既然不能与资产阶级平等地参与立法，无产阶级也就不能运用法律平等地表达自己的意志。有学者指出，大多数政策变化即使得到多数人支持也不能成为法律，只有当政策变化得到顶层人士支持的时候，才有很好的机会成为法律。如果90%的美国穷人支持一种政策变化，那么这种政策变化转化为法律的概率比只有10%的人支持时大不了多少。当富人强烈支持政策变化时，与强烈反对他们的人相比，该政策几乎有3倍的概率成为法律。当中产阶级强烈支持政策变化时，与强烈反对他们的人相比，该政策几乎没有任何更大的概率成为法律。[②] 所谓法律是公共意志的体现，只不过是资产阶级的欺骗性说辞，更何况资产阶级和无产阶级的物质利益在本质上是对立的，他们的要求和愿望当然也是对立的，因而，公共意志则无从谈起。资产阶级为了维护自身统治和利益，在万不得已的情况下，为了维护自己统治的需要，会出台某些有益于普通民众的法案，但这丝毫没有改变资产阶级法律的实质，它们体现的仍然是资产阶级的意志。

二　执法上的不平等

以下将从担任官职和执法机关具体的执法行为两方面来看美国的执法是否平等。

就担任官职而言，由于资产阶级有意识地助推教育不平等，以及资产阶级对其他文化资源的垄断，资产阶级不断复制自己的接班人。国家公职始终由资产阶级的代表占据着，其中鲜有无产阶级的身影，无产阶级也几乎不享有执行法律的权利。国家和法律也因此成为资产阶级剥削和压迫无产阶级的工具。即使偶尔有无产阶级担任官职，那也比例很小、数量很少

---

① 〔美〕安妮·凯斯、安格斯·迪顿：《美国怎么了：绝望的死亡与资本主义的未来》，杨静娴译，中信出版集团，2020，第103页。

② 参见〔美〕雅各布·S. 哈克、保罗·皮尔森《赢者通吃的政治：华盛顿如何使富人更富，对中产阶级却置之不理》，陈方仁译，格致出版社、上海人民出版社，2015，第103页。

或者官职很低。这基本是为了装点资产阶级民主的门面，或者维护资产阶级社会秩序，而不是真正为了维护广大人民的利益。美国商业立国，商人从来都是政治的实际操盘手。有学者指出，自建国以来，实际统治美国的仅是几大家族，他们绝不会为了暂时的好处而放弃长远利益。美国"一个总统""参众两院""三权分立""多党竞选""新闻自由""军队国家化""司法独立"的背后，全部是金钱在操纵。①

就执法机关具体的执法行为而言，执法机关本应严格依照法定权限与程序履行职责，政府作为执法环节的主体要依法行政。但是，美国的执法机关事实上存在执法不规范、不作为、不公正现象，存在执法过程中不遵守法律和越权现象，存在依靠执法谋取私利或公权私用的现象，存在执法过程中损害而非维护民众正当权益的现象。

以特朗普政府为例，特朗普政府在执政中同样存在执法不公、有法不依的现象。特朗普作为美国历史上最没有从政经验的总统，自2016年当选美国第45任总统以来，他打破了诸多惯例，明显存在不少违法行为。他执政完全是为了自己的政治生涯和物质利益。特朗普惯于撒谎，包庇那些保护其秘密的腐败犯罪团伙。在新冠疫情期间，很多有关保障民众生命健康安全的提案被特朗普以节省财政开支为由予以否决。民调显示，民主党支持者绝大部分倾向于邮件投票，而共和党支持者绝大部分倾向于现场投票。特朗普为使自己能够连任，以邮件投票存在舞弊且邮政服务增加财政负担为由，缩减或取缔了很多州的邮政系统。这不仅影响了投票结果，而且影响了医疗物资、日常用品的投递。特朗普显然为了一己私利扰乱了社会秩序，给民众生产生活带来巨大不便。

另外，美国《哈奇法》规定，不得使用政府办公楼或办公室进行政党活动。2020年8月，特朗普在白宫发表提名演讲，显然违背了《哈奇法》这一规定。对特朗普来说，把竞选活动安排在白宫不仅能让他节省竞选资金，还能让他自己真正获利。相关竞选活动在白宫附近的特朗普国际酒店进行，该酒店为大会的许多工作人员提供住宿。酒店的房价翻了一番，让

---

① 李慎明：《重点做好国内改革、发展和稳定工作——我国未来发展重要战略机遇期的相关问题》，《毛泽东邓小平理论研究》2019年第8期。

时任总统特朗普及其家人比平时赚到更多钱。

有分析人士指出，特朗普在"敲诈"每个人以中饱私囊，甚至连他自己的竞选团队也不放过。[1] 特朗普当选总统的旗号之一便是"白人优越论"。在其执政这几年里，美国的种族主义政治达到了新的高度。少数族裔的合法权利常常被侵犯，而其之前享有的福利保障常常被取消。特朗普没有回应"黑命贵"抗议活动对变革的迫切要求，而是谴责抗议者是想摧毁美国的危险政治激进分子。他以这个谎言为借口，在几个民主党选民密集的城市实施了许多观察人士所说的"法西斯策略"。美国联邦秘密警察史无前例地占领了俄勒冈州波特兰市。他们肆意大规模地逮捕抗议者，用没有标记的车辆将他们拖走。负责监督波特兰行动的美国国土安全部代理部长查德·沃尔夫（Chad Wolf）声称，大规模逮捕行动是"积极主动的"。这就承认了联邦秘密警察违反了宪法关于无正当理由不得逮捕的规定。沃尔夫的言论还表明，大规模逮捕只是基于抗议者的政治观点。特朗普在波特兰使用秘密联邦官员，并威胁将把这些行动扩大到其他城市，这表明他对付政治反对派的方式正在恶化。由于特朗普的美国参议院盟友在他被弹劾期间保护他不受起诉，特朗普有继续违反法律的强大动机。宪法中几乎没有什么有效的规定可制约他的权力。[2]

再者，特朗普在执政中"嫌贫爱富"。以税制改革为例，2017年底，他签署了国会参众两院已经通过的《减税与就业法案》。该法案从2018年1月1日起正式实施，这是美国30多年来的首次重大税改。"特朗普的税改法案以减税为主要内容，意图通过降低公司所得税、个人所得税、国际税收等方面的税负来实现促进经济增长、增加就业和居民收入、制造业回流等目标。但特朗普税改法案在大规模减税的背景下也包含了许多增税的措施，其实质上是一场有增有减的税制结构性改革。"[3] 美国主流媒体虽然猛烈抨击税改法案"嫌贫爱富"，长远之害恐将大于短期之利，但也普遍承认这是

---

① 参见 Trump Illegally Turns White House into Campaign Vehicle，People's World，https://www.peoplesworld. org/article/trump-illegally-turns-white-house-into-campaign-vehicle/。

② Trump's Fascist Political Strategy，People's World，https://www. peoplesworld. org/article/trumps-fascist-political-strategy/.

③ 黄立新：《特朗普税改法案的总体评析》，《税务研究》2018年第1期。

特朗普和共和党的"胜利"。

三 司法上的不平等

资本主义社会"法律面前人人平等"原则在司法上有两层含义：一是任何公民都平等地受到法律保护；二是任何公民违法都平等地受到法律规定的惩罚，不允许公民享有法律以外的任何特权。平等权主要包括种族平等、男女平等、公民社会地位平等及公民适用法律平等。[①]

虽然 1787 年制定的美国宪法和 1791 年通过的《权利法案》及后来的相关宪法修正案都强调了法律的平等保护原则，但是，几百年来，美国法律运行中始终存在"白人种族与文化优胜论"。美国自创立之日起，就一直被深层次的结构性种族不平等所困扰。刑事司法政策想当然地认为黑人有罪而白人无辜。在南北战争后，美国法院赋予了宪法第十四修正案中的平等保护条款特定意义，法院在法律框架中嵌入了白人逻辑，限制了平等保护的范围。这种将白人逻辑嵌入平等保护法理学的策略一直持续到后民权时代。虽然民权运动产生了一定的影响，如催生了 1964 年的民权法案，禁止了吉姆·克劳式法律[②]，但法院再次推出了白人主导逻辑的论述策略。其实，在每一个时代，最高法院都将占主导地位的种族逻辑嵌入有关法律平等保护的实质性定义中，这样法律就主要是用来维护白人的统治的。[③]

美国法律从来没有也不可能平等地维护每一个人的权利。劳动人民，尤其是少数族裔最起码的生命权利都毫无保障，遑论其他权利了。调查发现，绝大部分成年人认为，美国的刑事司法系统对黑人更为不公。美国每年有 900~1100 人死于警察枪支暴力。但是鲜有警察被判有罪，即使定罪也

---

① 何家弘主编《当代美国法律》（修订版），社会科学文献出版社，2011，第 104 页。

② 吉姆·克劳式法律（Jim Crow laws）泛指 1876 年至 1965 年间美国南部各州以及边境各州对有色人种（主要针对非裔美国人，但同时也包含其他族群）实行种族隔离制度的法律。这类法律意义上的种族隔离强制公共设施必须依照种族的不同而隔离使用，且在隔离但平等的原则下，种族隔离被解释为不违反宪法保障的同等保护权，因此得以持续存在。但事实上黑人所能享有的部分与白人相比往往是较差的，而这样的差别待遇也造成了黑人长久以来在经济、教育等方面处于较为弱势的地位。

③ Wendy Leo Moore, "The Legal Alchemy of White Domination: Embedding White Logic in Equal Protection Law", *Humanity & Society*, Vol. 38, No. 1, 2014, pp. 7 - 24.

通常是过失杀人等轻罪，而不是谋杀罪。尽管有白人被警察杀害，但数量与黑人和西班牙裔被杀害的人数比起来不成比例。虽然白人占美国人口的60%多一点，但他们只占警察致命枪击案的41%左右；而黑人仅占美国人口的13.4%，但在警察开枪打死的人中却占22%。这还不包括非致命的枪击在内的其他形式的警察暴行。许多警察暴行和致命的枪击事件没有在刑事法庭上受到起诉，受害者和受害者家属只能寻求民事判决，这每年要耗费纳税人数百万美元。当今黑人男孩中，每3个就有1个会被判入狱，相比之下，每6个拉丁裔男孩中就有1个会被判入狱，而每17个白人男孩中只有1个会被判入狱。5%的非法吸毒者是非裔美国人，而非裔美国人在被捕的非法吸毒者中占29%，在因毒品犯罪而入狱的人中占33%。非裔美国人和白人使用毒品的比重相似，但非裔美国人因毒品指控而入狱的概率几乎是白人的6倍。截至2016年10月，已有1900名被冤枉的被告被赦免，其中只有47%的被赦免者是非裔美国人。①

"对穷人是一条法律，对富人是另一条法律。"对于同类事件和活动，司法审判的结果往往不一致。富人的行为往往被认为合法，穷人的行为往往被认为违法。以大麻生产和销售为例。由于美国各州在有关大麻合法化或禁用上的法律不一，联邦也有自己的法律规定，这给那些希望通过种植和分销大麻来获得合法收益的人带来了真正的问题。尽管大麻在一些州的司法管辖区已合法化，但许多人仍因为联邦毒品指控而在监狱服无期徒刑，尤其是当他们所受的指控涉及不同州或国际分销时。这实际上是沿着种族和阶级的路线运作的。虽然禁毒、逮捕和起诉更多地针对黑人和棕色皮肤的人，但大公司从合法生产和销售大麻的投资中获益最多。具有讽刺意味的是，不少黑人和棕色皮肤的人因为大麻在服刑，大公司却在销售完全相同的东西来赚取利润。② 这些充分说明了美国法律平等保护全体公民和同罪同罚原则的虚伪性。

在美国，企业为了自身利益，往往会雇佣公司法律师。公司法律师在

---

① Criminal Justice Fact Sheet，https：//www. naacp. org/criminal-justice-fact-sheet/.

② Unregulated Capitalism Drives "The Business of Drugs"，People's World，https：//www. peoples-world. org/article/the-business-of-drugs-tv-miniseries-in-review/.

全美律师中仅占很少一部分，却有着相当大的影响力。公司法律师亲商，会想方设法通过法律漏洞为公司谋取利益，尽管这时常是以牺牲公共利益为代价的。与公司法律师比例小、影响力大不同的是，为穷人等弱势群体代言的律师比例小、影响力也小。由于资源稀缺，法律援助办公室、公益组织和律师协会很难为所有群体提供有意义的司法途径和参与政治进程的公平机会。①

在美国，法律与其说是用于维护正义的，不如说是一种生财之道。从法律院校中的学术资本主义到非法逮捕后的罚金、保释金到企业监狱复合体中的廉价劳工，均可见一斑。以企业监狱复合体为例，关押人数越多越符合私立监狱的商业模式，数以百计的公司受益于劳改。7% 的州囚犯和 18% 的联邦囚犯受雇于营利性公司。在大多数劳改项目中，一天的工作时间达 12 个小时，每小时的工资还不到 1 美元。联邦囚犯的工资标准为每小时 0.12 ~ 0.40 美元。在得克萨斯州，囚犯没有劳动报酬。得克萨斯州劳改系统由得克萨斯州惩教工业管理，2014 年产值为 8890 万美元。美国监狱工业产值估计每年为 20 亿美元。②"在绝大多数国家，'现代奴隶制'都和人口贩卖紧密相连，而美国则直接采用司法体制为私营监狱提供囚犯，为其牟取暴利提供制度保障。私营监狱获得廉价劳动力无须通过非法贩卖，只需通过法律程序即可获得充足稳定的廉价强迫劳动者，这在现代文明环境下简直是天方夜谭！"③

---

① Anthony V. Alfieri, "Paternalistic Interventions in Civil Rights and Poverty Law: A Case Study of Environmental Justice", *Michigan Law Review*, April 1, 2014, pp. 1157 – 1177.

② Criminal Justice Fact Sheet, https://www.naacp.org/criminal-justice-fact-sheet/.

③ 中国社会科学院世界社会主义研究中心：《私营监狱："现代奴隶制"的美国版本》，《党员干部之友》2022 年第 3 期。

第四章　美国文化不平等的表现

美国文化不平等主要有四大表现。首先，作为一个种族主义色彩极端浓厚的国度，美国的文化不平等在近年来的典型表现是白人种族主义。其次，媒体通常被称为美国的第四大权力部门，作为文化传播媒介，美国媒体在播报中通常具有"嫌贫爱富"的倾向。再次，由于美国社会高度商业化，一切都受到资本的操纵，而资本的本性是唯利是图，因此，作为商业文化的广告在传媒中处于强势地位。最后，美国的文化不平等还体现在文化需求满足和文化权利实现不平等等多个方面。

第一节　白人种族主义

白人种族主义是一种社会意识建构，是一种以白人为中心的态度和思潮，即认为白人的血统比其他种族纯正、白人的基因优于其他种族。白人种族主义根据种族将人们分割成不同的社会阶层并在经济、政治、社会等方面进行区别对待。尽管科学研究证明种族优越论没有生物学依据，但是白人种族主义仍然坚称遗传的肉体特质直接决定人性、智商等文化及行为特性。白人种族主义实际上是白人对其他种族的歧视。当今美国有代表性的白人种族主义主要有白人至上主义、白人民族主义、"另类右翼"。

一　白人至上主义甚嚣尘上

白人至上主义是白人为维护和捍卫自身权益、财富而剥削、奴役其他种族或民族的一种思潮。"白人至上"包括四个方面的内容：第一，白人在与非白人共存时，白人和非白人处于支配和被支配关系；第二，白人的基因优于其他人种；第三，白人的文化优于其他文化；第四，白人应生活在仅有白人的社会里。白人至上理念可追溯到英格兰人对爱尔兰人的控制。这种白人至上的诉求后来随着奴隶贸易又被建构在白人对黑人的奴役上，并且传到美洲大陆。白人至上主义的目的是建构和巩固白人特权的社会基础，使白人特权制度化、结构化。白人至上主义在美国的发展有三条历史逻辑：一是资本主义驱使下的奴隶逻辑，即黑人是奴隶，奴隶是财产，因而产生了种族等级制；二是殖民主义驱使下的屠杀逻辑，即北美大陆的原住民印第安人必须消失，欧洲殖民者据此对印第安人进行了野蛮的大屠杀；三是战争驱使下的正统性逻辑，即白人具有正统性，其他种族是敌人。20世纪60年代美国平权运动以来，这三条逻辑有所隐匿，但是作为历史上便存在的社会认知其并没有消失，而是时隐时现，甚至以极端主义行动表现出来。① 当今美国的白人至上主义的具体表现比比皆是。社会主流文化以及国家政权传播以白人男性至上主义为主要特征的殖民思想，众多的少数族裔是其殖民对象。三K党就是白人至上主义的化身。第二次世界大战以来的大众文化极大地改变了人们的认知模式，而至今依然活跃的第三次三K党运动恰恰始于第二次世界大战结束。三K党奉行白人至上主义，维护白种人的利益。三K党运用传播媒介传播白人至上主义，并且吸引了广泛的受众，声势浩大、影响深远。三K党传播的主要内容是种族歧视、仇恨思想和暴力思维，传播形式则是美国流行的白人种族音乐和种族视频游戏、电影、漫画、服饰等大众文化。现如今，白人种族音乐已经成为一种行业。三K党以文化渗透的方式禁锢人们的思维认知，传播白人至上的意识形态、政治主张和社会诉求。②

二 白人民族主义卷土重来

作为一种偏袒白人的意识形态，白人民族主义要求社会加大保护白人

---

① 王伟：《21世纪美国白人极端主义现象研究》，《民族研究》2019年第5期。

② 刘军：《美国白人至上主义的"阿凡达"——解读〈阿凡达〉角色创作中的潜意识》，《名作欣赏》2011年第33期。

法定权利的力度，主张白人拥有独立的国度。如果说白人至上主义致力于使其他民族受制于白人，那么白人民族主义则着眼于保护"白种人"。民权运动以来，随着"政治正确"的确立，移民的大量涌入，黑人对白人的不法行为高发，以及少数族裔对多元文化主义的倡导，白人民族主义者认为自己的社会主导地位和民族身份受到威胁，于是他们更加强调"白人团结一致"的理念。此外，互联网等技术的进步也加速了白人民族主义的传播。一些白人极端主义者渐渐将这些对移民、黑人不满的白人民族主义意识形态内化为坚定的信仰，化作实施暴力袭击的思想土壤。[1]

白人民族主义显而易见的危害是其与文化多元主义相冲突并且加剧了美国的社会矛盾。因为，随着多次领土扩张与移民潮的洗礼，美国的种族构成逐渐多样化。世界各地的移民对美国的社会心理和文化特征也产生了潜移默化的影响。今天的美国社会无疑是多元的，移民所带来的母国文化与此地原先的文化相互融合、碰撞形成一个新的有机整体。美国文化因移民文化而显现出多元性特征。然而当前，白人民族主义卷土重来，与多元文化主义形成了张力。白人民族主义加剧了美国本已存在的各种矛盾，尤其是种族矛盾和宗教矛盾。单一的基督教认同是极端白人民族组织的共同思想基础，这种宗教认同加剧了基督教与伊斯兰教之间的矛盾，特朗普当政前期所颁发的"限穆令"就是这种矛盾的集中体现。这种明显的种族主义立场也让美国少数族裔与白人群体的关系更为紧张和对立。随着极端白人民族组织的猖獗，美国政治和社会变得更加对立，族裔关系更趋紧张，美国也面临文化冲突、宗教冲突等严峻挑战。这与各民族平等分享国家的经济、政治、文化资源的主张背道而驰。

三 "另类右翼"思潮兴起

"另类右翼"思潮发端于威利斯·卡图于1958年建立的极右翼组织"自由游说"（Liberty Lobby）。此时的美国时兴白人民族主义，所以在相当长时间内，"自由游说"组织并没有什么突出作为，然而其所传递的极右翼

---

① 王伟：《21世纪美国白人极端主义现象研究》，《民族研究》2019年第5期。

思想却延续至今。① 2008 年 11 月，美国学者保罗·戈特弗里德在演讲中指出，21 世纪的旧保守主义（paleo-conservatives）既有别于传统的旧保守主义，也不同于新保守主义（neo-conservatives），是"最近历史环境下"产生的"另类右翼"。这是 21 世纪以来"另类右翼"一词的首次出现。② 随后"另类右翼"开始活跃于美国政治、媒体、学术话语之中。由于"另类右翼"在反移民、反全球化、支持贸易保护政策等方面与旧保守主义极其相似，所以通常媒体和学术界将"另类右翼"与旧保守主义相提并论。实际上，新兴的"另类右翼"具有不同于旧保守主义的全新内涵。以下介绍"另类右翼"的种族主义主张。

第一，"另类右翼"宣扬反犹主义的白人种族主义。美国白人种族主义智库"国家政策研究所"（National Policy Institute）的负责人理查德·斯潘塞在"另类右翼"一词中注入了种族主义元素。他认为，认同要基于种族，并且宣称白人应该统治犹太人和黑人。反犹主义表明"另类右翼"具有种族主义属性和新纳粹属性。斯潘塞据此而成为美国"另类右翼"的政治领袖。

第二，"另类右翼"在反移民中鼓吹白人至上主义。戈特弗里德借用"另类右翼"表达对美国移民政策的不满，他认为，在自我实现的驱使下，外国人有移居美国以实现梦想和抱负的冲动，美国向第三世界开放会使国家人口结构发生变化。斯潘塞使用"另类右翼"一词时指出，美国是白人主导的国度，移民是一种代理人战争，美国白人到了最后抵抗的时刻。斯潘塞声称自己的理想是，建立一个白人种族国家（ethno-state），将非白人赶出美国，进行"和平的种族清洗"。"另类右翼"的另一位领袖史蒂夫·班农则将移民视为对美国文化的威胁，反对一切移民。

第三，"另类右翼"通过鼓吹暴力、强权和战争宣扬白人种族主义。戈特弗里德本人是孤立主义者，他反对美国的国际主义政策。斯潘塞则在"另类右翼"中大肆宣扬暴力、阴谋论和大国沙文主义。白人种族主义者认为，平权主义者、左翼人士、难民、穆斯林等都是对白人进行攻击的敌人，

---

① 王伟：《21 世纪美国白人极端主义现象研究》，《民族研究》2019 年第 5 期。

② The Decline and Rise of the Alternative Right, http://www.amren.com/news/2016/08/the-decline-and-rise-of-the-alternative-right/.

他们正合谋摧毁白人种族。斯潘塞扬言要使用暴力对付这些敌人。他还认为，美国从不需要"正当理由"便可采取军事行动。

以上三种白人种族主义意识形态既相互联系又有细小差别。三者均主张保护和强化美国的白人特权和白人新教徒文化，反少数族裔、反非基督教、反移民。其差别在于激进程度不同。白人至上主义强调白人对于其他族群的优越性和压迫性，与之相比白人民族主义则略显温和，只强调维护白人的唯一性和独立性。而"另类右翼"介于两者之间，它委婉地表达白人种族主义理念。[①] 但这三种白人种族主义意识形态均是美国白人极端主义行为的思想武器。

第二节　媒体播报中的不平等

美国文化不平等问题也体现在媒体播报中：其一，媒体议题设置中的不平等；其二，媒体中弱势群体的出场频率及形象刻画存在问题。以下将分别讨论这两个问题。

一　媒体议题设置中的不平等

企业媒体出于利润的考量，往往会选取能够迎合社会中层和上层人物趣味并博取其眼球的内容去报道或播放。媒体带有偏见和倾向性的报道彰显着金钱政治色彩，同时又竭尽所能使政治娱乐化，对于真正应提上政治议程的事项则置若罔闻或忽略不计。

关于媒体彰显金钱政治色彩，我国有学者指出，可以明显地感受到媒体对总统候选人的影响力，以致有人将美国媒体戏称为"树立国王的人"。为了赢得媒体的报道，总统候选人必须筹集巨额款项，且该项数额越来越大，使人们觉得竞选政治实质上就是金钱政治，媒体也有金钱政治的影子。在此意义上说，媒体在报道候选人相关内容时必然会带有党派偏见，也即

---

① Stephanie L. Hartzell, "Alt-White: Conceptualizing the 'Alt-Right' as a Rhetorical Bridge Between White Nationalism and Mainstream Public Discourse", *Journal of Contemporary Rhetoric*, Vol. 8, No. 1/2, 2018, pp. 6 – 25.

政治性偏见，不可能做到绝对中立与公正。①

对于企业媒体而言，美国人民真正面临的问题，比如收入和财富占有不平等、贫困、中产阶级衰落、医疗保健差、气候变化等无关紧要。政治之于它们主要是娱乐。有一个叫《马戏团》的受欢迎的节目，内容不是动物、小丑、杂技表演，而正是关于政治竞选。打开 CNN 或其他政治报道网络便会发现，绝大多数报道内容是关于八卦、丑闻、冲突、个人性格、竞选策略、民意调查和输赢、筹款、竞选游说波动，以及候选人可能说的或做的蠢事。政治报道简直就是一部竞选游说的戏剧，与美国民众的真实需求无多大关系，与候选人所提出的解决方案也没有多大关系。多数报道集中在候选人身上，极少涉及国家所面临的重大危机。②

伯尼·桑德斯指出，在其政治生涯中不记得有哪位主流媒体记者主动问他应该怎样消除美国的贫富祸患，或打算怎样解决严重的收入和财富占有不平等问题，或怎样控制资本对政治的影响。公司制媒体认为这些问题并不重要。而即便有"头脑发热"或"一不小心"询问此类问题的企业媒体的记者，这一记者恐怕也待不长久。③

美国当代著名的传媒专家和实践家罗伯特·麦克切斯尼（Robert W. McChesney）也曾指出，即使许多主流记者经常被描述为社会"自由主义者"，他们在社会问题上的立场也不应该被夸大。右翼批评人士经常抨击记者在种族问题上"软弱"，这意味着记者不愿就平权行动或非裔美国领导人提出尖锐的问题。考虑到这个国家种族主义的历史，以及今天白人和有色人种之间相当大的不平等，这显然是一个敏感的问题，而且不只是对自由主义者而言。很少有非裔美国人认为，新闻媒体会不遗余力地对他们进行无罪推定。研究表明，非裔美国人很少出现在新闻中，即使出现也经常

---

① 朱世达：《当代美国文化》，社会科学文献出版社，2011，第 36 页。
② 〔美〕伯尼·桑德斯：《我们的革命》，钟舒婷、周紫君译，江苏凤凰文艺出版社，2018，第 292 页。
③ 〔美〕伯尼·桑德斯：《我们的革命》，钟舒婷、周紫君译，江苏凤凰文艺出版社，2018，第 299～300 页。

是以罪犯身份。① 马丁·吉伦斯（Martin Gilens）关于为什么美国人讨厌福利的重要著作表明，扭曲的报道是罪魁祸首。新闻媒体错误地将福利报道为一种主要为非裔美国人提供的社会服务。当福利被认为是帮助那些运气不好、有很大需要的白人时，这项计划的受欢迎程度飙升。当吉伦斯调查为什么新闻报道呈现出一种错误的、带有种族色彩的福利画面时，他断定新闻编辑部缺乏少数族裔记者是一个主要因素。可悲的是，少数族裔在记者中所占的比例很低，一般只占总数的 5% 左右，就连伯纳德·戈德堡（Bernard Goldberg）也指出，少数族裔不是新闻受众的重要组成部分，新闻的目标受众是中产阶级和中上层阶级中的白人。

二　媒体中弱势群体的出场频率及形象刻画存在问题

美国媒体作为资产阶级极其重要的文化设施，不仅要追逐利润，还要发挥贬损弱势群体的职能，使之认识到自己"低人一等"，进而反衬资产阶级"高人一等"。电视是最主要的大众传播媒介之一，其重要性抑或对社会的巨大影响使它自诞生之日起就引起了社会各界的重视。

电视文化本身是权力关系和价值观念的象征。"电视中出现频繁的阶层常常是我们社会中举足轻重的那些阶层。权力在电视节目中通过角色得到进一步体现，一部分角色控制另一部分角色并成功地达到自己的目的。"②

在媒体塑造社会价值观和社会关系的当代，某一社会群体被认可的前提是该群体在电视节目中亮相。换言之，那些在节目中未得到充分表现的群体则得不到社会承认，更不会引起社会重视。大众传媒鼓励并强化人们对特定社会成员的尊重，这些人一般在节目中以正派形象出现，由此其社会认同度显著提升。相反，当某些社会群体总是以某种模式化的形象出现，且被歧视性地描绘成反面角色时，其不会获得社会认可，也不会获得社会尊重。

---

① 参见 Robert W. McChesney, *The Problem of the Media: U. S. Communication Politics in the Twenty-First Century*, New York: Monthly Review Press, 2004, pp. 107 – 108。

② 滑明达:《文化超越与文化认知: 美国社会文化研究》, 中国社会科学出版社, 2006, 第 34 ~ 35 页。

　　既然电视节目中角色的出现频率及形象刻画意味着某些群体是否为社会所认同，也意味着是否拥有权力，那么儿童、老年人、少数族裔、女性和同性恋群体在电视节目中显然是缺乏社会认同和权力的。美国电视广告和电视节目对这些弱势群体存在刻板的形象刻画，展示的是弱势群体懒惰、无能、好逸恶劳、道德败坏的一面，即便这些纯属虚构。实际上，美国社会向来贬低这些弱势群体的价值。与白人男性相比，这些群体在政治权力和经济收益上均处于弱势，除了儿童这一暂时不从事经济活动的群体，其他群体在就业及其他社会经济活动中都难免遭遇歧视。

　　公司制媒体花费了大量时间来报道富人和名流的生活方式，却没有时间关注穷人和绝望的人民。穷人在很大程度上是无人问津的隐形人，在晚间新闻中鲜有他们的身影。[①] 电视节目批评家观察发现，弱势群体在电视节目中未得到应有的表现和反映。对弱势群体带有世俗偏见的描述屡见不鲜。敢于塑造弱势群体崭新荧幕形象的电视节目很少。电视节目中弱势群体的角色数量少，而且对他们的否定性描绘会妨碍其自我认知，同时助长其他群体对他们的歧视。有学者指出，电视娱乐节目持续不断的主题巧妙地培育着观众的信念，能够达到以假乱真的功效，使人认为节目中所见即为事实。[②] 可以以美国流行的西部片为例进行说明。20 世纪三四十年代，美国白人主流意识形态从"天定命运论"出发，认为在白人文明进程中，美国西部本土的印第安人是注定走向灭绝的野蛮种族，白人定居者才是西部真正的主人。在此意识形态的支配下，白人世界充斥着对印第安民族的敌意和歧视，而对白人定居者侵占印第安土地资源，以及联邦军队屠杀本土印第安居民持普遍的支持态度。早期西部片留下了白人统治阶级意识形态在印第安问题上的烙印。"在早期西部片中印第安人被刻画成既残暴又毫无理性的野蛮人，专门从事抢劫、杀人、强奸之类的勾当，是威胁白人生存的邪恶势力；西部土地则被描绘为广袤、肥沃却无人居住、期待白人移民前去

---

① 〔美〕伯尼·桑德斯：《我们的革命》，钟舒婷、周紫君译，江苏凤凰文艺出版社，2018，第 279 页。

② 滑明达：《文化超越与文化认知：美国社会文化研究》，中国社会科学出版社，2006，第 35～36 页。

开发的荒野。西部片的这种表述契合了当时美国白人主流的反印第安立场，映射出主流意识形态表象中的白人与印第安人的关系以及印第安他者形象。"①

作为一种能够对意识形态不断进行复制和再生产的大众传媒方式，早期西部片将白人主流意识形态十分隐蔽地传递给观众。在观看西部片的视听快感之中，观众不知不觉中被带入视听虚拟世界。当看到银幕上粗野、邪恶的印第安人角色时，他们并不认为这些是电影制作者编造出来的形象，而是认为这些就是印第安民族的本性，于是不自觉地认可并接受了这些形象所传达的白人主流社会的反印第安意识形态，并进而受这种主流意识形态支配，在现实生活中对印第安人持排斥和敌视态度。现实当中的主流社会对印第安民族的剥夺、驱赶和凌辱也随着相关电影的放映而变得理所应当、光明正大。尽管后期的西部片为印第安人正名，但是早期西部片已经深深影响了数代人的记忆，其所刻画的印第安人形象似乎成为大众的共识，人们通常认为今天的印第安人形象依然如电影中所刻画的那样负面。

第三节　广告在文化中的强势地位

美国文化不平等问题还体现在广告在文化中的强势地位：其一，广告对传媒的实际支配作用；其二，广告发挥资产阶级意识形态作用；其三，广告助长消费主义进而使自我和社会关系商品化。以下将分别讨论这几个问题。

一　广告对传媒的实际支配作用

美国是一个高度发达的消费社会，刺激消费须臾离不开广告。目前，美国拥有世界最大的广告市场。广告商能调用一切媒体来满足其需求，凡是消费者目光所及之处，广告商基本会将其买下以投放广告。《全球统计数据库》（statista）2022 年 7 月 27 日发文指出，据市场估计，2020 年美国媒体广告总支出高达 2258 亿美元，美国成为世界上最大的广告市场。到 2024 年，这一数字预计将增至 3220 亿美元。广告商可以利用几乎任何形式的媒

---

① 邹惠玲、郑佳：《论白人主流意识形态在早期经典西部片中的刻写》，《徐州师范大学学报》（哲学社会科学版）2009 年第 4 期。

介，包括出版物、电视、广播、电影、户外、移动和网络以满足其需求。如果有一个空间，消费者会去看，广告商就会购买它。根据该排名，中国将成为第二大市场，但其广告支出估计还不到美国广告支出的一半。① 广告商会根据自己利益偏好来塑造和影响大众传媒的结构和内容。高企的广告费用意味着只有大企业才能在竞争中胜出，并成为媒体行业的主要赞助商。2019 年，美国最大的广告商是亚马逊，其广告投资约为 68.8 亿美元。同年，其他大型广告商包括康卡斯特、美国电话电报公司、宝洁和华特迪士尼。② 2018 年，零售业和汽车业是美国广告支出最多的两个行业，广告支出明显高于其他主要行业。具体来说，美国零售业在 2018 年的广告支出超过170 亿美元，汽车业在 2018 年的广告支出为 140 亿美元。零售和汽车垂直行业也占据了美国数字广告支出的较大份额，分别为 21.9% 和 12.6%。随着零售商将注意力转向数字广告，它们同时也在增加在移动包括社交平台上的营销支出。不出所料，零售商尤为青睐谷歌、Facebook 实体和亚马逊，使之成为全美排名前三的数字广告发布商，其他数字广告发布商仍然落后于这三大科技巨头。③ 此外，还应强调指出的是，广告控制媒体，使其营造适宜的"销售氛围"。媒体应广告商的要求在受众心中培育出一种能迎合商品销售的心态，媒体所刊登的常规内容不能与广告的销售意愿相悖，比如香烟广告的前后，绝对不能出现"吸烟有害健康"等类似的反香烟销售思想。

　　广告作为一种重要的经济和文化现象，有着自己独特的政治哲学。广告虽不公开宣讲政治，却有政治意蕴。只是其情感诉求的职能使之通过更隐蔽的方式和结构霸权来对社会施加影响。在传播领域内，政治涉及与权利和权力有关的一系列议题。例如，话语权、传播渠道掌握在谁手中，等等。美国大众传播结构仍呈等级状，传播巨头位于金字塔的顶端，广大民众则位于传播结构的底层，而且短期内此传播模式仍会占统治地位，尽管互联网有望改变这种状态。美国广告业的强势地位主要反映在它在传播体

---

① Advertising Spending in the U. S. 2020 – 2024，https://www.statista.com/statistics/272314/advertising-spending-in-the-us/.

② https://www.statista.com/statistics/275446/ad-spending-of-leading-advertisers-in-the-us/.

③ Leading Advertising Categories in the U. S. 2018，https://www.statista.com/statistics/275506/top-advertising-categories-in-the-us/.

制中的"议程设置功能"上。美国传播业的商业操作模式决定了广告从业者在大众传媒中拥有强有力的发言权。

二　广告发挥资产阶级意识形态的作用

广告在文化上强势地位的确立还在于广告的意识形态作用。传媒学者斯图尔特·伊文对广告的意识形态作用有过精辟论述。他指出，19 世纪 20 年代，流水线上的工人逐渐不满于自身的阶级地位，并且反抗生产纪律。于是，广告商提出运用广告来灌输意识形态：在美国，消费象征着民主、自由。其结果是，民众失去了反抗精神，坚信可以通过占有更多更好商品的方式实现自我，因此不能找到真正的社会问题所在，对民主的匮乏也保持沉默。美国广告增强了资本主义制度的合法性。[①] 也有当代美国学者指出，广告会推广一些思想观念并使之合法化。广告的这种作用通常是通过形象和语言的运用而在无意识中达成的，无须刻意为之。作为意识形态代理人，广告推动资本主义发展，广告不仅推广特定产品，而且会推广市场资本主义、消费社会，等等。[②]

广告强化了向社会上层流动的观念，即通过教育，通过使用产品，或仅仅通过消费就可以提升人的社会地位。实际上，美国是工业国家中阶层固化最为严重的国家，日常生活的方方面面均存在等级差异。然而，美国民众却持有这样一种幻觉，即国民生活在平等的社会，这主要是因为媒体对公众隐藏了巨大的不平等，而一旦不平等被发现，媒体就会提供混淆黑白且责备受害人的信息。[③]

广告将一个有失公正的社会和意识形态表现得合情合理。人们往往会将广告所传输的内容和观念作为常识来接受，而极少进行反思或批驳，广告使人们安于现状，消磨革命斗志和阶级意识，因此，从某种程度上说，

① 转引自滑明达《文化超越与文化认知：美国社会文化研究》，中国社会科学出版社，2006，第 73 ~ 74 页。

② Erika L. Paulson, Thomas C. O'Guinn, "Marketing Social Class and Ideology in Post-World-War-Two American Print Advertising", *Journal of Macromarketing*, Vol. 38, No. 1, 2018, pp. 7 – 28.

③ Erika L. Paulson, Thomas C. O'Guinn, "Marketing Social Class and Ideology in Post-World-War-Two American Print Advertising", *Journal of Macromarketing*, Vol. 38, No. 1, 2018, pp. 7 – 28.

广告悄无声息地代替了公开的政治教诲。广告转移了人们对很多现实不平等问题的关注，使人们沉溺在对商品所勾勒的难以企及的美好世界的幻想之中。广告因此在无形之中充当着资本主义运转的润滑剂。

三 广告助长消费主义进而使自我和社会关系商品化

美国消费主义风行，广告可谓功不可没。资本主义的内在逻辑必然要求消费主义，因为商品价值的实现离不开商品流通。广告将社会关系商品化。广告潜在的主题是，人们永远不能得到完全的满足，因而需要通过不断消费去填补空缺感。消费主义便是宣扬这种生活状态。在美国，广告业催生了消费主义。

首先，广告使人们混淆真假需求，并最终在需求方面"以假乱真"。广告向受众传输的并非全是虚假需要，而是力求满足消费者的某些实际需要，如生存、发展、享受的需要，这些反映了真实的社会关系。但也正是在此过程中，广告创造了虚假需求，广告驱使人们用消费品代替真实的情感、社会关系和真实的自我。

其次，广告通过将"消费自由"提升至至高无上的地位而促生消费文化。实际上，随着美国不平等的加剧，自由竞争也从生产领域转移到了消费领域。广告向人们鼓吹自由选择论和消费万能论。在广告中，所谓拥有个人自主权意味着，一个人可以随意将欲望转移至商品上。这就是广告所炮制的虚假的"消费自由"。消费因此具有了道德的职能，它允许消费者将深层次的欲望投射到商品之中，并赋予其道德外衣。消费主义亦成为美国的新宗教。

最后，广告用符号结构遮蔽人们对现实社会结构的认知。在广告的世界里，人们对急切的真问题避而不谈，商品消费占据了社会交流的时空。品牌是身份确认的一个重要指标。诚如有学者所指出的，在当代美国广告中，商品的符号意义比其物质用途更为重要。[①] 社会交流的过程蕴含着相当多的与商品有关的语言。自我实现也是通过物品来获得，而与精神境界的提升无关。包括阶级关系在内的很多关系屈从于商品关系。

---

① 参见滑明达《文化超越与文化认知：美国社会文化研究》，中国社会科学出版社，2006，第76页。

第四节　文化需求满足和文化权利实现的不平等

一般认为，文化需求至少包括两个方面，即参与文化活动或者说从事文化生产，以及享用文化成果。文化权利则包括参与文化活动的权利、享受文化成果的权利、开展文化创造的权利，此外，还包括个人从事文化艺术创作所产生的精神上和物质上的利益受法律保护的权利。本书认为，开展文化创作也属于参与文化活动。而文化工作者在文化活动中所受到的剥削，则有悖文化权利中个人从事文化艺术创作所产生的精神上和物质上的利益受法律保护的规定。以下从文化活动参与和文化成果享用上来看美国人在文化需求满足和文化权利实现上的不平等。

一　文化活动中的不平等

文化活动包括科学研究、文学艺术创作和其他文化活动。美国人在从事科学研究活动上存在阶级和种族差异。研究人员通常认为，除了人们工作的质量，在科学研究活动中没有什么是重要的。但现实是，财富和背景很重要。来自弱势背景的学生很少进入科学领域，那些进入科学领域的学生经常发现，由于早期教育质量低，他们没有为进入科学领域做好准备。[①]具体来说，从高中开始，政府支持的早期教育主要由州和地方政府资助，因为科学课程对学生来说费用较高，相对贫困地区的学校很少负担得起提供这样的课程所需的费用。因此，来自这些地区的学生比起更富有的同龄人，在为学习大学水平的科学知识上所作的知识积累是不足的，许多富裕的同龄人就读于设施完善的私立学校，这有利于他们积累更丰富的知识，也有利于他们提升科学素养。而科学素养的欠缺也使得弱势背景的学生在竞争激烈的大学入学申请过程中处于不利地位，2013 年，只有40%的低收入阶层高中毕业生进入大学，而收入最高家庭的学生中这一比例约为68%。全美各地已有几个项目专门资助弱势背景的学生学习科学知识，但是力度

---

① Is Science Only for the Rich? https://www.nature.com/articles/537466a.

仍然微弱。[①] 相应的，从事科学事业、科学活动也主要是有钱有势者的专利。

　　文学艺术创作和其他文化活动也是沿着阶级和种族路线运作的。在生产资料资本主义私有制下，进行文化生产的生产资料也由资本家把控着。考察资本主义发展史可以发现，文化起初属于资产阶级、贵族等少数人的特权，广大无产阶级每天绝大部分时间在资本家的工厂里从事生产劳动，几乎没有闲暇也没有金钱去接触文化。在《1844 年经济学哲学手稿》中，马克思就对这种异化状况进行过描述和批判。在资本唯利是图本性的驱动下，资本家对广大工人阶级的剥削由绝对剩余价值的剥削转变为相对剩余价值的剥削。这种剥削方式的改变客观上意味着广大工人阶级劳动时间的缩短，也意味着工人收入较之前有了一定程度的增长，以及广大工人闲暇时间的增加。同样的，资本唯利是图的本性驱使资本家开拓新的领域新的产业，于是资本主义文化工业应运而生。在此先解释一下文化工业的内涵。"文化工业"这一概念可追溯到本雅明的《机械复制时代的艺术作品》一书，在该书中，本雅明指出，复制技术的诞生催生了新的文化现象。机械复制技术使艺术品第一次得以被大批量投放到市场上。本雅明积极地评价了艺术品的这一改变，"复制技术把所复制的东西从传统的领域中解脱了出来，由于它制作了许许多多的复制品，因而它就用众多的复制物取代了独一无二的存在；由于它使复制品能为接受者在其自身的环境中去加以欣赏，因而它就赋予了所复制的对象以现实的活力"[②]。本雅明认为机械复制技术使大众可以接触艺术复制品，终结了艺术为为数不多的精英所独享的局面，这堪称文化的解放。阿多诺批评了此观点，1947 年，阿多诺和霍克海默在《启蒙辩证法》中第一次使用了"文化工业"这一概念。起初，阿多诺用的是"大众文化"一词，后来改为"文化工业"，他指出："'文化工业'（culture industry）这个术语可能是在《启蒙辩证法》这本书中首先使用的。霍克海默和我于 1947 年在荷兰的阿姆斯特丹出版了该书。在我们的草稿中，我们使用的是'大众文化'（mass culture）。大众文化的倡导者认为，它是

①　Is Science Only for the Rich? https：//www. nature. com/articles/537466a.

②　〔德〕瓦尔特·本雅明：《机械复制时代的艺术作品》，王才勇译，中国城市出版社，2002，第 10 页。

这样一种文化，仿佛同时从大众本身产生出来似的，是流行艺术的当代形式。我们为了从一开始就避免与此一致的解释，就采用'文化工业'代替了它。"① 阿多诺认为，资本主义社会新产生的这种文化不是来源于大众的，也不是服务于大众的，应该用"文化工业"代替"大众文化"。阿多诺生活在 20 世纪的德国，但他对工业文化的批判，依然适用于分析当今美国的文化生产活动。在当今美国，文化产品与其他普通商品一样，被批量生产出来，并通过现代媒介传递给消费者。此时，文化作品的制作不再是为了满足人们对于审美的要求，而是为了满足资本家对利润的欲求。文化工业生产供大众消费的文化产品，抹掉了艺术的真理性，模糊了大众对真假的认知界限并以假乱真，操控大众的思想情感，压抑人的个性，消解人的批判性思维，使人们成为资本主义制度下的"顺民"，文化工业无疑是资产阶级进行阶级统治的工具。正如保罗·巴兰（Paul A. Baran）和保罗·斯威齐（Paul M. Sweezy）所指出的，事件的实际进程发生了不同的变化。收入的增加和工作日的缩短确实伴随着印刷品、戏剧、音乐、电影的生产和消费的相应增加。但是，随着数量的巨大增长，质量也发生了同样令人印象深刻的变化——总体上每况愈下。随着文化产业从手工业向机器批量生产转变，它们受到了企业的影响，企业认识到，要获得最大的利润，一个方法就是认同和迎合人性中的所有弱点和缺陷。其结果是文化输出变成了它的对立面。我们看到的不是"心智、趣味和举止的训练和文雅"，而是心智的退化、趣味的降低和举止的野蛮化。②

美国主流文化是白人盎格鲁 - 撒克逊文化，富裕白人控制着出版发行行业，黑人创作的文学作品必须迎合主流文化品位才有出版发行的机会。凡是不符合白人主流叙事的文学作品都可能成为禁书。比如，保罗·克雷格·罗伯茨就提到了关于奴隶制起源的禁止性叙述，"大学和电影制作人篡改历史的原因是，在一个多种族的社会中培养分裂的文化，在美国的棺材

---

① 〔德〕阿多诺：《文化工业再思考》，转引自〔德〕马丁·杰《阿多诺》，瞿铁鹏、张赛美译，中国社会科学出版社，1992，第 183 页。

② Monthly Review, The Quality of Monopoly Capitalist Society：Culture and Communications, https：//monthlyreview. org/2013/07/01/the-quality-of-monopoly-capitalist-society-culture-and-communications/.

上钉更多的钉子。当黑人奴隶成为达荷美黑人王国的贸易商品时，白人种族主义怎么可能是奴隶制的起因？正如《大英百科全书》所言，'达荷美是为战争而组织起来的，不仅是为了扩大它的疆域，也是为了把俘虏当作奴隶。奴隶要么被卖给欧洲人换取武器，要么被保留在皇家种植园工作，为军队和宫廷提供食物'。我几乎可以用我的生命打赌，《大英百科全书》将被迫删除这一段以及其他所有关于达荷美和奴隶贸易的正确报道，就像卡尔·波兰尼（Karl Polanyi）的历史书《达荷美和奴隶贸易》（*Dahomey and the Slave Trade*）一样，其已经消失，无法再出版。如果这本书有得卖，一个黑人教授把它分发给学生，即便不被那些觉醒的暴徒（包括大学白人教师、管理人员和学生团体）处以私刑，也会被赶出大学"①。

在美国，商品化侵入了每一个领域，文化领域也不例外。大资本家控制着新闻出版、影视制作和发行、体育赛事、音乐录制、广告制作，等等。广大文艺工作者、运动员受雇于相应的资本家，他们在工作中时常遭受剥削，还有很多人连参与文化活动的机会都没有。保罗·巴兰和保罗·斯威齐也曾指出："虽然唯一值得社会文化努力的任务——无论是作为智力说服、审美表达还是道德诉求——是促进人们对现实的理解，并拓展他们对自身潜力的看法，但垄断资本主义的文化机器却服务于完全相反的目的。它的目的是让人们接受现实，适应庸俗的现实，放弃所有的希望，放弃所有对一个更好的社会的渴望。"②

二 文化成果享用中的不平等

文化成果享用的前提是文化产品供给。所以，以下从文化供给角度来看文化成果享用的不平等。与公益文化、商业文化等相关的文化供给均有资本的影响，而且文化供给极不均衡，很多文化只向富人提供或面向富裕社区，难以满足美国普通民众正常的文化需求。

---

① America is Intentionally Being Destroyed by Organized Divisiveness, https://www. paulcraigroberts. org/2022/07/25/america-is-intentionally-being-destroyed-by-organized-divisiveness/.

② Monthly Review, The Quality of Monopoly Capitalist Society: Culture and Communications, https://monthlyreview. org/2013/07/01/the-quality-of-monopoly-capitalist-society-culture-and-communications/.

　　大资产阶级为了自身利益，对信息、知识流通实行意识形态管制，培育适应资本再生产的"正确观念"。因为工人一旦触及多元思想，产生向往并付诸实践，对资本是极其危险的。随着知识经济的到来，工人阶级文化水平普遍提高，会就劳动、人生的意义等问题进行追问。工人需要通过接受教育来缓解人文世界的焦虑、空虚，但政府以节简政策为名，漠视工人的这一需求。国家取消对文化活动的补助，文化活动依赖有钱人出于自利考虑的慈善捐助。相比于欧盟国家、亚洲国家在职业教育和技术培训上的"强大阵容"，美国处于少数派阵营。美国依靠个人主动性和市场力量来教育和安置年轻人，这对穷人是不利的，这会导致社会阶层固化。① 与日本、加拿大、德国和英国等其他发达国家相比，美国的识字率并不高，其零售业从业人员、文员和类似服务行业的工作人员在读写和算术测试中的得分往往远低于国内或国际平均水平。由于种族的结构性隔离和经济不平等的驱动，教育——按照设想——旨在限制工人阶级的技术和文化发展。②

　　大众文化日益商品化，某些形式的艺术专属于富人。娱乐产业获取了最大的短期利益，而忽略了文化的"百花齐放"。这扭曲了教育和文化，削减了可供大众选择的文化样态。企业对文化进行赞助，既是为了打广告，也是为了限制或审查进步的或反企业的内容。以美国漫画书为例，美国漫画书由资产阶级创作者和漫画商制作和销售，拥有广泛阅读者。尽管人们对于阅读漫画书对于成年人和儿童的影响的观点存在很大差异，但严肃的读者普遍认为漫画书在知识上是空洞的、具有思想倾向性而且在审美上是贫乏的。部分读者认为，内容分析显示漫画包含高度的民族中心主义、保守主义、暴力、犯罪和性。③ 资本家为了获取额外利润，将女性视为性对象。这不仅有辱个人私生活，还限制了女性在公共领域的自由和效力，阻碍了人的全面发展。

---

① 〔美〕詹姆斯·M. 斯通：《美国社会经济五个基本问题》，忠华译，中信出版集团，2017，第 105~106 页。

② Public School Privatization Privileges Profits over Learning, People's World, https://www.peoples-world.org/article/public-school-privatization-privileges-profits-over-learning/.

③ Monthly Review, The Quality of Monopoly Capitalist Society: Culture and Communications, https://monthlyreview.org/2013/07/01/the-quality-of-monopoly-capitalist-society-culture-and-communications/.

第五章　美国不平等的根源分析

美国不平等的原因是多方面的，可以从经济基础和上层建筑两方面进行分析。经济基础主要是指生产资料的资本主义私有制，上层建筑则涉及政治、文化等。本章将从经济、政治、文化三方面对美国不平等的根源进行分析。

第一节　美国不平等的经济原因

从本书的理论分析框架来看，讨论美国不平等的经济原因是分析美国不平等问题最为关键的一步，而且，这关键的一步是分析美国的政治不平等、文化不平等的逻辑基础和理论基础。为此，系统而又深入地讨论美国不平等的经济原因是必要的。从根本上来讲，美国不平等是由生产资料资本主义私有制以及生产资料资本主义私有制的当代形态金融垄断资本主义所造成的。

一　生产资料资本主义私有制是美国不平等的根本原因

马克思恩格斯多次讨论和分析资本主义的不平等问题，具体涉及经济不平等问题、政治不平等问题和文化不平等问题，指出生产资料资本主义私有制是资本主义不平等问题的根本诱因。美国作为最发达的资本主义国家，存在的经济不平等问题、政治不平等问题和文化不平等问题也是最为突出和最为典型的。显然，分析和讨论美国不平等问题的根本出发点在于分析生产资料资本主义私有制。

（一）　马克思恩格斯关于生产资料资本主义私有制导致不平等的观点

马克思恩格斯认为，生产资料资本主义私有制是资本主义社会一切不平等的根源。通过资本原始积累，资产阶级剥夺了小生产者的生产资料，使其沦为无产阶级。无产阶级要生存下去就不得不出卖劳动力给掌握生产资料的资产阶级。资产阶级唯利是图，通过占有绝对剩余价值和相对剩余价值，剥夺无产阶级。然而，资本家支付给工人的工资勉强够其生存以维持劳动力这一资本家必备的生产工具。工人和资本家经济地位不平等，劳资之间缔结合约的条件不公平。马克思恩格斯对此作过深刻论述，马克思说道，在雇佣劳动制度下要求平等的报酬，犹如在奴隶制下要求自由。① 恩格斯也指出，现代资本主义社会一如以往的各种社会，是为数不多且规模在不断缩小的少数人剥削绝大多数人的庞大机构。② 资本主义社会货币拜物教的盛行及贫穷所滋生的一切人反对一切人的社会战争，使得每个人都诱骗他人去消费并以他人的牺牲来满足自己的需要。无论如何，无产阶级都是资本主义社会战争中吃亏的一方，其在工作场所遭受劳动剥削以后，换来的工资又要去支付房租、食物、衣物等生活必需品，而且这些生活必需品常常是最劣质的。

资本具有寻求增殖的本性，也具有集中的趋势。为了实现资本增殖，资本家甘冒一切风险。对此，马克思曾引用《评论家季刊》的评论："资本逃避动乱和纷争，它的本性是胆怯的。这是真的，但还不是全部真理。资本害怕没有利润或利润太少，就像自然界害怕真空一样。一旦有适当的利润，资本就胆大起来。如果有10%的利润，它就保证到处被使用；有20%的利润，它就活跃起来；有50%的利润，它就铤而走险；为了100%的利润，它就敢践踏一切人间法律；有300%的利润，它就敢犯任何罪行，甚至冒绞首的危险。如果动乱和纷争能带来利润，它就会鼓励动乱和纷争。"③ 由于资本分为实体性资本和虚拟资本，资本家将商品生产当作不得不做的倒霉事，如果能不从事生产而直接获取利润，对资本家来说是再好不过了，于是实体性资本不断转化为虚拟资本。

---

① 《马克思恩格斯选集》第2卷，人民出版社，2012，第47页。
② 《马克思恩格斯选集》第3卷，人民出版社，2012，第726页。
③ 《马克思恩格斯文集》第5卷，人民出版社，2009，第871页。

生产资料资本主义私有制是不平等的根源，那么资本主义私有制是如何确立起来的呢？确立的前提是劳动力成为商品，而劳动力成为商品的前提是劳动者与生产资料相分离。这是一种"征服、奴役、劫掠、杀戮"① 的暴力分离过程，在该过程中货币转化为资本，生产者转化为雇佣工人。这个运动"是用血和火的文字载入人类编年史的"②。马克思指出，资本一经产生便使全部生产以自己为中心③，资本不仅消灭手工业劳动、小土地所有制，而且消灭了小资本，以及新旧生产方式之间的过渡类型、混合类型。资产阶级日益消除生产资料、财产和人口的分散状态，而提升人口密度和生产资料集中程度，使财产在少数人手里聚集。④

资本原始积累不仅造成了一国范围内城市掠夺农村、白人奴役黑人的不平等，而且造成了欧洲国家对亚非美洲进行殖民掠夺的不平等。马克思指出，资本原始积累的方式，例如侵占美洲金银产地，对原住民进行剿灭、奴役并将其埋葬于矿井，贩卖非洲黑人等，都标志着资本主义生产时代的曙光。接踵而至的是欧洲各国在全球范围内挑起的商业战争。⑤

国家政权在资本原始积累中发挥了保障作用。西、葡、荷、英等曾先后成为资本主义的中心。这些国家走上资本主义发展道路均以赤裸裸、血淋淋的资本原始积累为手段。这些手段在 17 世纪末的英国被系统地综合为殖民制度、国债制度等。"这些方法一部分是以最残酷的暴力为基础，例如殖民制度就是这样。但所有这些方法都利用国家权力，也就是利用集中的、有组织的社会暴力，来大力促进从封建生产方式向资本主义生产方式的转化过程，缩短过渡时间。"⑥

需要进一步指出的是，当以个体劳动为基础的小生产者私有制被资本主义私有制代替后，资本雇佣劳动关系变为"自由平等"交换关系表象下实质上的资本家剥削、压迫工人的关系。形式平等的交换关系并非事实上

---

① 《马克思恩格斯选集》第 2 卷，人民出版社，2012，第 291 页。
② 《马克思恩格斯选集》第 2 卷，人民出版社，2012，第 291 页。
③ 《马克思恩格斯选集》第 2 卷，人民出版社，2012，第 767 页。
④ 《马克思恩格斯文集》第 2 卷，人民出版社，2009，第 36 页。
⑤ 《马克思恩格斯选集》第 2 卷，人民出版社，2012，第 296 页。
⑥ 《马克思恩格斯选集》第 2 卷，人民出版社，2012，第 296 页。

平等的交换关系。单个工人可以和单个资本家在劳动力市场上"自由"双向选择，但是工人由于除了劳动力而别无其他，不得不向某个资本家出卖劳动以维持生计，因而这种交换对工人来说具有强迫性，工人受制于总体资本家。此外，这种交换并非等价交换，因为劳动力商品是一种特殊的商品，一旦离开流通领域而投入生产，便能够创造新的价值。由于生产资料的资本主义私有制，工人的劳动遭受了四重异化。马克思恩格斯认为，异化的本质即为不平等。在资本主义私有制下，劳动力与生产资料相结合的过程不仅是价值形成过程，也是价值增殖过程。剩余价值率表明了劳动力受剥削的程度，从绝对剩余价值到相对剩余价值，无不体现出资本的贪婪，无不体现出资本主义生产方式造成的不平等。

（二）资本主义私有制导致美国不平等

以上对生产资料资本主义私有制导致资本主义社会不平等的分析路径，同样适用于分析美国的经济、政治和文化不平等。毫无疑问，美国的经济不平等明显是因为美国的生产资料资本主义私有制。比如，就隶属于经济不平等的教育不平等和健康不平等而言，如果公立学校占多数，教育不平等的程度将会大大下降；同样，如果公立医药系统占多数，健康不平等程度也会大幅下降。同时，政治和文化领域不平等的产生并强化无一不是因为生产资料资本主义私有制。比如政治不平等，金钱政治无疑是经济上处于优势的人插手和垄断政治的体现。寡头政治中的寡头首先也是经济寡头。隶属于政治不平等的法律不平等也是如此，正是生产资料资本主义私有制，才催生了为资本主义私有制辩护呐喊、体现资产阶级利益和意志的法律。生产资料资本主义私有制涉及社会制度和社会形态问题。任何一种社会制度都不会自行离开社会历史舞台。根据马克思主义的"两个决不会"思想，任何一种社会制度在其容纳的社会生产力充分发挥以前是决不会灭亡的，同样，新生的社会关系在旧社会的胎胞里发育成熟之前是决不会诞生的。当今世界依然处于马克思、列宁所指明的时代，即从资本主义向社会主义过渡的时代，世界范围内依然是"资"强"社"弱。生产资料资本主义私有制存在强化趋势，在美国，越来越多的领域走向市场化、私有化。因而，不平等的领域和程度在扩大和加深。

尽管美国不平等问题本身是一个极其重要和严重的问题，并且滋生了一系列其他问题，但是美国统治阶级以及美国学术界鲜有人将生产资料资本主义私有制视为这些问题的经济根源，甚至一些左翼组织，也只是寄希望于在资本主义私有制框架内寻找"药方"。"比如……美国斯坦福大学贫困和不平等研究中心的报告认为，美国贫困和分配不公问题出现的主要原因，是其相应的'安全网'不健全。'安全网'是指由国家或其他机构提供，为保障居民社会福利、失业津贴、医疗健保、流浪收容、公共交通等方面的利益以防止居民个人陷入过度贫困而提供的综合性服务。此外，学者们认为，恶性循环式的'反馈机制'也会加剧这些问题。例如，相对富裕地区的儿童由于受居住隔离保护而得到更多的受教育机会，进而可能引发收入不平等。对此，有学者呼吁，为更多的贫困儿童提供更高质量的教育才能真正缓解贫困及分配不公问题。"[1] 在自由资本主义阶段，马克思恩格斯看到了生产资料资本主义私有制是一切罪恶的根源，其在《共产党宣言》中指出："现代的资产阶级私有制是建立在阶级对立上面、建立在一些人对另一些人的剥削上面的产品生产和占有的最后而又最完备的表现。"[2]"在资产阶级社会里，活的劳动只是增殖已经积累起来的劳动的一种手段……在资产阶级社会里，资本具有独立性和个性，而活动着的个人却没有独立性和个性。"[3] 要从根本上使广大无产阶级摆脱受剥削、被压迫的境地，还得对所有制加以变革，"共产党人到处都支持一切反对现存的社会制度和政治制度的革命运动"，"在所有这些运动中，他们都强调所有制问题是运动的基本问题，不管这个问题的发展程度怎样"。[4] 经过对资本主义社会现实深入广泛的调查研究，在《资本论》中，马克思更是明确指出，资本主义社会贫富分化是"资本积累一般规律"作用的结果，从根本上讲，贫富分化是由资本主义制度造成的，即是财产所有权和收入分配不均的直接后果。可以说，终其一生，马克思恩格斯也没有改变其在《共产党宣言》中所表

---

① 参见牛政科《美国社会主义发展研究：百折不挠，待时而动》，中国社会科学出版社，2020，第140页。
② 《马克思恩格斯选集》第1卷，人民出版社，2012，第414页。
③ 《马克思恩格斯选集》第1卷，人民出版社，2012，第415页。
④ 《马克思恩格斯选集》第1卷，人民出版社，2012，第435页。

达的基本观点："共产党人可以把自己的理论概括为一句话：消灭私有制。"① 故此，消灭资本主义雇佣劳动制是根除美国不平等问题的必由之路，而且这也是很多反对资本主义的政党所强烈呼吁的政策主张。当这些主张囿于种种客观原因无法执行时，所谓的解决美国不平等问题的方案只能流于纸上谈兵，成为一纸空文。② 路漫漫其修远兮，唯有遵循社会基本矛盾运动规律，才有可能在解决美国不平等问题上迈出关键一步。

二　美国金融垄断资本主义彰显了私有制对不平等的强化作用

马克思生活的年代，资本主义处于自由竞争资本主义阶段，到了列宁生活的年代，资本主义进入垄断资本主义阶段。从本质上来看，这两大阶段均未改变生产资料资本主义私有制的性质，即资本唯利是图、无止境增殖的本性。20 世纪 40 年代，随着金本位制被打破，资本主义进入金融垄断资本主义时代。20 世纪七八十年代以来，新自由主义成为极具全球影响的经济理论，与此同时，以新自由主义为理论基础的金融垄断资本主义也成为全球经济和社会形态的主宰力量。在金融垄断资本主义时代，金融不断侵入经济、政治、文化各领域。为了理解金融垄断资本主义与当今美国不平等的关系，有必要先来回顾列宁关于金融垄断资本的论述，并在此基础上考察金融垄断资本主义对美国不平等的影响和作用。

（一）列宁关于金融垄断资本的论述

列宁指出，金融垄断资本建立在产业资本集中和垄断的基础上。资本主义社会一直存在着生产集中和资本集中的趋势。生产集中和资本集中发展到很高的程度就形成垄断。金融垄断资本建立在银行垄断的基础上。最初银行扮演支付中介的角色，将货币收入汇集供资本家支配。随着资本的集中和银行周转额的增加，银行转变了角色。银行为某些资本家办理往来账目，似乎从事的是辅助性业务，而当这种业务达到一定程度时，银行就能掌握各资本家的业务状况，并通过操纵信贷去影响他们，以致最终主宰

---

① 《马克思恩格斯选集》第 1 卷，人民出版社，2012，第 414 页。
② 参见牛政科《美国社会主义发展研究：百折不挠，待时而动》，中国社会科学出版社，2020，第 140 页。

那些资本家的命运。金融垄断资本建立在银行垄断和产业垄断相融合的基础上。银行资本与工业资本的融合形成了金融垄断资本和金融寡头的统治。随着股份公司的发展，银行开始发行证券。证券发行突破了单个资本的局限，加速了生产集中和资本集中。随着股份公司的发展与银行自身的集中，银行遍布全国，集中所有的资本和货币收入，把分散的经济变成全国性甚至世界性的资本主义经济。银行支配着所有资本家和小业主几乎全部的货币资本，从普通的中介成为极少数垄断者。银行和工商业的结合有业务的结合、所有权的渗透、人事结合，最后形成了一种新型垄断资本，即金融垄断资本。列宁还指出，金融垄断资本建立在对世界市场进行垄断性瓜分的基础上，也建立在对后发国家的殖民主义政策基础上。

（二） 金融垄断资本主义加速了当今美国不平等

在金融垄断资本主义条件下，金融垄断资本统治世界。第二次世界大战以来，金融垄断资本的统治进一步增强。列宁指出，帝国主义是少数发达国家对世界大多数民族进行金融遏制和民族压迫的体系。第二次世界大战后，虽然直接的民族压迫的体系、殖民主义体系已不复存在，但民族压迫从直接的形式转化为间接的形式；无论在美国、西欧国家还是日本，金融垄断资本的基础都被保存了下来。在新的科学技术的支撑之下，金融垄断资本获得了新的发展。旧的民主主义解体之后，一些民族独立国家曾追求进口替代战略，但后来也纷纷开放市场为国际金融垄断资本提供积累空间，社会主义阵营的瓦解又为金融垄断资本的国际积累提供了新的空间。所以，金融垄断资本不仅没有丧失根基，还获得了长足发展。金融垄断资本是理解当代世界体系的基础。金融垄断资本从事生产性积累和非生产性积累。作为职能资本的融合形式、社会化大生产时代的垄断资本形式和大货币垄断资本，金融垄断资本支配着产业链、商业链和信用链，也通过产业革命、商业革命和信用革命来积累。就金融垄断资本推动产业革命、商业革命和信用革命来说，金融垄断资本促进了人类科技的发展，促进了生产、生活、交往方式的变革，促进了全球化的发展。但是，金融垄断资本还有另外一套积累逻辑，即非生产性积累、寄生性积累的逻辑，列宁着重论述了金融垄断资本的寄生性积累。金融垄断资本的寄生性积累机制包括垄断定价权、国债投机、证券投机、地租投机、汇率投机等，这些非生产性积累造成了美国寄生阶层的膨胀、制造业的空心化、中产阶级的衰落、工人阶级的失业、国家和社会陷入严重的债务陷阱之中以及福利受到削减。这一系列深刻的矛盾是由金融垄断资本自身的矛盾所导致的。[①] 换言之，金融垄断资本背后的金融垄断资产阶级依附生产资料资本主义私有制，加剧了资产阶级与无产阶级的矛盾，加速了资本主义社会基本矛盾的爆发，彰显了金融垄断资本主义的垄断性、寄生性、腐朽性、垂死性，由此金融垄断资本主义成为资本主义的黄昏，尤其是美国资本主义的黄昏。进一步言之，金融资本主义还通过改变富人和普通人的财富结构来扩大经济不平等。在金融垄断资本主义时代，富人通过投资等商业活动赚取更多财富，而普通人主要依靠工资过活。美国政府对富人和大公司征收更低比例的税收，却迟迟不提高联邦最低工资标准，考虑到通货膨胀因素，联邦最低工资实际上下降了。普通人工资的增长跟不上房价上涨的步伐。新冠疫情更是减少了服务业中低收入人群的收入来源。富人的财富在疫情期间反而大幅增加，因为富人持有更多的股票，更多地从股价上涨中受益。[②]

　　需要指出的是，金融垄断资本主义时代，美国经济存在"大而不能倒"（Too-Big-To-Fail）和"小而不能活"（Too-Small-To-Survive）的特征，换言之，由于大公司与国民经济联系密切，政府为了整体经济的运转会格外照顾大公司及其股东的利益，而中小企业由于与国民经济关系不是很大，更容易遭遇经济困境，甚至走向破产。比如美国的大银行在金融危机后得到美联储救援，而相当多的小银行则宣告破产。垄断成为企业发财致富的秘诀，同样也成为企业在关键时期获得政府保护的筹码。这也说明为何金融垄断资本主义造成美国经济不平等。[③]

　　还需要指出的是，资本具有唯利是图的本性，在社会主义制度下，国

①　参见宋朝龙、汪阁阁《列宁金融资本批判和改造理论的当代意义》，《世界社会主义研究》2020 年第 4 期。

②　卞文志：《美国财富不平之管窥》，《金融博览（财富）》2020 年第 12 期。

③　参见 Theoharry Grammatikos，Nikolaos I. Papanikolaou，"'Too-Small-To-Survive' versus 'Too-Big-To-Fail' Banks：The Two Sides of the Same Coin"，*Financial Markets*，*Institutions & Instruments*，Vol. 27，No. 3，2018，pp. 89－121。

家能够发挥作用，通过颁布法律、制定政策等措施对资本进行驾驭，当然，效果有好有坏。一旦国家放弃驾驭资本，放弃对资本进行引导和规约，国家就可能走向灾难。在资本主义制度下，生产资料资本主义私有制本身是由资本建立并且为资本服务的。在金融资本主义时代，资本的投机性比以往有过之而无不及。肆意制造灾难、肆意发动战争、肆意哄抬物价、肆意使人民陷入贫困对于资本而言，都是可能的，只要这样做能巩固资本的霸权、能增加资本的利润。因而，美国不平等问题的产生根源还是生产资料资本主义私有制。

第二节　美国不平等的政治原因

关于美国不平等的政治原因，有的是由来已久特别是自建国以来就从未改变的，有的则是随着新时期政治生态变化而出现的。换言之，可以从两个维度去分析美国不平等的政治原因，即美国政治的"变"与"不变"。美国政治的"不变"是指，美国政治无论如何变迁，其本质是不会改变的，即都代表资产阶级的利益。美国政治的变化集中体现在政党政治所面临政治生态的变化及共和与民主两党相应的调适与回应。在号称商业立国的美国，政治与经济如胶似漆、浑然一体，以维护整体资产阶级的统治。其中，利益集团的角色至关重要，它们在促进政策变化中起着关键作用。

一　美国政治的"不变"——民主制度的阶级性、虚伪性

（一）马克思主义对资本主义民主制度阶级性和虚伪性的批判

资本主义民主制度的阶级性集中体现为国家政权的阶级性。列宁指出，资产阶级国家政权是资产阶级反对无产阶级的工具。[1] 列宁还认为，资产阶级国家政权是事实上不平等的柱石和基础。[2] 由此可见，国家自身就是制造不平等的重要因素。由于国家除了阶级统治职能还具有社会管理职能，后一种职能使其能够以社会公共利益的代言人自居，因此，社会主体往往顺

---

① 《列宁全集》第38卷，人民出版社，2017，第12页。
② 《列宁全集》第38卷，人民出版社，2017，第23页。

从于这种不平等。

美国的民主制度体现了美式民主的阶级性和虚伪性。美国的法律会肯定公民的某些民主权利，然后又加以各种限制，从而出现形式上的平等与事实上的不平等。民主是有阶级性的，没有超阶级的民主。美国宪法早已指出，选举权依据财产状况而有所不同，与财力成正比。恩格斯指出，在大多数国家中，公民的权利是依据财产状况分级规定的，这就说明国家是有产者用来防御无产者的组织。……现代的代议制国家的选举资格便是如此。① 恩格斯的这段话道出了政治与经济合谋损害普通民众利益的实情。当今美国的现实依然印证着恩格斯所言的真理性。美国是利益集团、资本的国家。实际上，美国建国之初，1787 年制定的第一部宪法就是一部没有基本权利保障的宪法，没有突出规定公民权利，不久后，迫于社会舆论压力，美国才颁布了《权利法案》。而《权利法案》中的"人"并不包括黑人，也不包括印第安人。黑人的权利迟迟得不到承认，直到 1954 年春最高法院才终于在布朗案中推翻了 1896 年剥夺少数族裔和黑人享有法律平等保护的宪法权利的"隔离但平等"的裁定；1971 年以性别为基础的分类才被宣布为违反法律平等保护条款。②

政党政治也体现了美式民主的阶级性和虚伪性。对于美国政党政治的腐败和肮脏交易，恩格斯指出，比起任何其他国家，美国的"政治家们"构成了国民中一个更为特殊的更具权势的群体。两党成员将政治变成一种交易。美国尽管不存在王朝和贵族，却存在两党轮流执政，表面上这些人是为民服务，实则是统治和掠夺人民。③

（二）　理查德·霍夫施塔特对于美国政治传统的阐述

美国历史学家理查德·霍夫施塔特指出，美国政治中包含的各种特殊利益集团之间的冲突常常呈现出资产阶级内部政治斗争激烈的假象，使人忽略资产阶级和无产阶级之间的斗争。其实，政党内主要竞争者的眼界通常局限于财产和企业层面。不管他们在具体问题上有多大分歧，从大的政

① 《马克思恩格斯文集》第 4 卷，人民出版社，2009，第 192 页。
② 何家弘主编《当代美国法律》（修订版），社会科学文献出版社，2011，第 109 ~ 112 页。
③ 《马克思恩格斯文集》第 3 卷，人民出版社，2009，第 110 页。

治传统来讲，他们都对财产权、经济个人主义理论、竞争价值具有虔诚的信仰。

理查德·霍夫施塔特指出："私有财产的神圣不可侵犯性……机会的价值……是美国政治思想意识中的中心信仰。"① 此外，他还指出："美国政治传统还表现为强烈偏重平均主义民主，但这只是贪欲的民主，而不是博爱的民主。"② 这句话类似于马克思所说的"平等地剥削劳动力，是资本的首要的人权"③。无论是民主还是平等，都只对资产阶级开放，无产阶级是无法享有名副其实的民主和平等的。美国的政党政治也体现出整体统一性高于局部分歧性的特点。理查德·霍夫施塔特认为，美国历史上任何时期都认同保护商业利益的原则和与之有关的重要方面，并将党派分歧和利益集团分歧限制在可控的范围内。

就美国遵守新自由主义的"小政府"理念来看，其经济活动似乎完全遵循自由市场的原则运转，政府管制与自由市场二者之间存在紧张关系。然而事实是，无论是过去还是现在，美国政府一直运用自身权力和非中性手段，为精英阶层或各大利益集团服务。强有力的政府管制对自由市场经济起了规范、保障和促进作用。④

（三）当今美国民主制度的阶级性、虚伪性依然如故

资本主义民主制度的三大支柱，即选举制度、议会制度、政党制度，都只不过是将资产阶级的代表输送进各级统治机构的机制。从来没有无产阶级的成员当选为总统，国会议员和各州议员也鲜有无产阶级的代表，两党制排除了第三大政党的存在。以下具体阐述两党制的非民主性。其实，20 世纪 60 年代，西方就有不少谈论政党危机的政治学文献了，今天的问题不过是历史问题的延续。半个多世纪以来，这种危机愈发严重。两党越来越固执己见，党争阻挠了改革的实施。有人认为，两党轮流执政更能促使

---

① 〔美〕理查德·霍夫施塔特：《美国政治传统及其缔造者》，崔永禄、王忠和译，商务印书馆，1994，第 4 页。
② 〔美〕理查德·霍夫施塔特：《美国政治传统及其缔造者》，崔永禄、王忠和译，商务印书馆，1994，第 4 页。
③ 《马克思恩格斯文集》第 5 卷，人民出版社，2009，第 338 页。
④ 张宇燕、高程：《美国行为的根源》，中国社会科学出版社，2015，第 150～152 页。

政党对选民负责。其实稍微了解一点美国政治，就会发现这种想法不切实际。在政党政治的运作下，选民要么支持民主党候选人，要么支持共和党候选人，只有两个选项。1972 年以前，两党总共获得超 70% 美国人的支持。此后，出现很多对两党都不认同的"独立人士"，其比重在 2009 年以后超过民主党选民或共和党选民的比重。假如他们成立一个单独政党，将是第一大党。然而在美国"赢者通吃"的选举制度下，第三党候选人或独立候选人几乎无出头机会。实际上，美国 50 个州约 2/3 是弱竞争或无竞争的"一党州"。"无选择困境"成为美国选举的常态。① 公众在这种"民主"中毫无地位可言。

　　当政者受垄断资本支持，并对垄断资本负责，而非对人民负责。在金钱政治下，竞选官职尤其是竞选总统需要巨额资金支持。在任的官员要兑现对"支持者"的相应承诺，而无产阶级是无力充当"支持者"的，"支持者"只能是大公司及其背后的利益集团。而利益集团又以金融垄断资本利益集团、军工资本利益集团为主，劳工利益集团势单力薄。相应的，在任者通常会信守对大资本利益集团的诺言并回报它们的选举支持，而对劳工利益集团和普通民众则会失信，甚至镇压。在民主党执政时，国家就是金融垄断资本的国家，国家听信和服务于金融垄断资本。全球生产过剩已成事实，面对生产过剩，国家本该增加就业、刺激需求。而增加就业的前提是国家通过加大支出创造工作岗位。这样一来，资本主义的社会合法性就会遭到质疑，自由主义的资本主义向来主张"小政府"，认为政府只是"守夜人"，市场才是主宰者。金融垄断资本反对国家通过加大支出去直接干预就业。金融危机爆发后，奥巴马政府采取量化宽松货币政策，重点救助银行，对人民实行紧缩性财政政策。在金融垄断资本全球化背景下，金融垄断资本能够跨境流动，如果国家执意实行财政赤字，金融垄断资本很可能就会外逃，进一步使国家陷入困境。国家屈服于金融垄断资本，避免通过直接的财政干预来增加需求。国家转而寄希望于货币政策，货币政策是通过富人的决策来运作的，因此不会损害其利益。然而，货币政策在提振经

①《美国撕裂的制度根源：今天的问题不过是历史问题的延续》，观察者网，https://www.guancha.cn/WangShaoGuang/2020_06_13_553968_s.shtml.

济上效果一般。① 几轮量化宽松货币政策下来，美国经济进一步"脱实向虚"，社会贫富差距扩大，美国普通民众的困境没有缓解反而加深，且民粹主义盛行，这也为特朗普登台铺平了道路。特朗普表面支持美国民众，实则支持美国军工资本利益集团。因为其登上总统宝座离不开军工资本利益集团的支持。军工资本利益集团支持特朗普不是出于善心，而是为了日后的利润。军工复合体要盈利，就得销售军工产品，因而特朗普政府就要在世界范围内制造战争和混乱，尽管不一定直接参与其中。美国普通民众也会因为国家的军事政策而身陷囹圄。至于美国总统拜登，其基本盘是民主党建制派，同样代表的是金融垄断资本、科技资本、大型跨国公司的利益诉求。可见，不管是民主党还是共和党上台，其政策都是有利于大资本集团的，只是大资本集团有种类之别，而美国普通民众注定得不到"恩宠"。

二　美国政治的"变"——政党政治的新变化

（一）　美国两党极化、分裂，身份政治成为两党博弈焦点

美国共和党和民主党在维护资产阶级统治、剥削压迫普通民众上具有共同利益。即使像罗斯福新政这样的政策也只是维护资产阶级整体利益而对民众暂时让步而已。虽然整体利益一致，但是民主党和共和党的选民基础有所不同，他们是局部群体利益的代表，具有不同的施政主张。民主党的选民基础是城市中产阶级、蓝领工人、有色人种等，其奉行新政自由主义理念。共和党的选民基础主要是偏远地区保守的基督教白人和工农商阶层，其属于保守党派。② 罗斯福新政问世直至式微的那几十年里，民主党在美国两党中处于优势地位。以里根的新自由主义政策为分水岭，美国出现共和党的复兴，民主党则转为守势。但美国两党并非简单地日益极化、左右对峙，而是整体右移过程中出现极化。共和党在该时期大幅右移，相比之下，民主党的整体左移幅度则小很多。公元前 1 世纪的抒情诗人贺拉斯

---

① Monthly Review, Neoliberal Capitalism at a Dead End, https://monthlyreview.org/2019/07/01/neoliberal-capitalism-at-a-dead-end/.

② 参见周鑫宇《美国政党政治的"十字撕裂"及其未来发展趋势》，《当代世界》2020 年第 8 期。

（Horace）写道："一个向左徘徊，一个向右徘徊，两者都同样错误，但被不同的错觉所诱惑。""一个温和的中间派右翼已经不复存在，因为它已经像一群旅鼠一样离开了现实，跟随特朗普现象越过了一个变幻莫测的悬崖。随着克林顿主义者继续将党派分歧的目标向右移，中间偏左已经不复存在。"[①] 20世纪70年代末以来，民主党丧失南方势力范围。今天，整个南方几乎都属于共和党阵营，而北方大部分地区由民主党控制，与内战前的南北分裂情形颇为相似。共和党为了获取政治支持，通常会推行扩大不平等的政策。当共和党占多数议席时，就会积极制定减少再分配的政策。当共和党不占优势之时，就会消极抵抗企图改变不平等现状的政策。总之，共和党可以更为容易地实现其政策意图。在这种政治环境下，由非政治原因引起的不平等会随着政治过程而强化。[②]

之所以会这样，原因之一是民主党和自由派本身所关注议题的变化，换言之，美国政党政治由阶层政治转向身份政治。在共和党急速远离再分配政策的同时，民主党也不再那么热心于社会福利政策，反而是将注意力转移到种族、环保、女权等议题上，对这些社会问题的关注极大分散了民主党和自由派在收入平等和社会福利等问题上的精力和投入。[③] 平权运动和反平权运动是身份政治的典型表现和发源地。马克思主义认为平等是相对的，没有绝对的平等。这对于分析美国20世纪60年代的平权运动来说再合适不过了。美国的平权运动是对于少数族裔、女性、移民的补偿，使他们重新获得因种族、性别、国别歧视而损失的权益。而这就自然触动了白人、男性等群体的"奶酪"，进而滋生了反平权运动和新保守主义。平权运动是由民主党和自由派推动的，反平权运动则由共和党和保守派推动。我国学者指出，早在1964年，大量共和党资深政客的败选就使年轻一代的美国保守派得以在党内崛起，并取代共和党内的建制派。此后，民主党从基于阶层的党派转变为种族联盟，而共和党也随之变为反民权、反移民的党。[④]

---

① Richard Gale，Gary Null，"America's Full Spectrum Decline"，*Global Research*，May 12，2022.
② 寿慧生、张超：《美国不平等的政治经济学分析》，《世界经济与政治》2017年第10期。
③ 寿慧生、张超：《美国不平等的政治经济学分析》，《世界经济与政治》2017年第10期。
④ 寿慧生、张超：《美国不平等的政治经济学分析》，《世界经济与政治》2017年第10期。

1972 年麦戈文 – 弗雷泽委员会（McGovern-Fraser Commission）为了给女性、少数族裔等群体提供席位，修改了民主党选择被提名人的规则，这刺激了共和党中的激进势力。其后果之一是文化分歧取代经济福利政策，成为党争新焦点。文化分歧之于共和党而言，成为在反击民主党和美国社会要求应对不平等问题的时候转移注意力的有效工具。① 当前，美国的身份政治十分活跃，搁置了对不平等问题的实质解决。② 民主党的溃退意味着保护平等的政策废止或遭到削弱，与此同时，共和党的复兴则意味着不平等政策的落地。

（二）金钱和组织对总统大选更为重要

共和党之所以复兴，民主党之所以溃退③，还与政治生态的变化有关。新的政治生态使金钱和组织力量对于政党在总统大选中能否胜出至关重要。而共和党更擅长玩弄金钱政治且共和党的组织力量更强大。

具体来说，美国的大众民主的主导地位被拼图式民主代替。"大众民主"这一概念意味着"大众"的存在，以及大众运动、大众政党和大众传播媒体的存在。然而，随着科学技术的进步，产品的个性化、小众化定制成为事实，市场进一步被细分，随着服务于不同群体的各类媒体的涌现，家庭结构的多样化，"大众社会开始进入'小众化'，运动、政党和媒体都开始分裂"④，政治上具有相同特性的"大众"正在消失。而"地方主义兴起、抵制全球化、环保主义、更强的民族和种族意识"⑤ 则标志着大众社会的终结。"然而，在小众化后，人们的需求和政治需求也向多元化发展。……因此，政治家正受到选民与日俱增的要求多样化的困扰。在高科技国家，大众运动虽然还是一个影响因素，却日趋式微，越来越难就很紧要的问题达成大众共识。"⑥

因此，大众社会解体导致政治日趋复杂化。"在工业时期，政客的任务

---

① 寿慧生、张超：《美国不平等的政治经济学分析》，《世界经济与政治》2017 年第 10 期。

② 刁大明：《试析美国共和党的"特朗普化"》，《现代国际关系》2018 年第 10 期。

③ 这种溃退不是指无法竞选成功，很明显，近年来民主党依然和共和党轮流占据总统宝座，而是指民主党也变得相对保守了。

④ 〔美〕阿尔文·托夫勒：《权力的转移》，黄锦桂译，中信出版集团，2018，第 285 页。

⑤ 〔美〕阿尔文·托夫勒：《权力的转移》，黄锦桂译，中信出版集团，2018，第 285 页。

⑥ 〔美〕阿尔文·托夫勒：《权力的转移》，黄锦桂译，中信出版集团，2018，第 285 页。

相对简单。1932 年，罗斯福只要能够凝聚五六个团体——城市工人、贫穷农民、国外移民、知识分子等，他所属的民主党就可以坐镇华盛顿，掌握国家大权长达三分之一世纪之久。今天的美国总统候选人要汇集的绝不仅仅是五六个大团体，而是要照顾到数百个目的不同、时常变动的团体，有些团体甚至可能只存在几周或几个月就结束了。"① 由此，美国著名未来学家阿尔文·托夫勒预测："未来不再有大众民主，取而代之的是高能的、发展迅速的拼图式民主，同时拼图式经济将会兴起，并按自己的规则运行。这些都逼迫我们重新界定民主制度的最基本含义。大众民主制度主要是为了响应大量输入：大众运动、大众政党、大众传播。大众民主目前尚不知道如何应对'拼图式'现象，这使得大众民主变得非常脆弱，更容易成为关键少数派的攻击对象。"②

　　美国政治学家罗伯特·帕特南也通过对美国社会资本的研究，探寻了公众组织程度不如从前的原因。帕特南指出，深厚、凝重、运行良好的社会联系被单薄、肤浅、浅尝辄止的交流逐渐取代了。我们的社会联系大多成为有特殊目的和利己导向的"一锤子买卖"。一些寿命更短、目标单一的组织和小型团体正在替代那些涵盖广阔地域、拥有悠久历史和多样目标且有不同类型成员的大型组织。职员主导的利益集团的急速增多正在遮蔽那些曾经使我们能够直接面对自己的邻居的"草根"组织，前者的目标仅仅建立在狭隘的自我利益上。以功能为基础的社会资本正在取代以地域为基础的社会资本。人们正从那些曾经构成社区的互惠性网络中退出。③ 帕特南还指出，美国社会资本的逐渐衰落并非如一些人所认为的那样始于欧洲定居者登陆北美之时，"相反，鲜活的记忆告诉我们，当时的潮流完全朝向相反的方向——指向更积极的社会和政治参与、近乎过度的慷慨大方和诚实可靠，以及更大程度的良善。每位仔细研究过去 20—30 年间发生的潮流逆转的人，都觉得这一逆转发生之突然、彻底和难以预见构成了一个难解之

---

① 〔美〕阿尔文·托夫勒：《权力的转移》，黄锦桂译，中信出版集团，2018，第 285 ~ 286 页。
② 〔美〕阿尔文·托夫勒：《权力的转移》，黄锦桂译，中信出版集团，2018，第 286 页。
③ 〔美〕罗伯特·D. 帕特南：《独自打保龄：美国社区的衰落与复兴》，刘波等译，中国政法大学出版社，2018，第 187 ~ 188 页。

谜。为什么从 20 世纪 60 年代和 70 年代开始，美国社会生活的组织体系出现了解体，而且这一解体在 20 世纪 80 和 90 年代出现了加速？在我们考虑如何重新组建这一体系之前，我们需要解释一下这个谜"①。帕特南从时间和金钱压力、流动性与扩张、科技与大众传媒、代价更替等方面作出了解释。具体而言，"第一，时间和财富压力，包括夫妻双职工家庭所受的特殊压力，对于过去这些年里我们社会和社区参与的减少起到了明显作用……第二，市郊化、上下班和城市扩张也起到了助推作用。……第三，电子娱乐——最主要的是电视——对于使我们的闲暇时间私人化也有实质性影响。……第四，也是最为重要的是，代际更替——热心公共一代缓慢、持续而不可挽回地被他们参与较少的子辈和孙辈们替代了——是一个影响力非常大的因素"②。最后，帕特南指出，"工作、市郊扩张、电视和代际更替都是这一故事的重要部分，但在我们的谜题中还有一些重要的因素尚未明确"③。

拼图式民主和社会资本的弱化所导致的公民组织程度的降低是助推美国竞选经费日益高涨的一个重要因素。因为将选民组织起来需要耗费大量资金。实际上，政治金钱化历来是美国政治的一个主要特征。20 世纪 70 年代，电视辩论和现代化民意调查在竞选中的运用使美国的政治金钱化特征更加凸显。候选人可以依据民调准确定位自己的主题，有针对性地推送自己。政治顾问这一新职业应运而生。竞选公职的性质从本质上因此而改变。电视的出现使金钱成为选举可以进行的先决条件。于是，马不停蹄地筹款成为美国政治中鲜明的特色。④ 进入 21 世纪以来，随着信息技术的迅猛发展，以及媒体的受众更为广泛和多样化，媒体成为选民了解候选人的主要渠道。媒体也变得更强大，已经不只是"第四权力"。"电视对人类产生的作用甚至大于核武器。电视创造了'虚拟的事实'，其影响力远远大于家

---

① 〔美〕罗伯特·D. 帕特南：《独自打保龄：美国社区的衰落与复兴》，刘波等译，中国政法大学出版社，2018，第 188 页。

② 〔美〕罗伯特·D. 帕特南：《独自打保龄：美国社区的衰落与复兴》，刘波等译，中国政法大学出版社，2018，第 297 页。

③ 〔美〕罗伯特·D. 帕特南：《独自打保龄：美国社区的衰落与复兴》，刘波等译，中国政法大学出版社，2018，第 297~298 页。

④ 参见〔美〕雅各布·S. 哈克、保罗·皮尔森《赢者通吃的政治：华盛顿如何使富人更富，对中产阶级却置之不理》，陈方仁译，格致出版社、上海人民出版社，2015，第 165~166 页。

庭、宗教和传统教育。事实和虚拟的界限被电视打破了。无独有偶，互联网的发展势头似乎比电视更猛。21 世纪的人类生活或将围绕互联网这个核心来构建。"① 因而美国两党都更加注重媒体支持，花血本在媒体宣传上。

有组织的利益集团也加入金钱政治行列。从 20 世纪 70 年代开始，工会组织和企业集团先后设立政治行动委员会，注入巨额资金服务竞选。1976年，工会组织共有 224 个政治行动委员会，10 年后增至 261 个。与此同时，企业集团政治行动委员会则从 922 个增加到 2182 个。双方在此期间都增加了支出，但后者的支出要高很多。② 此外，在美国，无产阶级政党从来没有成为执政党，工会组织的大幅减少使得工会动员选民的资源也大大减少了。"分析工会组织减少的许多分析家指出了专门提供'脱离工会'咨询的事务所的增加，管理部门中不公平的劳动规则的大幅度增加，劳动法及其实施的局限性，以及工会面对经济变革的战略性错误。公民的不参与并未导致工会的减少；是工会的减少导致了公民的不参与。"③

有组织的利益集团在金钱政治上的支出不对等，对企业和富人来说有天然亲和力的共和党成为直接获益者。长久以来，民主党花费更多精力在动员上，而不是在筹款上，民主党因工会组织地位的下降而严重受挫。共和党则率先加强了党"培育和指导州一级和全国活动的能力，并使之现代化。从长远来看，最关键的是，通过创新筹款技术，共和党迅速扩展了其天然的资金优势"④。总之，共和党在新的政治生态中抢占了先机，而新的政治生态是极其不利于民主党的。民主党为了与共和党竞争而采取"大进大出"的策略，即在选举年高筑债台以期获得胜利。竞选游戏使得民主党常年背负着选举债。正因为民主党资金不足，民主党全国委员会没有实力从事有意义的党建活动。

---

① 《外媒：媒体已不止是"第四权力"》，参考消息网，https://world. cankaoxiaoxi. com/2014/0828/477227. shtml。

② 〔美〕雅各布·S. 哈克、保罗·皮尔森：《赢者通吃的政治：华盛顿如何使富人更富，对中产阶级却置之不理》，陈方仁译，格致出版社、上海人民出版社，2015，第 166 页。

③ 李惠斌、杨雪冬主编《社会资本与社会发展》，社会科学文献出版社，2000，第 186 页。

④ 〔美〕雅各布·S. 哈克、保罗·皮尔森：《赢者通吃的政治：华盛顿如何使富人更富，对中产阶级却置之不理》，陈方仁译，格致出版社、上海人民出版社，2015，第 167 页。

更重要的是，由于共和党自身控制着大部分可使用的资金，而非由其议员掌握着大部分资金，所以共和党党组织在动用选举资源上更具灵活性。即便两党候选人的总支出不相上下，两党在组织上依然相去甚远。民主党的总开支停留在个别现任议员手中，他们可以凭借职位权力交换竞选资源。这非但无助于加强民主党的党组织建设，反而助长了现任议员在脱离组织情况下的钱权交易。面对共和党的强势复兴，在整个 20 世纪 80 年代，民主党曾致力于实现组织的现代化，并改善财政状况。然而，尽管作出了必要的努力和调和，民主党在资源和组织上依然处于弱势。这也可以解释为何民主党中出不了桑德斯这一特朗普式的人物，而共和党中会出现特朗普。与共和党的初选制度不同，民主党在大选初选中采用了类似元老院式的超级代表制，民主党高层政客享有更大的决定权，这些政客不希望民主党激进地向左移动。桑德斯在竞选中无法如特朗普那样意外当选，对民主党而言有利有弊，利在于它使民主党的转型更加缓和与平衡；弊在于它使民主党比共和党凝聚得更慢，长期竞争不过共和党。[①]

由于民主党的党组织不如共和党的党组织有力量，如果要在总统大选中胜出，民主党每一位候选人都需要更独立的财政基础，个体民主党人因此努力去筹集资金。而新兴的富裕激进分子和政治地位突出的企业集团实际上成了个体民主党人的资金来源。其中，富裕激进分子组成的团体是从 20 世纪六七十年代进入政治领域的，他们"声援中上层对……后物质事项的关注"[②]。民主党人在获取竞选费用上愈加倚重富裕激进分子，同样，企业支持之于民主党也愈发关键。尽管企业会"关照两党"，但它们给民主党的资金几乎完全是给现任议员，给共和党的资金则既给到现任议员，也给到共和党的党组织，共和党可以据此加强组织建设。相应的，民主党也越来越迎合富裕激进分子和企业集团的关切和需求，越来越多的民主党人在经济问题上不再为小人物代言。民主党经济基础的转变削弱了它在经济问题上的激进性。

---

① 周鑫宇：《美国政党政治的"十字撕裂"及其未来发展趋势》，《当代世界》2020 年第 8 期。

② 〔美〕雅各布·S. 哈克、保罗·皮尔森：《赢者通吃的政治：华盛顿如何使富人更富，对中产阶级却置之不理》，陈方仁译，格致出版社、上海人民出版社，2015，第 173 页。

总之，无论是共和党还是民主党，它们在金钱政治和现代科技的驱动下都越来越右倾了，都把自己建设为对企业友好的党，民主党也显示出惊人的对放松管制议程的接受能力。斯蒂格利茨在其力作《美国真相》中，针对美国各领域的不平等现象，指出美国应从自身寻找原因：对民生、基础设施以及技术发展的投资过少，盲目信奉市场体制"无所不能"，政府对于真正需要监管的事项管得太少，而在不需要管的地方又管得太多。特朗普作秀式政治转移了人们对这些真正重要的深层问题的注意力。[①]

（三）　政府履职怠惰缺位

自 1929~1933 年大萧条直至特朗普主政时期，美国政治大致经历了以 20 世纪 80 年代为分界线的两个时代，即 80 年代之前的罗斯福时代和 80 年代之后的里根时代。

在罗斯福时代，由于 1929~1933 年大萧条的摧残，美国经济停滞，银行倒闭，金融瘫痪，工人失业，农民减收。美国人民身处无助无望的悲凉处境之中，他们渴望政府充当"救世主"，帮助他们脱困。

罗斯福新政为美国人民带来了新生的希望。罗斯福新政以自由主义意识形态为指针，这种意识形态具有集体主义色彩，主张大政府、弱市场，认为政府应该有所作为，干预市场经济、提供失业救济、增加社会保障、补贴农产品等。这套意识形态将患难中的美国人民团结起来，让他们意识到政府是他们极其可靠的后盾。

但是，到了 20 世纪 80 年代，罗斯福时代的自由主义意识形态变得与现实格格不入了，无法再指导社会实践。当时的美国社会的新现实是，随着经济发展和科技进步，美国人民的生活环境发生了巨大变化，人们生活的守望相助的熟人社会变身为互不往来、互相戒备的陌生人社会。每个人似乎都成为原子式的个体，人们着眼于日常生活中的具体事物，而不再关心国家大事，爱国之情也褪色了。

紧随其后的是里根时代。在里根时代，美国政治生活奉行新自由主义意识形态，这种意识形态具有鲜明的个人主义色彩。它强调大市场、小政

---

① 〔美〕约瑟夫·E. 斯蒂格利茨：《美国真相》，刘斌、刘一鸣、刘嘉牧译，机械工业出版社，2020，第 26 页。

府。政府应该充当"守夜人"的角色，除此之外，别无他用。甚至认为，最小的就是最好的，管得最少的政府是最好的政府。市场经济的法则和逻辑不仅在市场自身中驰骋，而且侵入了人们的私人生活领域。对于在市场竞争中失败的普通民众，政府是没有救助义务的，否则会被视为对个人生活的干扰。而对于在市场竞争中受困的大公司，政府会慷慨解囊，救其于水火之中。

可以说，在里根时代，市场成为主宰一切的王，遵循市场法则就是政治正确。在此背景下，政府服务外包也流行起来。然而，国家之所以是国家，政府之所以是政府，就是因为有警察、监狱、军队、司法、行政、监督等一系列公权力部门的存在。如果把国家的公权力部门都委托给企业经营，还冠以"制度创新""激活市场"的美名，这可能并不是社会进步的表现。①

阿尔文·托夫勒指出，许多政府一直在审视"制造或购买"的决定，并考量是否应该亲自涉足实验室、干洗店等领域，是否应该亲自完成成千上万个可以外包的任务。政府的原则在改变，即确保交付服务，而不是亲自完成这些服务。无论具体工作是否适合交由私营承包商来承担，项目承包是商界对"垂直一体化"进行重新评价而做出的反应。根据中国社会科学院世界社会主义研究中心的观点，美国之所以会出现服刑人员激增的现象，正是由于入刑标准的降低。美国政府在未进行深入调查研究且没有充分衡量社会后果的情况下，就将一些社会危害性较低的行为界定为犯罪，并且将当事人关入监狱，这恰恰是政府责任缺失、治理不力的表现。②

此外，今天美国政府的设置比罗斯福时代精简得多。一项政策要在相应机构或委员会实施，总统只需与更少的官员就相关政策达成一致。以往的权力等级体系已经消失，取而代之的是一个流通性更强、更加混乱的政治体系，其权力中心在不断转移。即便有了这些改变，但因为其复杂度越来越高，变革越来越快，堆积的问题也越来越多，超出了官僚体系的处理能力，所以政府处理问题的滞后现象依然存在。③

---

① 中国社会科学院世界社会主义研究中心：《私营监狱："现代奴隶制"的美国版本》，《党员干部之友》2022年第3期。

② 中国社会科学院世界社会主义研究中心：《私营监狱："现代奴隶制"的美国版本》，《党员干部之友》2022年第3期。

③ 〔美〕阿尔文·托夫勒：《权力的转移》，黄锦桂译，中信出版集团，2018，第296～297页。

在正常状况下，美国总统这样的国家领导人的工作是从各官僚机构预先准备好的多个方案中进行选择，跟进只是表面了解的事情，对不同政府部门之间无法达成一致的事项进行协调。当然，还有一些决定只有最高领导层才能定夺，例如，等不及官僚体系慢慢处理的紧急决定、转折性决定、对战争与和平的决定、保密性极高的决定。这些决定通常都不在预先计划中，而是由领导直接确定的。但是，在所有事情都"正常"运转的情况下，这种决定是少之又少的。

然而，如今已经进入变革时期，而且新的财富体系与围绕旧的财富体系而构建的权力结构相互冲突，所谓的"正常"已被粉碎。每天的新闻都会报道一些新的、意料之外的爆炸性事件或危机。国际与国内事务也使格局变得不稳定、不确定。各种事件以越来越快的速度发生，超出人们所能控制的范围。

在此情况下，最有效的官僚体系也会崩溃，严重的问题会由此恶化成危机。例如，美国的流浪汉现象和吸毒问题无疑是其不平等问题的表现或后果之一，美国的流浪汉现象不仅涉及住房问题，还关系到高地价、酗酒、吸毒、失业和心理疾病等问题。这些问题由不同部门管理，每个部门都无法独自解决，而且都不愿把自己的预算和管理权转交给其他部门。所以，政府面对的并不是流浪汉问题，而是不平等问题本身。同样的，吸毒问题也需要警方、卫生管理部门、学校、外交部、银行等多部门合作解决。但是，要让所有这些部门协调一致地行动，几乎是不可能的。[①] 这只是两个较为具体的事例，其实，美国的不平等问题本身具有系统性、综合性，需要各个部门通力合作加以解决。前面讲到了美国两党的分裂，实际上，美国政府各部门也存在分裂现象，这无疑制约了政府解决不平等问题的能力。

如今，科技和社会变革的高速发展恰好产生了这种"交错式"问题，越来越多的问题不了了之，部门之间上演越来越激烈的"地盘"争夺战，从而导致政府资源过度消耗和行动滞后。这种情况为某些政治领袖提供了机会，他们可以从自己的官僚体系中夺取权力。问题恶化成危机时，为了

---

① 〔美〕阿尔文·托夫勒：《权力的转移》，黄锦桂译，中信出版集团，2018，第297~298页。

应对，他们时常试图采取极端措施，如成立各种特工队。[①] 比如，特朗普当政时期就时常独断专行，并且雇佣了大量特工。

第三节　美国不平等的文化原因

唯物主义认为，物质决定意识，意识对物质具有反作用。同时，意识具有相对独立性，也会随着物质的变化而变化。美国存在维持和加剧不平等的文化基因，随着时代发展，美国统治者会创造出新的加剧不平等或为不平等辩护的文化和观念。具体而言，加剧不平等或为不平等辩护的美国文化和观念主要有以下几种。

一　资本文化逻辑和消费资本主义文化滋生不平等

习近平指出："人，本质上就是文化的人，而不是'物化'的人；是能动的、全面的人，而不是僵化的、'单向度'的人。"[②] 然而，资产阶级文化逻辑与资本逻辑重合为资本文化逻辑。资本创造或毁灭文化的最主要目的是实现资本增殖。消费资本主义文化便是资本为了资本增殖而创造或者毁灭的，是资本文化逻辑的典型体现。说创造是因为消费资本主义文化是一种文化现象，是一种肯定性资本主义文化；说毁灭是因为消费资本主义文化消解了文化的人化意蕴，这种文化驱使人们追求物欲，为物所奴役，此时的消费资本主义文化是否定性资本主义文化。

肯定性消费资本主义文化能够刺激消费，资本价值最终要通过消费来实现，因而消费是消费资本主义文化的目标指向之一，也是资本扩张的重要环节。但是，当消费资本主义文化超过一定限度时便会出现异化，导致生产和消费的极端不对称，换言之，消费资本主义文化驱动的消费扩张消解了文化的精神价值，物质侵占了精神，整个社会由生产社会转变为消费社会，从而引发文化危机和经济危机。与资本文化逻辑相辅相成的三种倾向是利己主义、享乐主义、虚无主义。由利己主义向享乐主义再到虚无主

---

① 〔美〕阿尔文·托夫勒：《权力的转移》，黄锦桂译，中信出版集团，2018，第298页。
② 习近平：《之江新语》，浙江人民出版社，2007，第150页。

义演进，资本以逐渐深入的方式渗透于文化，并且消解着文化。

具体到美国，消费资本主义文化是在内战后的几十年里开始形成的，它是一种商业和市场导向的世俗文化，重点关注货币及商品的交换和流通。消费资本主义文化的主要特征是以获取和消费为实现幸福的手段，崇尚新事物，欲望民主化（每个人都有追求同样事物的权利），金钱价值成为衡量万物价值的主要标尺。到第一次世界大战时，美国人已经被消费的快乐和放纵所吸引，工作不再是人们眼中的通往幸福的途径。20世纪初期，随着城市化和商业化，人们越来越脱离宗教目标，将注意力更多地投入个人满足。消费资本主义文化可能是有史以来最不符合民意的公共文化之一，其原因有二，首先，消费资本主义文化并非由"人民"创造，而是由商业集团和其他精英合力创造，这些精英在盈利上乐此不疲，不断加速资本积累。其次，消费资本主义文化在日常生活中只突出了美好生活的一贯愿景，而排除了其他所有愿景。由此一来，它便消解了美国的公共生活，使民众无法洞察组织及构想生活的其他方式，而这种洞察有可能让他们认同那种真正民主的主流文化。①

1880年以后，美国企业开始制造一系列商业诱惑来促进商品的大量流通和销售。这是美国资本主义文化的核心美学，它向人们展示了美好生活和天堂的愿望。文化必须产生一套图像、符号和标识，它们至少要能激发人们的兴趣。从19世纪80年代开始，为了满足商业需求，欲望和渴望这一商业美学应运而生。这种商业美学发展的核心是那些能够激发人们欲望的视觉材料——色彩、玻璃和灯光。② 今天，美国花在商业视觉诱惑手段上的资金高达数十亿美元。新媒体更是强化了这些策略，通过电视卫星，它可以将自己塑造出来的消费者的欲望传递至世界各地的每个村庄。③ 人的需要本该多种多样，但消费资本主义文化将人的需要简化为对商品的需要，进而简化为对货币的需要。资本为了顺利实现价值增殖，不断操纵人们的需

---

① 〔美〕威廉·利奇：《欲望之地：美国消费主义文化的兴起》，孙路平、付爱玲译，北京大学出版社，2020，前言第9页。

② 〔美〕威廉·利奇：《欲望之地：美国消费主义文化的兴起》，孙路平、付爱玲译，北京大学出版社，2020，第6~7页。

③ 〔美〕威廉·利奇：《欲望之地：美国消费主义文化的兴起》，孙路平、付爱玲译，北京大学出版社，2020，第365页。

要。在消费社会，资本通过快速创造新产品线，动员时尚和广告的力量，强调新的有价值、旧的很寒酸等，制造虚假需求，驱使人们加速消费。但是，许多商品的周转仍有实际限制。于是，社会走向奇观生产和奇观消费，商品寿命短暂，必须实时消费。① 此外，资本动员消费者通过社交媒体制造自己的奇观。这一切皆可实时消费，人们消耗大量时间在社交媒体上，消费者生产信息，媒体将这些信息服务于自己的目的。②

长期以来，美国人崇尚提前消费，不储蓄，只消费，即使入不敷出、资不抵债也要消费。美国凭借军事威慑、美元霸权和金融衍生品薅世界的"羊毛"。美国人消费，全世界从事生产。美国经济主要靠消费拉动。其实，借贷消费文化在美国已有百年左右的历史。借贷消费曾经加速美国经济发展，但随着放松经济监管和肆意放贷也产生了一系列恶果。对消费文化的崇尚也使得消费者自尝苦果。

二 种族主义加剧不平等

种族主义从来都不是美国资本主义的附加物，而是一种对于美国资本主义的运行不可或缺的事物或者观念。17 世纪北美奴隶制便是种族主义奴隶制。围绕着种族主义奴隶制，美国形成了一套种族主义意识形态。种族主义意识形态认为，白色人种优于黑色人种、棕色人种、黄色人种。尽管生物学研究显示人种优劣论是伪学说，但是种族主义已扎根美国社会，很多人通常按照种族主义行事。

美国历史学家福格尔和恩格尔曼抨击了对奴隶制经济的传统解释，并且修正了对黑人历史的看法，那种看法认为，美洲黑人奴隶是没有文化传统和文化成就的。其实，福格尔和恩格尔曼所修正的正是几百年来美国盛行的种族歧视观念。福格尔和恩格尔曼指出，这种对黑人历史的错误认识源于种族主义观点，即在生物学层面上，黑人劣于白人。这种偏见存在于美国北方和南方从南北战争的尾声直至第二次世界大战前夜的历史著作中。随着第二次世界大战的爆发，人们对种族主义本身虽然极其憎恶，但仍然

① 〔美〕大卫·哈维：《资本社会的 17 个矛盾》，许瑞宋译，中信出版集团，2016，第 261～262 页。
② 〔美〕大卫·哈维：《资本社会的 17 个矛盾》，许瑞宋译，中信出版集团，2016，第 262 页。

用种族主义观点去看待黑人历史，只是清除了种族主义中最为粗暴的部分。也就是说，只是对黑人历史的种族主义解释进行了微妙的"翻新"。黑人奴隶依然被阐述为在文化上、智力上、社会上以及个人发展方面被剥夺了机会长达两百多年的群体。现如今，对种族主义的解释已经不是生物学歧视，而是社会环境的歧视。黑人成为奴隶制度的牺牲品，奴隶制度消磨或破坏了他们的家庭、对成就的渴望、对工业文明的青睐、独立判断能力和独立谋生能力。取代令人质疑的生物学种族主义观念的是更易为人们所接受的社会学种族观。福格尔和恩格尔曼还指出，通过不断地夸大奴隶制度的恶劣影响，人们将废除奴隶制之后所取得的所有进步都归功于奴隶制的终结。而存在于黑人群体中的医疗健康条件差、工资较低、劳动技术含量较低和预期寿命较短等诸多问题，均被认为是奴隶制时期遗留下来的问题。当很多人开始承认黑人在追求自身发展的过程中确实存在障碍之时，他们仅仅将这些障碍归咎于黑人自身根本上的残缺，而这种残缺也被认为来自奴隶制时期。[①] 这其实是当政者的借口，把当前的罪恶统统归因于历史，而不在当下采取措施解决问题。

实际上，不仅黑人群体是种族主义观念的受害者，其他少数族裔也经受着种族主义之害。在美国，白人主导的经济、政治、文化结构系统性地培植和宣扬种族主义，以维护白人特权。考察美国历史便可以发现，少数族裔起初基本上是作为廉价的劳动力输入美国的，白人起初就是以美国的主人自居的，少数族裔之于白人只不过是一种呼之即来、挥之即去的工具罢了。保罗·克雷格·罗伯茨也指出："殖民地的白人购买奴隶是因为他们是种族主义者，想要虐待黑人吗？显然不是。他们拥有土地，但缺乏劳动力。奴隶是作为劳动力购买的。由于当时当地无工人可供雇佣，所以购买奴隶是唯一的替代方式。"[②] 几乎每个初来美国的少数族裔都遭遇过不公正对待。具体来说，这些问题包括对印第安人政治地位的攻击和对他们土地

---

① 参见〔美〕罗伯特·威廉·福格尔、斯坦利·L. 恩格尔曼《苦难的时代：美国奴隶制经济学》，颜色译，机械工业出版社，2016，第191～193页。

② 参见 America is Intentionally Being Destroyed by Organized Divisiveness，https://www.paulcraigroberts.org/2022/07/25/america-is-intentionally-being-destroyed-by-organized-divisiveness/。

的没收，依赖奴隶制来支撑殖民地和后来美国经济发展的很大一部分，实行种族隔离制度的法律，以及其他强制隔离或严重限制非白人美国人机会的正式政策和非正式政策。数以百万计的非裔美国人为了逃避吉姆·克劳式法律而离开美国南部，而在北部和西部的目的地城市面临正式和非正式的就业歧视、住房歧视和教育歧视。19 世纪中期的军事征服中幸存下来的印第安人受到剥夺他们公民权的政策的约束，他们被同化和重新安置，原住民儿童从他们的家庭中被带走。19 世纪，随着美墨战争后从墨西哥移民到美国的人口数量的增加，反拉丁裔情绪逐渐高涨。大萧条后，由于担心墨西哥裔美国人会抢走欧洲裔美国人的工作，反拉丁裔情绪进一步高涨。同样的，加州淘金热时期华人移民到来后，反亚裔情绪高涨，表现为 1882 年通过《排华法案》（the Chinese Exclusion Act）禁止华工移民。珍珠港事件后，美国的反亚裔情绪再次被点燃，通过行政命令建立日本人拘留营，导致约 12 万日裔美国人被迫搬迁或被拘留。[1]

　　除此之外，还有很多历史事件和迹象表明奴隶制种族主义从未在美国消失。比如，1861 年至 1865 年的南北战争废除了美国奴隶制度，但是，1896 年普莱西诉弗格森案（Plessy v. Ferguson）的判决声称，种族隔离制度与宪法第十四条并不冲突。即使旨在消除学校种族隔离的 1954 年 5 月的布朗案判决生效 8 年后，由于地方政府刻意抵制，140 万黑人儿童仍然无法与白人学生就读同样的学校。[2] 正如种族平等顾问詹尼斯·鲍德勒和经济政策助理部部长本杰明·哈里斯所指出的，虽然最具针对性的种族主义法律和政策已被废除或以其他方式被废止，但随后的政策、平等保护的不均衡执行，以及未能对法律上和事实上受到歧视伤害的个人进行经济补偿，导致机会极为有限，美国白人和非白人之间的严重不平等一直持续到今天。例

---

① 参见 U. S. Department of the Treasury, Racial Inequality in the United States, https://home. treas-ury. gov/news/featured-stories/racial-inequality-in-the-united-states? utm_ source = Economic + Poli-cy + Institute&utm_ campaign = 1d5faa028a-EMAIL_ CAMPAIGN_ 2022_ 7_ 27&utm_ medium = email&utm_ term = 0_ e7c5826c50-1d5faa028a-61015542&mc_ cid = 1d5faa028a&mc_ eid = 5601060482。

② 何帆：《大法官说了算——美国司法观察笔记》（增订本），中国法制出版社，2016，第 23 页。

如，20 世纪 30 年代，房主贷款公司（the Home Owners Loan Corporation）这一联邦机构所绘制的地图描绘了社区间贷款的相对风险，银行利用这些地图拒绝向评级最低的社区居民提供贷款，这些居民通常是少数族裔，尽管这些政策也伤害了贫穷的白人。更有甚者，在随后的几十年里，这种行为压低了住房自有率、房屋价值和租金，加剧了低等级社区的种族隔离，凸显了种族主义对社区以及这些社区未来居民（不分种族）持久的负面经济后果。诸如此类的政策和行动不仅导致了在获得资源和机会方面的持续种族差异，而且导致了不同种族的人从其已经拥有的资源和机会中获益的程度的差异。①

三　美国人奉行的个人主义价值观容忍且助推不平等

在《关于费尔巴哈的提纲》中，马克思在谈到新旧唯物主义的立足点的差异时指出，"旧唯物主义的立脚点是市民社会，新唯物主义的立脚点则是人类社会或社会的人类"②。其中，市民社会主要是指以个人为中心、以自我为目的、以他人为手段的资产阶级社会。人类社会指向的则是未来的每个人的自由全面发展是一切人的自由全面发展的条件的社会。社会主义中国所指向所奔赴的就是人类社会。之所以强调是"所指向所奔赴"，是因为目前我国依然存在各种违法犯罪行为，这无疑与每个人的自由全面发展是一切人的自由全面发展的条件的社会存在巨大的差距。但社会主义中国比资本主义美国更接近人类社会，这只需将本书所探讨的美国不平等问题与中国进行比较即可证明。美国自诞生以来走过了两百多年的历史，但自诞生以来始终处于市民社会之中。不排除美国人当中有乐善好施者、胸怀宽广者、格局广大者，但是，通常来说，一国国民是特定时代的产物，极少数人无法扭转整个国家民众的价值观和行为准则。美国人无疑处于资产

---

① U. S. Department of the Treasury, Racial Inequality in the United States，https：//home. treasury. gov/news/featured-stories/racial-inequality-in-the-united-states? utm_ source = Economic + Policy + Institute&utm_ campaign = 1d5faa028a-EMAIL _ CAMPAIGN _ 2022 _ 7 _ 27&utm _ medium = email&utm_ term = 0 _ e7c5826c50-1d5faa028a-61015542&mc _ cid = 1d5faa028a&mc _ eid = 5601060482.

② 《马克思恩格斯选集》第 1 卷，人民出版社，2012，第 136 页。

阶级时代的市民社会之中。市民社会中的人是孤立的、抽象的、利己的，因而其所追求的平等是形式平等，而不是实质平等。此外，市民社会中的人是注重"小我"和小团体的、投机取巧和奉行实用主义的，甚至是以"他人为地狱"的，而不注重与他人发展全面且健康的社会关系，不注重维护国家利益和社会整体利益。当今美国社会日益内卷化，社会资本日益崩塌，阶层流动通道几近堵塞。

"任何一个时代的统治思想始终都不过是统治阶级的思想。"① 资产阶级虚伪地鼓吹个人主义，剥离人的社会性，主张无产阶级中的个人应将成败得失归咎于个人，以此避免无产阶级联合反抗资产阶级。毫无疑问，个人主义在美国开疆拓土时代是催人奋进的力量。然而，它毕竟是统治阶级炮制出来并在全社会推行的虚伪意识。进一步讲，资本主义为了创造它所需要的劳动力，创造了为资本辩护的市场、学校、资产阶级学者，以及支撑整个体系的个人主义意识形态。追求民主自由、强调个人价值、崇尚开拓进取、讲求理性和实用是美国文化的基本内容，其核心是个人中心主义。个人主义经历了系列发展阶段，目前呈现综合样态。正如美国国家人文科学奖得主、加利福尼亚大学柏克利分校的埃利奥特社会学荣休教授罗伯特·N. 贝拉（Robert N. Bellah）所指出的："我们发现美国个人主义的各种传统倾向仍在交叉起作用：既有渴求自主自助的深切愿望，又有生活若不与他人在社会共同体条件下进行共享便毫无意义的同样深切的信念；既有人人享有尊严的平等权利的信念，又有为所得报偿不平等进行辩护的努力——若照此走向极端便会剥夺人的尊严；既坚持生活需要讲求实效和'现实主义'，又认为妥协在道义上是致命的。美国个人主义的内在冲突，构成了一种典型的矛盾现象。我们极力主张自立和自主的价值。我们深深感到脱离了社会责任关系的生活的空虚。但我们又不愿明确表示我们的相互需要正如我们对独立的需要一样急迫，因为我们害怕话一出口，就会彻底丧失自己的独立。"② 美国这种充满矛盾的个人主义不仅体现在私人生活领域而且体现在公共生活领域，涉

① 《马克思恩格斯选集》第 1 卷，人民出版社，2012，第 420 页。
② 参见〔美〕罗伯特·N. 贝拉等《心灵的习性：美国人生活中的个人主义和公共责任》，周穗明、翁寒松、翟宏彪译，中国社会科学出版社，2011，第 201 页。

及个人、家庭、利益集团、党派等多方面的主体，这从本书前几章所列举的美国不平等的表现可见一斑。尽管个人主义"矛盾重重"，但其不变的底色是坚持个人至上，而不是社会主义中国所坚持的人民至上。"美国社会日益变得极端自我导向、个人导向了，人们总是问这对我有什么可图的？我能从中得到多少？我是否从生活中得到了应该得到的一切？于是把这个国家好的地方毁掉了不少。人们都不想他们个人的行为会对别人产生什么后果。"①

值得注意的是，支撑和激励美国人奋斗的改变命运的"美国梦"，并不是依靠"团结"的奋斗而是依靠"单枪匹马"的奋斗，"美国梦"本身也是个人主义的化身，或者说"美国梦"以个人主义价值观为行为准则。个人在追求成功过程中如果招致失败，那也主要归因于个人，机会均等与结果不均等同在。正如罗伯特·N. 贝拉所言："对于那些一心想往向上运动、争取'成功'的人来说，美国社会的主要特征似乎是'个人成就作用的正常结果'。根据这一观点，不受家庭或其他集团感情桎梏的个人，具有最好的发挥自己的机会；虽然机会均等是关键，但结果的不均等却是自然的。然而，个人主义对于中产阶级个人的含混之处，恰好产生于无以确定我们应该'最好地'发挥自己的含义是什么。"② 其实不仅是中产阶级不懂得"'最好地'发挥自己的含义是什么"，对其他阶层的美国人而言亦是如此。与社会主义中国的"依靠人民、为了人民，对人民负责"不同，美国人通常"依靠自己，为了自己，对自己负责"。美国人所遵循的个人主义价值观的重大缺陷是忽视了马克思所指出的"人的本质不是单个人所固有的抽象物，在其现实性上，它是一切社会关系的总和……哲学家们只是用不同的方式解释世界，问题在于改变世界"③。这在美国人对待贫困的态度上有所体现。马克·R. 兰克（Mark R. Rank）指出，美国人通常将贫困归咎于个人无能和个人失败。招致贫困的原因包括工作不努力、无法掌握足够的技能或者个人选择的失误。因此，贫困问题是通过个人病理学的透镜来看的。

---

① 参见〔美〕罗伯特·N. 贝拉等《心灵的习性：美国人生活中的个人主义和公共责任》，周穗明、翁寒松、翟宏彪译，中国社会科学出版社，2011，第207页。

② 参见〔美〕罗伯特·N. 贝拉等《心灵的习性：美国人生活中的个人主义和公共责任》，周穗明、翁寒松、翟宏彪译，中国社会科学出版社，2011，第198页。

③ 《马克思恩格斯选集》第1卷，人民出版社，2012，第135～136页。

贫困问题是个人招致的，集体义务和社会义务是有限的。有资格的穷人和没有资格的穷人之间由来已久的区分印证了这一观点——除非劳动年龄的穷人有充分的理由贫穷，否则，他们即使贫穷也在很大程度上被认为是不值得帮助的。贫穷因此被认为主要影响那些不遵守游戏规则的人，换言之，不遵守游戏规则的人才会贫穷。最终，这一观点反映并强化了美国社会的思想观念：每个人都有经济机遇，个人主义和自立自强是重要的，努力工作是有回报的。这种思维定式长久以来影响了美国普通民众对待穷人的态度，也影响了很多分析贫困问题的学术研究。事实上，这种思维定式严重掩盖了贫困问题的本质，并打消了解决贫困问题的政治意愿和社会意愿。①

杰夫·马德里克也分析了美国人对待贫困的个人主义态度。"对待贫穷的个人主义态度早在19世纪初就已经逐渐占据上风……英国的首相本杰明·迪斯雷利（Benjamin Disraeli）更认为贫困就是犯罪……而美国选择了一条相同的道路，大肆宣扬着个人主义的观点和自力更生的理念。爱默生在1841年撰写了著名的散文《论自助》，为推广个人主义观点不遗余力。第二次大觉醒颂扬勤奋努力的个人价值观……1819年，美国遭遇了现代历史上第一次经济危机。到1821年，尽管很多人仍旧境况不佳，纽约预防贫穷协会（New York Society for the Prevention of Pauperism）却留下了这样的记录：'所有行为节制、生活节俭且愿意工作的人都不应因为失业而受苦或沦于贫穷。'……济贫院以及劳动救济所开始在全国各地成立，但比起关怀，这些场所给人的感受更接近苛刻。身体健全的人往往会被派去干劳神费力的活计。劳动救济所环境恶劣、侮辱人格的目的之一就是尽可能地让人待在劳动力雇佣关系中，不要随便丢了工作。"② 杰夫·马德里克不仅论述了美国人对待贫困的个人主义态度，还论述了美国人对待贫困的"结构主义"态度，那些倾向于认为是经济或者制度出了问题的人通常被称为结构主义者，他们认为贫困最主要的诱因是缺乏工作和政治权利以及种族歧视。"而理智地对个人主义者们的观点进行抗辩的主要是左派人士，尤其发生在工业革

---

① Mark R. Rank, "Rethinking American Poverty", *Contexts*, Vol. 10, No. 2, 2011, pp. 16–21.

② 〔美〕杰夫·马德里克：《看不见的孩子：美国儿童贫困的代价》，汪洋、周长天译，上海人民出版社，2022，第57～58页。

命时期、19 世纪 90 年代经济衰退以及诸多'敛财大亨'（the Robber Bar-ons）崛起的时期、20 世纪 30 年代大萧条时期以及 20 世纪 60 年代的'伟大社会'和'贫困宣战'时期。虐待劳工的行为受到了规章的制约，政府也提供一定的收入援助，比如在 20 世纪初就开始向当了妈妈的女性发放补助金。之后，现金形式的福利补助在小罗斯福总统的任期内得以确立，且补助范围在林登·约翰逊总统在任期间进一步扩大。"① 但总体而言，个人主义观点不仅仍旧占据主导地位，而且与种族观念、精英主义、等级观念以及一些宗教态度契合，还与商界所宣称的政府干预会降低效率和阻碍发展的观点不谋而合。②

四 暴力文化催生不平等

美国的诞生并非一派祥和，而是充斥着血腥暴力。尽管如此，关于美国诞生的暴力基因鲜被学术话语和公众提及。在《美国的伤痕：独立战争与美国政治的暴力基因》一书中，德国历史学家霍尔格·霍克指出，美国人将革命和独立战争打造成理想高远的殖民地人民反抗英国暴政的英雄传奇，是为了表明一个自由而独立的美利坚合众国诞生之艰辛。但过犹不及，这样一来，他们也会刻意遗忘其中的非正义因素和暴力因素。要正确理解革命和战争以及美国的诞生，就必须直面暴力。正是通过一场又一场的恐怖战役，美洲的爱国者向保皇派发起了内部革命。爱国者通过美国本土历时最长的一场战争捍卫了美国独立。为了实现其政治理想，爱国者采用各种手段，占领道德高地也是其手段之一。内战 10 年之后，革命者以胜利者的姿态向对手施加的暴力使得和平时期的建国方略大受影响。战争临近结束时，美国人对于是否过度使用暴力以及暴力的界限依然深感困惑。③

依据美国独立战争中各方的"暴力"表现，霍尔格·霍克给暴力下了

---

① 〔美〕杰夫·马德里克：《看不见的孩子：美国儿童贫困的代价》，汪洋、周长天译，上海人民出版社，2022，第 56 页。

② 〔美〕杰夫·马德里克：《看不见的孩子：美国儿童贫困的代价》，汪洋、周长天译，上海人民出版社，2022，第 56~57 页。

③ 参见〔德〕霍尔格·霍克《美国的伤痕：独立战争与美国政治的暴力基因》，杨靖译，东方出版社，2019，第 9~10 页。

一个定义，"暴力"是指采用意图不良的物质手段，造成人员伤亡和财产损失。心理暴力也属于暴力，即通过威胁、凌辱和暴行向受害人施压，进而影响他们的行为和决定。① 通过对独立战争中革命派和保皇派双方士兵及平均所遭受暴力和恐怖的考察，霍尔格·霍克指出，美国是通过残忍无情、毁灭灵魂的战争建立起来的。具体来说，战争中双方都有人使用恐怖暴力：爱国者对保皇派，华盛顿大陆军对印第安人，英军、保皇派和德国盟友对叛乱分子、战俘和平民，南方的白人对黑人。该书"仔细审视了暴力的证物：血肉模糊的士兵尸体上的刺刀伤口，被士兵强奸的女孩，憔悴不堪、身上爬满虱子的战俘，被砍头示众的奴隶——以此警告其他人充当英国间谍的下场，以及从新英格兰海滨到南方种植园再到易洛魁开阔玉米地四处燃起的烽烟。保皇派、妇女、先前的奴隶和被俘的叛乱分子，每种人遭遇的暴力形态各不相同"②。该书用翔实的数据表明，美国独立战争带来的巨大伤害不亚于美国历史上除内战以外的任何一次战争。因为放在今天从绝对数量来看，伤亡人数似乎微不足道，因此很容易被人遗忘：6800~8000名爱国者在战斗中身亡，10000人死于各种疾病，多达16000名甚至19000名战俘失踪。但是如果照今日的人口比例换算，独立战争中爱国者的死亡人数超过300万！如果以1775~1783年爱国者总数来换算，则越发惊人，其是第一次世界大战中美军伤亡人数的10倍，是第二次世界大战中美军伤亡人数的5倍。此外，还有2万名英军和数千名美国保皇派、印第安人、德国人和法国人在战斗中牺牲。战争导致每40名美国人中就有1人被永久流放，照今日人口换算，即750万人。③

通过梳理美国独立战争中的暴力因素可以发现，美国是一个蕴含暴力基因的国家，然而，这一暴力基因也被深刻于美国的"国家性格"之中，赋予美国特色——"正如共和国初期一位民族主义历史学家宣称的：'在美

---

① 参见〔德〕霍尔格·霍克《美国的伤痕：独立战争与美国政治的暴力基因》，杨靖译，东方出版社，2019，第9~10页。

② 〔德〕霍尔格·霍克：《美国的伤痕：独立战争与美国政治的暴力基因》，杨靖译，东方出版社，2019，第11页。

③ 〔德〕霍尔格·霍克：《美国的伤痕：独立战争与美国政治的暴力基因》，杨靖译，东方出版社，2019，第13页。

国我们必须深刻理解民族主义与暴力之间的联系，尤其必须理解很少有国家以暴力倾向而著称于世'"①。美国使用暴力充满了冒险主义和投机主义，典型表现就是，美国并不是为了暴力而暴力，而是为了经济利益而暴力，这从美国的奴隶贸易、美墨战争，以及 20 世纪以来美国为了经济利益而在世界范围内发动的大大小小的袭击、战争、暗杀可以看出。

当前的美国，不可忽视的事实是，军工产业发达，公民普遍具有持枪权。根据瑞士日内瓦一项"全球小型武器项目研究"所作的统计，美国民众持枪数量居全球首位。虽然美国人口不到全球的 5%，但是全球 45% 的私人枪支为美国所有，此外，美国全国范围内贩卖枪支的商店数量比药店和麦当劳店的数量还要多。② 与此同时有数据显示，美国每年有 3 万多人因枪击丧生。③ 需要强调的是，在新自由主义秩序中，复仇和报复似乎是社会秩序中最宝贵的价值观。在这种秩序中，暴力既是一种合法的调解力量，也是仅存的"快乐源泉"之一。各种形式的极端暴力的生产现在成了好莱坞大亨、主流新闻、流行文化、娱乐产业和国防工业的主要利润来源。

值得指出的是，美国的暴力基因，不同于马克思恩格斯笔下暴力革命中的"暴力"。在自由资本主义阶段，马克思恩格斯看到了统治阶级对于无产阶级的无情镇压和深重压迫，看到了资产阶级所谓的"自由、平等、博爱"口号的虚伪性，并强调"工人们都应该武装起来"④ 反抗压迫者。马克思恩格斯在论述暴力革命时，其执行主体是无产阶级政党所领导的广大无产阶级这一被压迫阶级。暴力革命的最终目的是实现没有阶级的共产主义社会，从而消灭暴力根源。暴力革命的直接目的是推翻资产阶级政权，建立无产阶级专政。在具体的暴力运用上，马克思恩格斯强调要根据阶级状况、革命形势灵活运用，要讲究策略和方法，而不是盲目使用暴力。比如，在《莱茵报》时期，马克思恩格斯强调，无产阶级在处于弱势的条件下应避免与实力强大的资产阶级暴力机关发生冲突，"不要用任何暴力反抗可能

---

① 〔德〕霍尔格·霍克：《美国的伤痕：独立战争与美国政治的暴力基因》，杨靖译，东方出版社，2019，第 12 页。

② Garbriele Galimberti、Ami：《美利枪合众国》，《看世界》2021 年第 10 期。

③ 宋宫儒：《美国发生史上最严重枪击事件》，《中华灾害救援医学》2016 年第 7 期。

④ 《马克思恩格斯选集》第 1 卷，人民出版社，2012，第 560 页。

按行政方式进行的征税"①，在德国封建势力和资产阶级势力仍然是占据极大优势的力量时，无产阶级无法通过一次革命夺取政权，如果硬要发动起义，"只是为资产阶级、同时也就是为政府去火中取栗"②。因此，无产阶级要避免成为资产阶级对付封建阶级的暴力工具进而被资产阶级窃取革命果实，或被资产阶级和封建阶级联合绞杀。从根本上来说，马克思恩格斯认为，暴力"革命是历史的火车头"③，无产阶级通过暴力革命方可推动人类社会进步，方可实现人类解放，方可获得实质的自由、平等。纵观马克思主义发展史可以发现，俄国、中国成功运用了马克思恩格斯的暴力革命理论并取得了革命的胜利。尤其是社会主义中国这一东方巨轮，历经世界社会主义高低起伏依然行稳致远。由于中华民族优秀传统文化具备和平基因，如"天下大同""厚德载物"，加之中国共产党领导无产阶级暴力革命是为了实现民族独立、人民解放，也即为了人的自由全面发展，因而，今天的中国成为维护世界和平的重要力量。反观美国独立战争，执行暴力的主体、施加暴力的目的完全不同于马克思恩格斯的暴力革命理论之所言。在使用暴力的限度上，美国则滑向了投机主义、冒险主义、实用主义，包括国家权力机构和资本主义制度在内的"暴力"沦为资本的牟利工具，不仅将刀刃对准本国人民，亦将刀刃对准世界人民。

五　美国例外论

美国不平等问题的文化原因还有美国所秉持的美国例外论。美国例外论作为一种特殊的意识形态，既关乎美国人对自己的认知，也关乎美国人对其国际形象和作用及其与其他国家关系的认知。美国例外论主要有典范论和美国天选天佑论两个表现。正因为美国例外论的干扰，美国政府无法集中精力解决国内不平等问题，反而在世界范围内寻求霸主地位。以下先介绍美国例外论的主要表现，然后进一步阐述美国例外论如何导致不平等。

---

① 《马克思恩格斯全集》第 6 卷，人民出版社，1961，第 24 页。
② 《马克思恩格斯全集》第 6 卷，人民出版社，1961，第 565 页。
③ 《马克思恩格斯选集》第 1 卷，人民出版社，2012，第 527 页。

（一）美国典范论

美国典范论包括两个方面：其一，美国在国际社会道德高尚，是世界道德典范；其二，美国是其他国家应该主动学习的榜样。就第一点而言，因为美国没有欧洲国家那种帝国主义战争和殖民主义历史，而成功地进行了民主革命，且实力强大，所以美国人在国际行为中具有特殊的道德优越感，进而认为衡量其他国家的普遍标准不能被用于衡量美国，衡量美国应采用特殊标准。美国如此优越以至于有资格充当世界规则制定者和世界领导者，美国应超越现有国际体系，推动建立并主宰国际新秩序。这是美国外交中单边主义的重要思想来源。[①]

就第二点而言，自从1630年马萨诸塞湾的首任管理者在布道中宣扬美国是所有人都在注视的"山巅之城"之后，"山巅之城""充满希望的大陆""第一个新国家""不可或缺的国家"等一些传承至今的关于美国和其他国家关系的描述均有一个共同主题，即美国是世界上与众不同的、极为特殊的"例外"国家。[②] 列宁也曾指出："这个最新资本主义的先进国家，对于研究现代农业的社会经济结构和演进来说，是一个特别令人感兴趣的国家。无论就19世纪末和20世纪初资本主义的发展速度来说，还是就资本主义发展已经达到的最高程度来说，无论就根据各种不同的自然和历史条件采用最新科学技术的土地面积的广大来说，还是就人民群众的政治自由和文化水平来说，美国都是举世无双的。这个国家在很多方面都是我们的资产阶级文明的榜样和理想。"[③]"山巅之城"这种说法暗含了一种通过树立榜样而不是干涉来影响其他国家的孤立主义立场。[④] 比如，美国某国会共和党参议员在批判威尔逊主义时曾强调，美国的使命是向全人类提供一个榜样：快乐与富裕来自渐进的、自我约束的自由，最好是给世界起一个示范作用。[⑤] 这也就是说，美国希望用自己的民主、道德等光辉典范感召世界各

---

① 房广顺：《美国茶党研究》，中国社会科学出版社，2016，第252页。

② 房广顺：《美国茶党研究》，中国社会科学出版社，2016，第254页。

③ 《列宁全集》第27卷，人民出版社，2017，第146页。

④ 房广顺：《美国茶党研究》，中国社会科学出版社，2016，第254页。

⑤ 〔美〕迈克尔·H.亨特：《意识形态与美国外交政策》，褚律元译，世界知识出版社，1999，第143页。

国，尤其是那些黑暗、专制的国家，而不是使用武力扩张的方式强行推广自由人权。二战以前，与孤立主义如影随形的"榜样论"一直在美国对外政策中占据要位。

美国"榜样论"存在一个看似矛盾的地方，即美国因其独特性而成为世界榜样，同时，美国的独特性又具有"普世价值"，美国的价值观和政治经济体制适用于一切国家，其他国家将美国作为榜样和范例来学习是理所应当的。"美国榜样论中所蕴含的美国要做世界民主'灯塔'的精神和美国价值观的普世主义相互推动，共同构成了美国国际干涉行为的合法性基础。"①

（二）美国天选天佑论

美国天选天佑论有两层含义，其一，美国是上帝选中来执行特定使命的；其二，既然上帝赋予美国特定使命，就一直会庇佑美国以使其执行使命。就第一点而言，相当多的美国人认为，美国是被上帝选中的特殊国度，肩负着发展人类文明和改变人类命运的特殊使命，要使世界脱离"苦海"。美国使命论可追溯到推动北美殖民地扩张的清教主义的"宿命论"。清教主义认为，盎格鲁－撒克逊人作为"上帝的选民"，肩负着上帝赋予的三重使命，即传播基督教文明、征服"落后"民族和淘汰"落后"文明。在托克维尔看来，清教主义使得脱胎于欧洲文化的美国社会成为民主制度的沃土，"清教主义不只是一种宗教教义，而且在许多方面与最为绝对的民主和共和理论相对应"②。北美殖民地人民坚信，这种使命感与披荆斩棘的拓荒精神及刻苦节俭的清教主义的结合，将使任何"异教"文明和"野蛮"民族俯首称臣，由此可见，美国实际上是延续了欧洲国家扩张主义的路线。美国的使命感与其干涉主义和频频出现的干涉主义行径联系紧密。在笃信美国使命论的人看来，美国影响世界的最佳方法是利用国家实力在全球推行民主和人权，在世界各地保护自由制度。由此可见，美国不仅要充当世界各地被压迫者的"避难所"，而且要充当"自由的卫士"。这种"自由的卫

---

① 房广顺：《美国茶党研究》，中国社会科学出版社，2016，第255页。
② 原祖杰：《进步与公正：美国早期的共和实验及其在工业化时代遭遇的挑战》，中国社会科学出版社，2020，第30页。

士"形象在美国独立战争中得以强化，并且多次为历任美国总统所确认。①

就第二点而言，美国天选天佑论又和"天定命运论"紧密相关。"天定命运论"的话语体系在美国领土扩张过程中被频繁使用，成为美国例外论的重要体现。该话语体系实际是说，美国的领土扩张是经过上帝授意和允许的，美国得到了上帝的眷顾，因而美国的领土扩张不是殖民侵略。简言之，上帝永久庇佑美国及其事业，上帝选派美国领导世界。其实，美国天选天佑论是美国建立殖民地以"帮助""被压迫"人民的道德外衣。美国第25任总统威廉·麦金莱为美国在菲律宾建立殖民地所作的辩护是这种论调的典型体现。1898年，他声称，在凌晨两三点钟祈祷后，听到了上帝的声音，这声音指示他应立即兼并菲律宾。

曾是总统候选人的参议员米特·罗姆尼（Mitt Romney）明确表示："上帝创造这个国家不是为了让它成为一个追随者的国家。美国注定不会成为几个实力相当的全球大国之一。美国必须领导世界，否则就会有其他人来领导。没有美国的领导，没有美国明确的目标和决心，世界将变得更加危险，自由和繁荣肯定会首先受到伤害。"支持这条天赐之路的不仅有大企业的高管、金融家、军方要员，还有顺从的媒体人、离开政界后想从事高薪工作的顺从的政治家、一些劳工领袖和学术界的权力人士。他们组成了建制派，一个在所有的所谓自由市场民主国家都非常相似的建制派。②

（三）　美国例外论导致不平等

美国例外论在一些美国人心中也根深蒂固，使之存有"天选之民""天选之国"的迷梦和幻想，使之不能实事求是地面对现实矛盾和现实问题，甚至拒绝承认一些矛盾和问题的存在。比如，新冠疫情危机加剧了美国不平等，但是这也与部分美国人以例外主义的态度消极抗疫不无关系。美国《外交政策》杂志刊发的题为《为什么美国无法战胜冠状病毒》的文章指出，对太多美国人来说，灾难是发生在别人身上的事情，而不是自己身上

①　房广顺：《美国茶党研究》，中国社会科学出版社，2016，第253页；王立新：《美国例外论与美国外交政策》，《南开学报》（哲学社会科学版）2006年第1期。

②　A Criminal War Ushers in the Worst of Times in Ukraine, Russia, and Europe, People's World, https://www.peoplesworld.org/article/a-criminal-war-ushers-in-the-worst-of-times-in-ukraine-russia-and-europe/.

的事情。文章引用南达科他州护士乔迪·多林（Jodi Doering）告诉 CNN 的话说，人们仍然在寻找其他东西，他们想要一个神奇的答案，他们不愿意相信新冠感染是真的……他们的临终遗言是，这不可能发生，这不是真实的。① 拜登甚至不顾及事实，掩耳盗铃式地在 2022 年 9 月宣布美国的新冠疫情已经结束。

又比如，美国以新教伦理立国，自诩"山巅之城""天选之地"，认为唯独自己才是天降救世的"弥赛亚"和"理想国"，带头鼓动意识形态对立，极力排斥其他文明，大搞扩张主义。由美国拉拢乌克兰加入北约所触发的乌克兰危机就是美国奉行例外论的典型表现。拜登政府不顾及美国国内的贫困问题，而对乌克兰慷慨解囊，给予巨额军火援助、提供军事情报，无疑也加剧了美国不平等。

理查德·盖尔（Richard Gale）和加瑞·耐尔（Gary Null）博士也发文指出："既然华盛顿承认了对俄罗斯的代理人战争，政治阶层的鹰派野心决心把经济推向深渊，我们必须停下来，仔细思考作为个人和国家，我们想要什么、不想要什么以确保可持续的未来。这需要对共同的道德原则进行深刻的集体反省。什么是真理抑或什么经验有意义，真真假假、是非曲直不是靠嘴巴说，相反，我们的日常生活和社会现实将决定未来是否宜居。只有我们的行动真实地传达了美国人心灵深处的价值观。因此，美国人有责任问自己更尖锐的问题，以认识到美国文明中更深层次的精神贫困。当政府几乎没有一分钱花在普通民众身上的时候，反对数万亿美元救助华尔街和外国银行的大规模示威活动在哪里呢？反对废除房屋赎回权和小型家庭农场的游行在哪里？那些吸血的学生贷款、剥削性的发薪日贷款和过高的信用卡费用呢？没有人对奥巴马未能兑现将他带进白宫的全民医保承诺感到愤怒。……此时此刻，当美国其他地区进一步滑向急需能源和食物的贫民区时，……为什么没有人对入侵利比亚和叙利亚表示愤怒，也没有人对美国持续支持沙特阿拉伯和阿联酋等在也门犯下反人类罪行的流氓独裁政权表示愤怒？过去没有，现在也没有值得注意的抗议。然而，这些都是

---

① Americans' Distrust of Government, Exceptionalism Lead to US Failure in Pandemic Control: Media, https://www.chinadaily.com.cn/a/202011/21/WS5fb8e719a31024ad0ba959ad.html.

对我们民主制度不容置疑的生存威胁。"①

美国例外论本质上是唯心主义的表现，不顾社会现实，用静止、孤立、片面的观点看问题，认为美国自诞生以来便是"山巅之城"，美国文明优越于其他文明，不管现实情况发生何种变化。这是盲目的文化自信，驱使着美国在世界范围内不惜一切手段巩固其摇摇欲坠的霸权，而不顾及国内困境丛生。

第四节　三大根源的相互关系

一　马克思主义关于经济、政治、文化关系的思想

在整个人类历史上，经济、政治、文化之间的作用是多维的。马克思对唯物史观基本思想作了一个经典概括，即社会是一个有机系统，在该系统中，经济结构、政治结构、文化结构是基本的构成要素，其中，经济结构是决定的力量。政治、文化对经济基础的反作用绝非消极的，它们对经济基础的反作用并非外在的机械反应，而体现为在统一体内部的互动。这种内在的互动最主要的表现就是在经济基础中本身就内含着政治和文化的因素。经济基础和政治、文化都是同一有机社会系统内部的不同要素，它们之间存在耦合互动作用。传统马克思主义经济决定论解读的最大问题是，脱离社会有机系统，将经济基础和上层建筑看成两个孤立的事物，机械、片面地谈论二者之间的决定作用和反作用问题。这无疑会造成决定作用和反作用的单向化和单维化。实际上，在有机的社会系统内部，每一种要素对系统均具有同等重要的地位，经济基础是必然性的主导因素，但这种主导因素的形成不是经济要素自身独立作用的结果，而是社会系统内经济要素和其他要素相互作用的结果。

文化与经济社会发展之间互相影响。在历史实践中，文化与经济始终处于交互作用之中，这种交互作用进而引发社会形态的量变和质变。文化对于经济和社会发展的反作用贯穿于社会发展的统一过程中。在现实历史

---

① Richard Gale, Gary Null, "America's Full Spectrum Decline", *Global Research*, May 12, 2022.

实践中，"经济里面充满着文化，生产力里面充满着上层建筑，并不存在固定不变的'决定方面'。随着实践的发展和历史的变迁，它们经常交换彼此之间的地位，改变着矛盾关系的格局"①。从根本上讲，文化并非与政治、经济并列的领域，也不是政治、经济的附属品，而是人的一切活动领域和社会存在领域中内在的东西，是一种能够对个体和社会活动施加深层次影响的因素。② 总之，在文化与经济的关系中，文化不仅仅是"第二性"的。它除了在经济的作用力之下产生必然的"反作用"以外，还在经济社会中发挥着积极的主导性的决定作用。文化是推动经济社会发展的重要力量。随着人类社会的发展和人类精神的丰富，文化在更加自觉地发挥引领作用。③

就政治与经济的关系，以及政治在推动人类社会发展进步方面的作用而言，情况亦是如此。关于政治对经济的作用，《共产党宣言》强调，无产阶级在夺取政权后，在无产阶级政权的保驾护航下，大力发展生产力。同样，列宁提出经济文化落后国家不必等到生产力高度发达，而是在与发达资本主义国家在时间上并存的情况下，首先通过无产阶级革命夺取政权，建立无产阶级专政，然后在该政权下大力发展社会主义生产力，并且积极运用资本主义的有益成果发展自己。经济文化落后国家建设社会主义的实践是政治先行的典范，体现了政治对于经济的巨大作用，也体现了政治在推动人类社会形态更替中的巨大威力。

二　美国的经济、政治、文化之间的关系

从历史唯物主义的视角来看，前面三节所述美国不平等的经济原因、政治原因、文化原因，它们之间的关系是经济原因决定政治原因和文化原因，政治原因和文化原因反过来服务和强化经济原因。简言之，经济决定政治、文化，政治、文化反作用于经济。具体就美国的经济、政治、文化而言，由于生产资料资本主义私有制，才产生了为这种私有制辩护的政治

---

① 衣俊卿、胡长栓等：《马克思主义文化理论研究》，北京师范大学出版社，2017，第78页。
② 参见衣俊卿《文化哲学——理论理性和实践理性交汇处的文化批判》，云南人民出版社，2005，第66页。
③ 衣俊卿、胡长栓等：《马克思主义文化理论研究》，北京师范大学出版社，2017，第78页。

上层建筑和观念上层建筑。而且，诚如上述马克思主义关于经济、政治、文化相互关系的思想所呈现的，美国的经济、政治、文化并非截然分开，而是互相渗透。在美国，个人主义、消费资本主义文化、暴力文化、种族主义既源于又服务于生产资料资本主义私有制，资产阶级还运用国家政权、法律等政治上层建筑来传播和巩固那些有益于私有制的文化。总之，资产阶级运用政治和文化巩固生产资料资本主义私有制。此外，美国的政治、文化本身就是能够带来利润并且推动资本增殖的。

具体来说，资产阶级掌握着生产资料，无产阶级不占有生产资料。美国那些建国之父本身属于资产阶级，他们建立的国家政权必然是维护资产阶级利益的。当然，国家政权在保留暴力镇压职能的同时，也制定了反映资产阶级意志的法律，法律明文规定私有财产神圣不可侵犯。如此一来，资产阶级便以法律形式巩固生产资料资本主义私有制。美国的政党、利益集团无不是在生产资料资本主义私有制条件下运作的，同时也是在私有制下维护资产阶级整体利益或局部利益的有力工具。由于私有制，美国社会日益分裂为资产阶级和无产阶级两大对立阵营，财富在资产阶级一方积累，贫困在无产阶级一方积累。当前，美国的贫富差距处于历史高位。[①] 这也可以解释为什么在政治竞技场上，当组织的力量变得尤为重要时，无产阶级的联合依然是敌不过资本的联合的。因为组织建立以及组织的维护均离不开巨额资金支持，而只有有钱有势的资产阶级可以做到这一点，无产阶级有限的资金必须用到自己基本的日常生活开销上。而为了使无产阶级不至于联合起来反抗资产阶级的统治，资产阶级调动学校、媒体、基金会等各类意识形态机构宣扬个人主义，将美国人的成败得失归因于个人，这就淡化或者是消解了广大无产阶级的革命意识。同时，资本家作为人格化的资本，其本性是唯利是图。无论是产业资本家还是金融垄断资本家，实现资本增殖的前提是商品顺利出售，于是资产阶级创造了消费资本主义文化，使人们沉迷于消费，以消费为幸福人生的代名词。在美国，各类宣扬暴力的文化产品或者所谓的监狱系统，都可以归入"暴力经济"，为了获取与暴

---

① 人民论坛"特别策划"组：《美国贫富差距》，《人民论坛》2019 年第 4 期。

力有关的利润，资产阶级在美国散播暴力文化。虽然美国没有经过封建社会发展阶段，但是美国南方的奴隶贸易对于美国资本主义的崛起功不可没，所以，美国南方在建国初期可以被称为奴隶制资本主义。如今，美国依然存在奴隶制经济的遗产，相应的思想文化遗产便是种族主义。

美国金融垄断资本主义便是由美国的经济动力、政治动力、文化动力合力培育并推行的。当今美国处于金融垄断资本主义时代，作为生产资料的金融垄断资本被少数金融寡头和跨国公司垄断着。资本本来就具有扩张本性，金融垄断资本更是要求在全球流动。于是金融资产阶级培养了大批鼓吹新自由主义的经济学家，并使之成为美国主流意识形态。新自由主义也因此成为金融垄断资本主义的理论基础，美国把以新自由主义为理论基础的经济政策以所谓的"华盛顿共识"的名义在全球推广。金融垄断资本要求新自由主义在美国政治和意识形态中处于主导地位。金融垄断资本主义不仅要诉诸人们的高消费，而且诉诸人们的金融崇拜观念。金融崇拜观念默许了不平等的正当性。随着更多的人因金融业而暴富，金融崇拜成为美国文化的一部分。有中国学者指出，美国的一些影片和著作本来是教导人们免于上华尔街的当，结果使人们更加向往华尔街。金融垄断资本通过观念施加它们的影响。在经济与金融领域一些颇具影响力的概念与方法就是华尔街的投资银行发明和创造的。[1] 热爱财富并不一定是万恶之源，但金融一定是许多国家种种弊病的根源之一。以金钱为中心的短视与道德败坏的风气通过贪婪的银行家蔓延至美国经济、政治、社会的各个领域，这一风气改变了美国社会的本质，许多人因此变得更加拜金、自私且目光短浅。[2]

---

① 周宏、李国平：《金融资本主义：新特征与新影响》，《马克思主义研究》2013 年第 10 期。
② 〔美〕约瑟夫·E. 斯蒂格利茨：《美国真相》，刘斌、刘一鸣、刘嘉牧译，机械工业出版社，2020，第 114 页。

第六章　美国不平等的基本性质、
趋势与影响

本章在前几章研究的基础上提炼出美国不平等问题的基本性质，即阶级性和种族性、总体性和多维性、极端性和关联性。美国不平等问题会进一步延续且加深，这将给美国乃至世界带来一系列影响：加剧国家治理危机；加速美国经济、政治、文化霸权的衰落；促使美国施政方针封闭化并成为全球治理的障碍。值得一提的是，美国不平等因素最终将催生社会主义新因素。

第一节　美国不平等的基本性质

一　阶级性和种族性

阶级性是指这种不平等是有利于资产阶级，而不利于无产阶级的。不平等呈现的阶级性特征是资本主义所固有的。正如《共产党宣言》所言，人类自原始社会解体以来的全部历史都是阶级斗争的历史。[①] 但是，资产阶级时代的阶级对立简单化了，社会日益分裂为资产阶级和无产阶级两大阶级。[②]

经济上的阶级性显然是，生产资料资本主义私有制使得资产阶级在经

---

① 《马克思恩格斯文集》第2卷，人民出版社，2009，第14页。
② 《马克思恩格斯文集》第2卷，人民出版社，2009，第32页。

济上处于主导地位，无产阶级则处于被支配地位。社会财富和资源向资产阶级一方集聚，而无产阶级不占有或仅拥有少量社会财富和资源，贫困向无产阶级一方集聚。由于本书从经济意义上谈论收入和财富不平等，以及与健康相关的资源不平等，因而穷人和富人在收入和财富及健康状况上的差异无疑是经济上阶级性的典型表现。比如，研究表明，收入和教育不公平是美国人存在诸多健康差异的原因。收入和受教育程度密切相关，最贫穷和受教育程度最低的群体健康状况也最差，该群体的婴幼儿死亡率、外伤和暴力死亡率较高，罹患心脏病、糖尿病、结核和一些癌症等疾病的概率也更高。因为他们更有可能饮食不合理、超重、吸烟、酗酒，更有可能使用药物。他们日常的压力大而且难以得到卫生保健服务。①

政治上的阶级性集中体现在资产阶级民主的阶级性。资产阶级民主专属于资产阶级，体现的是资产阶级的根本利益。正如列宁所说，只要存在不同的阶级，就没有"纯粹民主"，而只有阶级的民主。② 一切资产阶级执掌政权的形式，如两党制，三权分立，所谓的公平、公正、公开、自由、诚实、定期选举、罢免权、弹劾权、新闻自由、舆论自由等，都不过是资产阶级获取或巩固政权的方式方法以及表现形式而已。③ 一旦无产阶级威胁到资产阶级的切身利益，资产阶级就会公开实行阶级恐怖和有意侮辱"群氓"。

在阶级社会中，文化具有阶级性。作为经济、政治在观念形态上的反映，文化其实是一种社会意识，代表和维护着所属阶级的经济利益、政治利益。意识形态对立是阶级对立的表现之一，统治阶级的统治之一是意识形态统治，那些作为意识形态的文化在不同程度上带有阶级的烙印。正如马克思恩格斯所言，"占统治地位的思想不过是占统治地位的物质关系在观念上的表现"。④ 依据这一思想，列宁进一步提出"两种民族文化"的思想，他说，每个民族的文化里面均含有民主主义和社会主义的文化成分，即便

---

① 〔美〕保罗·英泽尔、沃尔顿·罗斯：《健康核心概念》（第12版），裴晓明、朱向军译，天津科学技术出版社，2017，第12页。

② 《列宁全集》第35卷，人民出版社，1985，第243页。

③ 周书俊：《正确认识和把握民主的本质属性》，《马克思主义研究》2016年第9期。

④ 《马克思恩格斯选集》第1卷，人民出版社，2012，第178页。

这两种文化成分十分薄弱。因为劳动群众和被剥削群众存在于任一民族，民主主义的和社会主义的思想体系会因这一群体的生活条件而不可避免地出现。但是每个民族中也都有资产阶级的文化，而且这是占统治地位的文化[①]。具体到美国，文化上的阶级性集中体现为，资产阶级文化肩负着维护资产阶级统治、培养资本增殖所需的人手，以及转移剩余价值的重要职能。其中，文化维护资产阶级统治是指，在美国占统治地位的思想文化都是资产阶级的思想文化，文化为资产阶级统治的合法性辩护，抵制反对资产阶级统治的"异端邪说"，比如马克思主义、美国共产党的思想文化以及部分美国劳动群众的文化便被统治者当作"异类"。文化培养资本增殖所需的人手是指，文化教育事业培养资本主义经济运行所需的劳动力。文化转移剩余价值是指，资本主义消费文化、金融美学、广告等悄无声息地驱动人们进行炫耀性消费以满足虚假需求。

值得强调的是，就美国国内而言，不平等的阶级性的具体内涵也适用于不平等的种族性。因为美国的少数族裔基本上是无产阶级。但是仍有必要对美国不平等的种族性特征加以描述，因为不平等的阶级性和不平等的种族性并非一一对应。以下剔除不平等的阶级性和种族性重合的部分，仅介绍不平等的种族性特有的内涵。不平等的种族性是指少数族裔在各方面均处于劣势。经济上的种族性不平等是指，美国的少数族裔在经济地位和状况上总体处于弱势。经济地位和状况本身是一个涵盖多个指标的总体性概念，一个人、一个族裔可获得的卫生保健服务质量与其经济地位和状况密切相关。因此，以下以卫生保健服务的种族差异为例进行说明。美国健康与人类服务部每年发布的有关美国卫生保健差异的报告显示，少数族裔的健康状况不是很好，与白人相比，少数族裔所接受的卫生保健服务的质量是较低的，尽管卫生保健服务不公平问题正在通过公共领域和民营途径解决。卫生保健服务质量低下仍然是少数族裔疾病发生率和死亡率较高的原因之一。[②] 政治上的种族性不平等是指，少数族裔的政治权利、公民权利

---

① 《列宁全集》第 20 卷，人民出版社，1958，第 6 页。

② 〔美〕保罗·英泽尔、沃尔顿·罗斯：《健康核心概念》（第 12 版），裴晓明、朱向军译，天津科学技术出版社，2017，第 12 页。

没有受到法律的平等保护，而且很难由法定权利变为现实权利，法治实践歧视少数族裔。文化上的种族不平等在美国突出表现为"白人优越论"和"西方中心论"。

二 总体性和多维性

统计学认为，要归纳事物或现象的总体性特征需要考察尽量多的个体、群体、尽量广的领域和地域，否则就会以偏概全。美国不平等的总体性是指，这种不平等不限于局部人群，不限于局部地域，不限于局部领域，而是存在于全体社会成员之间，存在于全国范围内，存在于经济、政治、文化等各个领域。美国全体社会成员都处于不平等的结构之中，而且这种不平等具有"赢者通吃性"。也就是说，在各种不平等的关系中，有的人在某一类不平等的关系中居于有利地位，在其他不平等的关系中亦居于有利地位。以经济不平等、政治不平等、文化不平等为例，那些在经济上居于有利地位的人，在政治上也居于有利地位，其在文化上的地位亦是如此。

美国不平等的多维性是指，每一个领域的不平等包含着多个方面的不平等。比如，经济不平等包括收入占有不平等、财富占有不平等、资源不平等，等等。政治不平等包括政治寡头化和政治金钱化、政治参与的不平等、政治代表性的不平等、法治实践的不平等，等等。文化的不平等包括白人至上主义、媒体对弱势群体形象的偏见、广告在文化中的强势地位、文化生产上的剥削性和文化享用上的排他性，等等。

三 极端性和关联性

不平等的极端性是指相比于其他发达国家，美国不平等的程度最高。就总体不平等来说，英国著名学者帕特·塞恩指出，英国在降低不平等上与欧洲一些国家可能还存在差距，但比美国好很多。美国不平等的规模更大，贫困人口更多，而美国的政治理念总是影响着平等的实现。① 经济上，"美国急速恶化的收入占有不平等和大西洋彼岸的其他发达国家也不尽相

---

① 《帕特·塞恩谈英国福利社会的不平等》，澎湃，https://www.thepaper.cn/newsDetail_forward_2756443。

同。……西欧和美国完全不同：欧洲最富裕1%人口收入占比在上个世纪保持稳定，而美国则急剧上升；同时美国中产阶级和底层人口收入占比的下降也比其他发达国家快得多。"① 在《21世纪资本论》中，托马斯·皮凯蒂指出美国不平等不仅相比于发达国家具有极端性，而且相比于贫穷国家和新兴国家也具有极端性。就前者而言，"自从20世纪70年代以来，收入不平等在发达国家显著增加，尤其是美国，其在21世纪头十年的收入集中度回到了（事实上甚至略微超过了）20世纪的第二个十年"②。通过将美国最富裕的10%人群收入占国民收入的比重与欧洲最富裕的10%人群收入占国民收入的比重进行对比分析，托马斯·皮凯蒂发现，"美国的不平等程度在1900～1910年比欧洲低，在1950～1960年比欧洲略高，而在2000～2010年则比欧洲高得多"③。就后者而言，美国的不平等程度在2000～2010年所达到的水平，比任何贫穷国家和新兴国家历史上所展现的显著不平等程度还要高，"比如，比印度和南非在1920～1930年、1960～1970年以及2000～2010年的水平还高"④。美国经济学家斯蒂格利茨指出，美国从20世纪80年代中期以来一直保持着"发达工业化国家中最不平等的国家"这一称号。⑤

美国的医疗和教育同样体现了不平等的极端性，在欧洲，很多国家将医疗和教育作为民生工程，并且提供适当的免费项目。与其他一些发达经济体建立覆盖全民的社会医保制度不同，美国实行商业医疗保险与政府医疗保险混合制度。⑥ 总体而言，美国医疗和教育的商品化程度高于其他发达国家，获得医疗和教育资源的机会与金钱关系更为密切。以医疗服务价格为例，2017年《国际医疗价格比较报告》显示，在英国，阑尾切除术的费

① 〔美〕雅各布·哈克、保罗·皮尔森：《推特治国：美国的财阀统治与极端不平等》，法意译，当代世界出版社，2020，第50页。
② 〔法〕托马斯·皮凯蒂：《21世纪资本论》，巴曙松等译，中信出版社，2014，第16页。
③ 〔法〕托马斯·皮凯蒂：《21世纪资本论》，巴曙松等译，中信出版社，2014，第331页。
④ 〔法〕托马斯·皮凯蒂：《21世纪资本论》，巴曙松等译，中信出版社，2014，第338页。
⑤ 参见〔美〕约瑟夫·E.斯蒂格利茨《不平等的代价》，张子源译，机械工业出版社，2020，第19页。
⑥ 《（撕裂的美国）国际锐评｜被资本绑架的医疗体系"绑架"了美国患者的生命》，央广网，http://news.cnr.cn/native/gd/20210117/t20210117_525392917.shtml。

用为 3050 美元，而美国的平均价格达 1.3 万美元。[1] 高昂的医疗费用使得医疗资源向富人集聚，因为富人才负担得起。教育费用的高企也使优质教育资源向富人集聚。此外，教育和医疗的商品化使得富人和大公司投资教育和医疗，加剧教育和医疗的垄断。由于美国政治的金钱特性，极端的经济不平等同样促使政治资源向富人集聚。包括中产阶级在内的普通民众政治影响力极小。美国是世界上在总统选举上投入资金最多的国家，可以说，发达资本主义国家总统选举中当属美国总统选举最引人注目。美国的选举无疑是富人的游戏，普通民众顶多只能消极投票。关于文化不平等的极端性，突出的例子是，美国作为移民国家，其文化上的种族歧视程度比那些同样存在移民的欧洲国家严重得多。

不平等的关联性是指经济不平等、政治不平等、文化不平等存在互相作用。一如上面提到的，美国经济的极端不平等催生政治的极端不平等和文化的极端不平等。其实，这也是经济不平等、政治不平等、文化不平等相互作用的表现之一。唯物史观认为，物质决定意识，社会存在决定社会意识，经济基础决定上层建筑，同样，意识反作用于物质，社会意识反作用于社会存在，上层建筑反作用于经济基础。在经济、政治、文化三要素中，经济作为物质、社会存在、经济基础，决定着作为意识、社会意识和上层建筑的政治和文化。在三大不平等中经济不平等是第一位的，政治不平等和文化不平等是第二位的。具体到美国国内经济不平等、政治不平等、文化不平等，上述关联关系均成立。关于各领域不平等的关联性，斯蒂格利茨指出，经济与政治向来密不可分。经济不平等会转化为政治不平等，而相应的（政治）规则反过来加剧社会总体不平等。同样，经济体制的失败亦会对政治体制造成影响。[2] 美国新自由主义的市场经济体系使人民的价值观念更趋于金钱至上主义和利己主义。而当以金钱至上主义和利己主义为核心的价值观涉及政治时，后果可能更为严重。"赢者通吃"式的垄断姿

---

[1] 《〈撕裂的美国〉国际锐评｜被资本绑架的医疗体系"绑架"了美国患者的生命》，央广网，http://news.cnr.cn/native/gd/20210117/t20210117_525392917.shtml。

[2] 〔美〕约瑟夫·E.斯蒂格利茨：《美国真相》，刘斌、刘一鸣、刘嘉牧译，机械工业出版社，2020，第 26 页。

态侵入美国政治体制，破坏行为标准和规范，削弱组织达成和解与协商的能力。若任其发展，最终将会瓦解国家凝聚力。①

第二节　美国各领域不平等的趋势

本书在第二章、第三章、第四章、第五章里详细讨论了美国经济不平等问题、政治不平等问题、文化不平等问题的具体内容和根源。据此，有必要进一步讨论美国经济不平等问题、政治不平等问题、文化不平等问题的当代发展趋势，以此加深对美国不平等问题的认识和把握。本书认为，美国在不改变资本主义生产关系和上层建筑的前提下，其经济不平等、政治不平等、文化不平等会延续并加深。

一　经济领域的不平等会持续

美国生产力水平和经济发展水平很高，但是，在高度发达的生产力和经济背后，却是通过各种方式对普通民众进行剥削。美国的经济制度是对美国人民进行剥削的基本形式，具体来讲，美国的经济制度的本质，一方面是维护资本主义私有制，另一方面则是在维护资本主义私有制的基础上，维护资产阶级的根本利益。在不改变资本主义生产关系的前提下，美国的生产力越发展、经济越发展，对美国人民的剥削越深重，美国人民越会陷入非人的境遇。正如《资本论》中所指出的："在资本主义制度内部，一切提高社会劳动生产力的方法都是靠牺牲工人个人来实现的；一切发展生产的手段都转变为统治和剥削生产者的手段，都使工人畸形发展，成为局部的人，把工人贬低为机器的附属品，使工人受劳动的折磨，从而使劳动失去内容，并且随着科学作为独立的力量被并入劳动过程而使劳动过程的智力与工人相异化；这些手段使工人的劳动条件变得恶劣，使工人在劳动过程中屈服于最卑鄙的可恶的专制，把工人的生活时间转化为劳动时间……一切生产剩余价值的方法同时就是积累的方法，而积累的每一次扩大又反过来成为

---

① 〔美〕约瑟夫·E. 斯蒂格利茨：《美国真相》，刘斌、刘一鸣、刘嘉牧译，机械工业出版社，2020，第29～30页。

发展这些方法的手段。由此可见，不管工人的报酬高低如何，工人的状况必然随着资本的积累而恶化。"①

美国的经济制度是资本主义私有制在经济层面的具体表现。从根本上来讲，美国的经济制度对美国人民进行剥削是导致经济不平等延续并加深的主要原因。美国的经济制度对美国人民进行剥削，主要表现在五个方面。第一，收入、财富、资源的不平等会延续并加深。无论是从美国经济制度的历史逻辑来看，还是从美国经济制度的现实逻辑来看，其实质是维护资产阶级的经济利益的。具体而言，在收入分配、财富分配和社会资源分配上，都绝对地向资产阶级一方倾斜。当前美国民众在生存、发展所需资源的占有上已经出现了内卷化趋势，优质资源向上层人士集聚，中层、下层人士极难进入上层去分得一杯羹。第二，经济操纵和剥削不平等会延续并加深。在资本主义私有制这一根本条件的制约下，经济操纵现象和剥削现象会更加严重。具体来讲，美国工人的劳动力会在美国资本主义不断发展过程中受到各种形式的剥削；富人阶层会利用自身的社会地位和权势不断影响经济政策，使其有利于富人阶层而不利于底层人民。第三，经济结构失衡所造成的不平等会延续并加深。在资本主义私有制这一根本条件的制约下，资本本身的逐利性，必然导致美国大量实体产业走向全球，去寻找劳动力成本低的国家和地区，这使得美国大量的就业机会流失。特朗普执政期间，虽然一度喊出"制造业重回美国"的口号，并进行了实践尝试，但前面几十年的去工业化过程使美国本土的产业链失去完整性，"制造业重回美国"在实践上缺乏可行性或者说困难重重。而留在美国本土的科技产业和金融产业只能吸纳少数知识精英就业，并为之带来丰厚收入和财富，并不能解决美国人民的就业问题和收入问题。可以明确地说，资产阶级的政府非但无法控制资本的逐利性，反而用各种方式为资本的逐利性打开"后门"。第四，中产阶级会进一步萎缩。按照历史唯物主义的基本分析方法，严格来讲，在美国是没有中产阶级的。所谓"中产阶级"只不过是维护资产阶级根本利益而消磨无产阶级阶级意识的词语创新。中产阶级原本

_____

① 马克思：《资本论（节选本）》，人民出版社，2016，第218～219页。

就属于工人阶级，中产阶级的出现主要得益于国内制造业的勃兴，随着制造业空心化，中产阶级规模会缩减，其生存也会更加困难。第五，贫困问题所造成的不平等会延续并加深。资本积累是资本主义的一般规律，这一规律意味着财富向资产阶级一方汇聚，而贫困向无产阶级一方汇聚，在无产阶级和资产阶级之间毫无平等可言。这一规律还意味着现役工人和产业后备军之间的竞争，产业后备军因没有就业而无生活来源，现役工人则会遭受更残酷的剥削，拿到的工资更少，很多人即使工作也依然属于"穷忙族"。

总之，随着美国资本主义不断发展，美国人民在经济层面的不平等会延续并加深，美国贫富差距大、社会阶层固化、经济结构失衡和社会不公等问题只会越来越严重。

二　政治领域的不平等会强化

要从根本上认识和把握美国政治不平等问题当代发展趋势的本质，历史唯物主义是唯一现实的科学的分析视角和分析思路。历史唯物主义指出，资本主义社会里所有的政治制度的核心职能是维护资产阶级的经济利益，特别是像军队、法院等暴力机构都是为了维护资本主义私有制以及在此基础上的资产阶级的经济利益。

在美国的资本主义经济制度的影响下，美国的政治不平等会延续并加深。这具体表现在四个方面。第一，政治寡头化和金钱化。政治寡头化和金钱化都与美国政治的金钱特性有关。这在总统选举中表现得淋漓尽致，无论是民主党还是共和党都只在意本党能否胜选、能否连任，总统竞选没有巨额资金支持是办不到的，几十年来，政党投入的竞选经费成了预测该党能否胜选的重要指标。两党因此都加强了与资本的联合。尽管两党在竞选中出于某种目的，比如攻击竞争对手，而提及关系国计民生的重大议题，但选举政治使得政党为了自身利益而对资本负责，而不是对人民负责。因此两党的竞选纲领中很多词条只是"纸上谈兵"和"花言巧语"，尤其是关系人民切身利益的议题在其执政后极可能被搁置，相反，执政党会谨小慎微地兑现对资本的承诺。此外，无论是民主党还是共和党，在总统竞选中都可能打着维护人民利益的旗号而行增进资本利益之实。这些都会加深政治不平等，而这种有损人民利益的政治不平等实际上会损害国家长远利益，因为脱离人民的国家都必然会走向衰落。第二，特殊利益集团政治对美国政治的影响大。在美国，一直以来就存在多股对美国的政治生态具有强大影响的政治力量，比如说能源利益集团、军工利益集团和金融垄断资本利益集团。这些特殊利益集团未来会不断维护和巩固自身的利益，会采取各种方式来影响美国政府的决策，从而实现更多的特殊利益。第三，普通民众的政治参与形式化、效果差。美国的政治制度从一开始就是为了维护资产阶级的根本利益而设计的。美国人民可以通过投票来选择总统、国会议员，也可以通过这样的方式来表达自己对政府工作的不满。但是，在不改变美国资本主义私有制的前提下，这种政治参与的方式实际上成为资产阶级政府"甩锅"的宪政理由。第四，法治实践中的不平等。美国制定立法制度、执法制度、司法制度的根本目的，还是维护资产阶级的根本利益，美国的那些没有工作、没有收入的底层人民是没有任何现实的条件来实现他们的法律权益的。

美国人民在政治层面的不平等会延续，其根本原因在于美国人民在经济层面的不平等会延续，也就是说，美国人民在经济层面的不平等导致了美国人民在政治层面的不平等，而美国人民在政治层面的不平等又会加深美国人民在经济层面的不平等。

三 文化领域的不平等会延续

与认识和把握美国政治不平等问题当代发展趋势一样，只有从历史唯物主义的分析视角和分析思路出发，才能从根本上认识和把握美国文化不平等问题的当代发展趋势的本质。历史唯物主义指明，资本主义社会里所有的文化制度的实质，都是从思想层面维护美国的资本主义经济制度和资本主义政治制度。更何况意识形态具有相对独立性，美国人长久以来形成的价值观念不会轻易消除。

在美国资本主义条件下，美国文化不平等会延续并加深，这主要表现在三个方面。第一，白人种族主义所造成的美国文化不平等。在美国资本主义社会里，白人种族主义始终是一个重大的政治问题。从根本上来讲，美国黑人最初是作为奴隶而来到美国国土的，美国白人认为自己才是美国的主人，自己才能享有美国社会里所有的资源。当前，随着白人占美国人口比例不断缩小，美国白人存在一种由美国的大族裔变为少数族裔的身份焦虑感。这种焦虑感是引发美国种族主义问题的主要原因。当下，白人种族主义已经严重影响到美国政治生态。某些美国政客如果利用白人种族主义这一政治招牌来否认美国的经济制度和政治制度的改革必要性，是很容易做到的。此外，2021 年 1 月 6 日，特朗普支持者袭击国会大厦便是白人至上主义的体现。第二，媒体播报中的不平等会延续并加深。在资产阶级掌握美国宣传机器的情况下，美国的主要报纸、网络媒体、电视、广播都会主动回避或者避免报道美国制度的重大缺陷。而这种掩盖只会加剧美国经济矛盾、政治矛盾和文化矛盾。第三，广告在文化中的强势地位所造成的不平等会延续并加深。美国的广告产业促进了美国的消费文化和娱乐文化的发展。但是，美国的消费文化和娱乐文化巧妙地夹杂着资本的意志。也就是说，资本通过主导广告产业，影响美国无产阶级的消费和娱乐，从而消解美国无产阶级的阶级意识和斗争意识，并最终使美国无产阶级彻底成为资本的奴隶和商品的奴隶。第四，文化需求满足和文化权利实现的不平等会延续并加深。总体而言，美国的文化生产也是为资产阶级的精神需要和现实利益服务的，无产阶级的精神需要不是美国的文化生产考虑的重点。因此，美国资产阶级和无产阶级在文化需求满足和文化权利实现方面的不平等会不断加深。

第三节　国家治理危机加剧

著名国家治理理论专家詹姆斯·罗西瑙认为，相较于统治，治理的内涵更丰富。治理既包括政府机制，也包括非正式、非政府的机制，随着治理范围的扩大，各种人和组织均可凭借这些机制满足需要、实现愿望。[①] 学术界多采用罗西瑙的观点，将治理视为多种主体为实现公共利益或共同目

①　〔美〕詹姆斯·N. 罗西瑙主编《没有政府的治理》，张胜军、刘小林等译，江西人民出版社，2001，第 4~5 页。

标而通力合作的活动。国家治理则是政府、政党、社会组织和公众等主体在一定的制度及体制机制下，采用一定方法使国家和社会达到一定状态的活动。国家治理的客体包括整个国家和社会。① 根据国家治理的主体和客体，结合美国不平等状况，以下谈论美国国家治理危机加剧的情况。

一 美国国家治理存在主体困境

很多人认识到，正是政府的政策安排使美国不平等状况加剧，因而对政府丧失信任，政府的合法性也因此丧失。"2020 年以来的疫情危机加剧了民众对联邦政府的不信任度。皮尤研究中心近期发布的一项民意调查显示，2020 年，美国公众对联邦政府的信任程度已迫近历史最低点。在参与调查的成年人中，高达 80% 的人表示他们不相信联邦政府，其中 14% 的人对政府行为感到愤怒。《华尔街日报》刊文指出，美国政治体制在社会信任度下降这一问题上难辞其咎，政治腐败、种族歧视、经济不平等，也对美国社会信任水平的降低起了一定作用。美国政府长期被外界诟病其腐败合法化，大企业利用政治献金'订购'政府权力更是人尽皆知的秘密。这种官商勾结的政治风气和广泛存在的裙带关系，使得普通民众对政府逐渐失去信任。有外媒指出：'拜登政府面临的政治挑战，可以说比富兰克林·罗斯福在1930 年代面临的挑战更大。这位总统不仅要应对肆虐的流行病，还要应对种族正义、明显的阶级分化、环境危机，以及——最重要的是——广大选民对政府失去信任。'不难看出，拜登政府想要增强民众对政府的信任度，并不是一件容易的事。"② 政府只有获得民众信任，其颁布的法令以及制定的政策才能够被遵守并执行。反之，民众则会违反政府规定，拒不执行甚至抗议政府的决策，美国政府的执行力因此下降。美国政府执行力下降不仅与丧失民众信任有关，还与党派分歧、党争有关。国家各个治理主体之间的矛盾也是国家治理主体困境的表现。经济不平等加剧了政治极化。美国两党之间的撕裂，破坏了政治程序的正常运转，使得关系人民生命财产

---

① 谢长安：《当代西方资本主义国家治理危机论析》，《贵州社会科学》2020 年第 7 期。

② 于阳阳：《资本主义金融化视域下美国经济治理的失灵》，《当代经济管理》2022 年第11 期。

安全的诸多议题上升为政策并落实为行动困难重重。

　　比如，在控枪议题上，民主党和共和党就没有达成一致。切罗基族活动家、历史学家、政治专栏作家阿尔伯特·本德 2022 年 6 月 2 日在《人民的世界》网站发文指出："得克萨斯州 19 名小学生和两名教师在临近假期时被屠杀，这给人们带来了难以言喻、难以想象的悲伤和愤怒。很难想象那些失去生命的家庭所感受到的巨大的、永无止境的伤害。桑迪胡克小学的记忆再次浮现。孩子被枪杀得如此多，以至于需要进行 DNA 鉴定。直到最近在新闻节目中看到 AR-15 对人体造成的巨大伤害，笔者才知道这种可怕的武器应该立即被禁止销售。面对再次发生的大规模枪击事件，美国政府处于'道德瘫痪'状态。国会处于无所作为的状态。整个世界都惊呆了，因为屠杀在美国继续有增无减。在最近这一可怕的悲剧发生之后，媒体……发表了通常的平淡无奇的声明。但这个国家的许多人已经厌倦了'思念和祈祷''默哀'等大量的哀悼。……至于与全国步枪协会对抗，问题在于说客收买的代表们为了钱而为这个可恶的组织卖命。反对枪支改革的众议员和参议员已经被收买了。全国步枪协会向共和党代表提供了数百万美元的竞选捐款。……参议员泰德·克鲁兹（Ted Cruz）和得克萨斯州总检察长肯·帕克斯顿（Ken Paxton）敦促为教师和更多警察提供武器，这是共和党人持续假装的愚蠢行为的例证，他们建议通过增加枪支数量来打击大规模枪击事件。这些都是荒谬的论点。这简直是愚蠢至极，因为现在有报道称，在乌瓦尔德，即使执法人员到达，他们也等了一个多小时（77 分钟）才进入大楼阻止屠杀。然而，愚蠢的克鲁兹和帕克斯顿想要武装教师，在学校增加警察；他们只是想取悦他们的全国步枪协会，因为他们肯定不会那么缺乏智慧。"①

　　除此之外，社会组织作为重要的治理主体，也正在丧失凝聚力和号召力。社会组织的衰弱无疑是社会资本耗散的一个表现。贫富差距扩大，团结社会的纽带也岌岌可危。有学者研究指出，美国人的社会关系网正在由

---

① Politicians Who Do Nothing to Stop Mass Shootings are Themselves Monsters, People's World, https：//www. peoplesworld. org/article/politicians-who-do-nothing-to-stop-mass-shootings-are-themselves-monsters/.

外向内塌陷，即社会关联越来越少，越来越内聚，越来越同质化，越来越局限于家庭内的血亲。虽然所有阶级内部都呈现这一趋势，每个人都在成为一座孤岛，但是下层阶级受到的负面影响尤为严重，这种状况使阶级之间的差距越来越大。①

二　美国国家治理存在客体困境

如前所述，国家治理的客体包括整个国家和社会。由于美国不平等问题，当前美国国家治理的客体困境在国家层面主要表现为政治认同困境加剧。美国作为一个移民国家，存在多个族群，随着不平等程度的加深，各个族群在政治认同上呈现出更为明显的隔离、固化、对抗、排他等特征，对"非我族类"的不信任感和敌视情绪不断加深、加重，国家政治认同整合的难度因而加大，政治认同困境会引发政治和社会分裂。近年来，移民难民问题在美国引发身份认同危机便是典型案例。不少移居美国的移民难民虽然获得了美国国籍，并且在政治和法律上成为美国公民，但是在心理和文化上仍然更多归属于所在族群，并且与母国及其政府具有或多或少的联系或因政治观点等而怀有复杂情感。移民难民因此在个人身份、族群身份和公民身份的认知上产生了分裂。移民难民问题是美国争论不休的话题，加剧了社会动荡，说到底，这还是身份认同和身份政治在作祟。

此外，由于不平等问题，一部分人产生了强烈的被剥离感，另一部分人则凭借优势地位企图依靠灾难发财，这势必又会导致社会治理困境，枪支滥用、毒品泛滥便是如此。以枪支滥用为例，枪支暴力是美国社会的一个"顽疾"，这一问题近年来引发人们激烈争论。不管是国家统治者层面还是公民层面，围绕控枪问题都存在巨大的分歧。贫穷本身就容易滋生犯罪，美国贫穷的黑人社区长久以来治安状况差便足以说明。美国法律虽然允许公民持有枪支，但是军工联合体对枪支弹药价格的操纵，使得贫穷的黑人不太可能持枪。根据《每月评论》，"建国伊始，美国作为欧洲定居者－殖民扩张主义实体，便嵌入了白人民族主义。美国经济的基础是暴力盗窃土

---

① 〔美〕罗伯特·帕特南：《我们的孩子》，田雷、宋昕译，中国政法大学出版社，2017，第237页。

地和实行种族奴隶制，在其整个历史中，定居者全副武装。美国当前有 3 亿多人口，这与美国民间所持有的枪支数量相当。然而，只有 1/3 的人口拥有这些枪支，而 3% 的人口拥有平民手中 50% 的枪支。拥有枪支的绝大多数是白人，他们是原始定居者的后代，或者假装是原始定居者的后代"①。近年来，美国的枪支暴力主要是白人所为，穷人、黑人更可能死于枪支暴力。另外，在全国步枪协会等利益集团的作用下，美国一些地区盛行"枪支文化"，数以百万计民众生活在恐惧之中。近年来，族裔之间的仇恨犯罪在美国呈上升趋势。②

三　美国国家治理的重要思想基础新自由主义理论遭受严重冲击

新自由主义自 20 世纪 80 年代以来一直在美国意识形态领域占据主导地位，它鼓吹个人主义和市场原教旨主义。新自由主义崇尚市场主体自由竞争形成的所谓"自发秩序"，并认为政治和经济制度应以"自发秩序"为基础，在社会领域和国际关系领域也推行自由市场原则。2008 年金融危机之前，新自由主义独占鳌头，成为美国国家治理体系建构的理论基础。一如斯蒂格利茨所言，作为一种家喻户晓的"致富"理论，新自由主义统治美国社会长达 40 年之久。该理论认为，"顺其自然"是发展经济的最佳方式，让市场或完全或接近"自由竞争"。该理论的支持者就像杰出的魔法师一样，致力于塑造人们所关注的事物，而将人们真正需要的事物藏匿。③ 但是，2008 年以来，新自由主义遭遇历史性危机，该理论和发展模式的弊端广受诟病。美国一些正义学者就明确指出，不能让市场放任自流，因为美国并不存在完全竞争的市场，而是存在市场垄断。市场不愿意解决的问题，必须依靠政府去解决，市场原则不能运用于国家治理。同样，身份政治由于强调个体对特定群体的认同感和归属感，因而成为批判基于单子式个人观的新自由主义过程中的主力。但身份政治不是马克思主义式的宏大叙述和宏大体系，

---

① Not a Nation of Immigrants，https://monthlyreview. org/2021/09/01/not-a-nation-of-immigrants/.

② 《2019 年美国 1.48 万人死于枪杀　主要诱因是这个》，凤凰网，http://news. ifeng. com/c/7siAsuQMmzA。

③ 〔美〕约瑟夫·E. 斯蒂格利茨：《美国真相》，刘斌、刘一鸣、刘嘉牧译，机械工业出版社，2020，第 21 页。

而是局限于小群体，没有勾画美国未来的美好愿景，不利于团结美国民众为美好社会而奋斗。具体来说，身份政治不关心人类未来、国家未来等长远的事情，而关心当下的女性权益、同性恋权益、环境权益、宗教徒权益，等等。一个人是否参与政治运动全凭身份决定，其不关心也没有资格参与与自己的身份无关的运动。比如，男性不关心女性权利和女权运动，非同性恋者不关心同性恋者的权利和同性恋运动，非基督徒不关心基督徒的权利和基督徒运动，某种族裔的人不关心其他族裔的政治运动。再者，身份政治通过政治运动获得身份认同而不是致力于获得民主权利。基于身份政治发起的政治运动的另一个称谓是街头政治，街头政治不是民主政治的代名词，也不是民主政治的主战场。

除去身份政治对新自由主义的攻击，还应看到金融危机激发了人们对主流思想之外的思潮的兴趣，民粹主义、孤立主义、工业资本主义、国家保护主义、国家资本主义、新资本主义、民主社会主义等粉墨登场，社会上甚至悄然兴起了"马克思热"。"一切划时代的体系的真正的内容都是由于产生这些体系的那个时期的需要而形成起来的"①，可以用该诊断分析美国统治阶级为维护资本利益而在指导思想上表现出的投机性、善变性。

第四节　美国霸权的相对衰落

美国的不平等问题势必会造成美国霸权的相对衰落。同样，这种霸权的相对衰落也表现为经济霸权的相对衰落、政治霸权的相对衰落，以及文化霸权的相对衰落。

一　经济霸权动摇

美国经济霸权的相对衰落要从国内、国际两个层面去考量。可以将美国国内经济状况、经济实力变化、美元霸权衰落、美式经济全球化的终结作为经济霸权动摇的指标。

---

① 《马克思恩格斯全集》第 3 卷，人民出版社，1960，第 544 页。

（一）美国国内经济疲软

关于美国国内经济状况，可将其概括为经济疲软。具体来说，2008 年金融危机以前的几十年当中，美国推行"去工业化"战略，将高污染、劳动密集型和低端的生产环节转移至广大发展中国家，而将高利润和高端的生产环节留在国内。经济的过度金融化导致美国国内经济结构失衡、失业率创历史纪录、贫富差距扩大。2008 年金融危机使美国经济增长能力萎缩，美国政治经济体制的结构性缺陷使其遭受金融垄断资本主义的绑架而无力应对经济困局。① 富人的消费总是有限的，不足以带动国内经济增长。穷人有消费需求，但是消费能力严重不足。新冠疫情使美国经济雪上加霜。美国普通民众并没有受益于经济增长，而是举债维持生计。民众的收入无保障也就意味着国家的财政收入无保障，因为，税收是财政收入的主要来源，个人所得税是税收的主要来源，而当代美国不平等问题的主要表现之一恰恰是贫富分化，占人口绝大多数的中下阶层收入增长缓慢甚至停滞，于是个人所得税增长受阻，财政收入来源无保障。美国作为一个消费型国家，财政支出历来大于财政收入，美国联邦政府意欲通过发行债券解决财政赤字问题，却加剧了财政赤字，陷入财政赤字的怪圈。美国联邦政府制造的国债危机依靠美国民众买单，国债压榨着美国民众。迈克尔·赫德森指出："联邦政府的债务可以通过美联储印制美元赎回，但债务问题在于个人、公司以及州和地方政府。他们没有印刷机。"② 斯蒂格利茨也指出："2008 年的金融危机表明，美国看似繁荣的经济其实是建立在一座纸牌屋之上的，或者更确切地说，是建立在巨额债务之上的。"③ 另有中国学者指出，为控制通货膨胀，2022 年以来，美国大幅度加息，但"加息的危害不仅会降低投资、限制出口，还会增加消费成本，侵蚀百姓荷包，抑制消费这一主引

---

① 魏南枝：《梦想与挑战——中国梦与美国梦的比较研究》，中国社会科学出版社，2018，第70 页。

② 转引自于阳阳《资本主义金融化视域下美国经济治理的失灵》，《当代经济管理》2022 年第 11 期。

③ 〔美〕约瑟夫·E. 斯蒂格利茨：《美国真相》，刘斌、刘一鸣、刘嘉牧译，机械工业出版社，2020，第 32 页。

擎，进而导致美国经济步入衰退"①。

此外，在教育和经济成果方面的种族差异不仅影响了少数族裔的经济福祉，而且抑制了美国整体经济的增长，这影响到每个美国人的经济安全，无论其属于哪一个种族。例如，经济学家最近的研究表明，1960 年至 2010 年，美国人均 GDP 增长的 40% 可以归因于从事高技能职业的女性和黑人男性比例的提高，这可能是由于社会规范的变化，以前的社会规范阻碍了有才华的女性和黑人男性发挥自己的比较优势。这项研究表明，性别歧视和种族主义的社会规范会阻碍美国经济潜力的充分发挥，努力确保每个美国人都有平等的机会追求他或她选择的职业则会改善所有人的经济状况。②

（二）美国经济实力的下行

至于美国的经济实力，无论从横向看还是从纵向看，都处于下行态势。GDP 是衡量经济实力的重要指标，因此可以通过观察 GDP 变化来看经济实力变化。横向上，以美国和中国 GDP 占世界 GDP 总量的比例变化为例。美国农业部经济研究服务中心结合世界银行提供的资料所统计的数据显示，美国 GDP 占世界 GDP 总量的比重由 1980 年的 23% 上升到 2000 年的 26%，2000 年以后逐渐下降。中国 GDP 占世界 GDP 总量的比例则由 1980 年的 1% 上升至 2000 年的 4%，之后逐渐上升。可见，美国经济实力几十年来总体上呈下降趋势。纵向上，半个世纪以来，美国 GDP 在世界 GDP 总量中所占比例是一个重要的参考指标。约瑟夫·奈通过研究指出，1900 年美国 GDP 占全球 GDP 总量的 23% 左右，尽管第二次世界大战后美国 GDP 一度占全球 GDP 总量的 35% 以上，但 2010 年这一占比又回落到 23% 左右。约瑟夫·奈因此认为，美国经济并未衰落。但约瑟夫·奈忽略了一个重要现象，即美国自 21 世纪以来 GDP 一直处于下行趋势，占世界 GDP 总量比重由不到

---

① 刘英：《美国经济离实质性衰退有多远——上半年全球经济扫描》，中国经济网，http://www. ce. cn/xwzx/ gnsz/ gdxw/202208/20/t20220820_38041887. shtml。

② Racial Inequality in the United States，https://home. treasury. gov/news/featured-stories/racial-ine-quality-in-the-united-states? utm _ source = Economic + Policy + Institute&utm _ campaign = 1d5faa028a-EMAIL_ CAMPAIGN_2022_7_27&utm_ medium = email&utm_ term = 0_ e7c5826c50-1d5faa028a-61015542&mc_ cid = 1d5faa028a&mc_ eid = 5601060482.

30%下滑到大约23%，而且仍在下行。[①]

英国剑桥大学高级研究员马丁·雅克指出，美国自1945年以来一直充当世界的主导力量，但现在美国已不再处于这种地位。这不仅与中国的发展壮大有关，也与美国自身的衰落和世界各地的迅速发展有关。[②] 中国学者也指出，尽管从体量对比上看，美国的经济体量仍居全球第一，但全球第二与之差距已缩小到可见、可超越的程度。[③]

（三）美元霸权衰落

灵活的美元本位制是在1979年10月由时任美联储主席保罗·沃尔克（Paul Volcker）在利率冲击中决定建立的。这标志着美国在国际货币体系中霸权的恢复，因为自1971年布雷顿森林体系（Bretton Woods System）解体以来，美国的国际货币体系霸权一直受到质疑。这一事件标志着主要国家围绕国际货币本位的对抗的终结。与以往以黄金—英镑和黄金—美元为本位的体系不同，美国的负债能力是巨大的，原因很简单，它的外部赤字是用自己的货币运作的。由于美元不再与黄金挂钩——"一美元相当于一美元"，美国可以根据自己的利益，轻易操纵利率来改变本国货币与其他国家货币的汇率。这意味着，接受美元作为金融体系的通用价值储备，不是因为美元有能力像以往的货币本位那样维持其稳定的价值，而是因为美国有世界上最发达、流动性最强的金融市场。事实上，正如斯特兰奇（Strange）所指出的那样，这是一种"极其过分的特权"。

然而，在美元本位制中，美元并不是国际经济体系中唯一的货币。国际货币体系高度不对称、极不稳定。货币是有等级的，很少有货币在国际体系中扮演完全可兑换货币的角色。国际货币基金组织特别提款权（SDR）货币篮子可以让我们深入了解这些货币。它包括美元、欧元、日元、英镑，截至2016年9月，人民币成为该篮子中的第五种货币，也是该篮子中流通

---

① 杨卫东：《美国霸权地位的衰落——基于实力与政治领导力关系的视角》，选自黄平、郑秉文主编《历史上的铁路华工与中美关系》，中国社会科学出版社，2019，第263页。

② 参见马丁·雅克：《美国衰落的不稳定时代，中国如何发挥深层次力量》，新浪网，https://k.sina.com.cn/article_3262984432_c27d30f0019012lbx.html。

③ 沈逸：《对英伟达下禁令，是美国政府"小院高墙"策略的又一典型》，观察者网，https://m.guancha.cn/ShenYi/2022_09_02_656248.shtml。

性居第三位的货币，仅次于美元和欧元。美元独占鳌头——它是国际货币体系顶层的避险货币。

这种货币等级制度是资本主义大国围绕美元达成妥协的结果。这在一些历史事件中可以观察到。例如，1985 年 9 月的《广场协议》。当时美国要求日本和德国升值货币以减少贸易逆差。根据《广场协议》，主要资本主义国家的财政部部长决定共同采取措施有序迫使美元贬值。两年后的 1987 年，《卢浮宫协议》致力于减缓由《广场协议》引发的美元贬值。1995 年，美国、德国和日本开展联合外汇干预以支持"更强的美元"。由于亚洲国家的汇率制度与美元挂钩，这意味着亚洲主要货币实际升值，除了人民币，人民币在前一年已经大幅贬值。在接下来的 10 年，特别是在 2003 年，美国政府决定再次让美元兑欧元和日元贬值。在同年 9 月的迪拜七国集团会议上，欧洲国家和日本领导人接受了对其货币进行升值的提议。

但在这些历史事件中所体现的政治妥协似乎已被华盛顿执意将美元作为对抗对手的经济武器这一事实所动摇。2012 年，英国渣打银行被纽约当局罚款 3.4 亿美元，因为该行涉嫌在与伊朗的商业交易中使用美元，这被认为是该行与伊朗政府之间的阴谋。这是美国法律的域外适用，因为渣打银行没有违反任何英国法律或联合国决议。另一个例子是，法国巴黎银行在 2014 年被纽约法院处以 89 亿美元的惊人罚款，因为它为与古巴、伊朗和苏丹等被美国封锁的国家的金融交易提供了便利，而这违反了美国国内的一项法律，即 1977 年的联邦法律《国际紧急经济权力法》（International Emergency Economic Powers Act）。

2018 年，特朗普政府宣布，美国将退出《联合全面行动计划》（JCPOA），同时宣布将提议对所有与伊朗有贸易往来的国家的公司实施制裁，并且迫使环球银行金融电信协会（SWIFT）切断了数量不详的伊朗银行的支付系统，包括伊朗中央银行的支付系统。这违反了国际法，但由于使用美元，这些国家受到了美国法院诉讼的威胁。作为回应，2019 年 1 月，英国、法国和德国宣布建立清算机构——贸易往来支持工具（INSTX），以便它们在与伊朗进行交易时可以不使用美元。至此，主要资本主义大国围绕美元的等级承诺开始被打破。事实上，这是华盛顿的三个主要盟友第一次创造出美元支付体系的替代品。在这方面，在 2019 年 8 月全球央行行长会议上，英格兰银行行长马克·卡尼（Mark Carney）表示，需要改革以美元为基础的国际货币体系，以支持新兴的多极经济。[①]

再者，由于美国实体经济和虚拟经济失衡，美国经济过度金融化，虚拟经济失去了实体经济强有力的支撑，导致美元外强中干，威胁到美元的国际地位。多年来，无论在布雷顿森林体系下，还是在该体系瓦解之后，美国均凭借美元获取巨额国际铸币税收益。由于美元是主要的国际储备货币、外汇交易货币等，这使得美国即便不生产物质产品而只需印刷美元就可以获得世界各国的物质财富，这一不公正的现象引起国际社会的不满，也威胁了美元的霸权地位。2022 年以来，美元表现强劲，却让新兴市场货币和日元、欧元等一起遭遇贬值。2022 年，全球已有 36 种货币至少贬值了10％。货币贬值会加剧通货膨胀，进而推高物价。由于美元走强，非美元货币的购买力下降，世界多数国家更加贫穷，贸易参与度降低。[②] 世界呼唤更加合理的国际货币体系，也正在朝着建构更合理的世界货币体系的方向努力。当前，美元的国际储备货币地位和国际结算货币地位被削弱，美元的霸权地位已呈现下降趋势。人民币有力制约了美元霸权。曾经，世界向美国出口物质产品，美国向世界输出日渐贬值的纸币，美国成功"绑架"了世界经济。现如今，随着中国经济的快速发展以及中国对外贸易总量的扩大，人民币在周边国家的使用范围也在日益扩大。另外，中国与世界多国签署了货币互换协议。与美元相区别的是，人民币国际化实际上代表着新兴国家群体对美元霸权的一种包容性发展。世界银行和国际货币基金组织其实是美元霸权赖以存在的宿体，这两个金融组织利用不公正的国际货币体系维护美国等西方国家的利益，打压广大发展中国家。国际社会尤其是新兴国家期待对国际货币体系进行"包容性改进"。金砖国家新开发银行、

---

① 上述内容根据笔者对马塞洛·佩雷拉·费尔南德斯的访谈整理而来。马塞洛·佩雷拉·费尔南德斯系巴西里约热内卢联邦农业大学经济学院副教授、区域经济与发展研究生院教授、联邦经济委员会成员、巴西人民团结和争取和平中心咨询委员会成员、南美洲经济发展历史模式研究小组成员、国际关系跨学科研究实验室成员，研究领域为中国与拉丁美洲和加勒比地区的经济关系。

② 关晋勇：《美国强推美元或遭反噬》，《经济日报》2022 年 9 月 2 日。

亚投行、丝路基金的建立对由欧美发达国家主导的国际货币体系做了部分修正和地区性的设计，推动现行的世界货币体系朝着更公正方向发展。[①]

（四） 美式经济全球化的终结

第二次世界大战结束初期，世界满目疮痍，广大发展中国家渴望独立发展，然而，"世界规划者"美国只是强行把广大发展中国家置于其主导的世界体系的边缘，并且使发展中国家服务于美国对抗共产主义和增进本国上层社会利益的需要。美国主导的全球化，初衷就是在世界范围内制造不平等，并以此来维护自己的利益，换言之，美国的发展是建立在奴役、压榨其他国家基础之上的。美国语言学家乔姆斯基对此有过专门论述。[②] 除了压制其他国家，美式经济全球化同样建立在剥削、压榨本国劳动人民的基础之上。20 世纪 80 年代以来，美国大量制造业外移，导致产业空心化，服务业尤其是金融业狂飙猛进，创造出大批金融衍生品，从根本上改变了美国产业结构和利润来源。美式经济全球化在美国国内外均造成巨大的贫富差距。2008 年金融危机是美式经济全球化不可行的突出证明。此后，更多的人开始反思、质疑美式全球化。无论在美国国内还是国外，反对美式经济全球化的人都在增加。2009 年，美国爆发了茶党运动，该运动主要是白人中产阶级由于担心自己的中产阶级地位不保而发动的。2011 年的占领华尔街运动是美国民众为反对经济极端不平等而发动的。无论是茶党运动还是占领华尔街运动，均在世界多个国家得到响应，形成了全球运动的某种合力。这无疑是对美式经济全球化的不满。前总统特朗普便是凭借"美国优先"的口号登上总统宝座的，其执政几年间，美国的逆全球化思潮和行径均与 20 世纪 80 年代以来美国主导的新自由主义全球化背道而驰。

当然，根据马克思主义，随着人的交往需求增多、生产力水平提高、社会化大生产越发普遍，经济全球化也就成为客观趋势和历史潮流。经济全球化不会因美国的逆全球化而停止。经济全球化已经走过了漫长岁月，

---

① 赵远良：《大国博弈的演进逻辑：基于武器、治理和文明的视角》，中国社会科学出版社，2017，第 125～129 页。

② 参见〔美〕诺姆·乔姆斯基《世界秩序的秘密：乔姆斯基论美国》，季广茂译，译林出版社，2016，第 7、16 页。

当今全球化在广度和深度上均达到了前所未有的水平，各国逐渐形成了一套处理国际经济关系的规则和机制。虽然美式经济全球化导致贫富差距扩大，其也无益于解决贫困问题，但是，这并不是全球化本身的错，世界需要的是有益于全体人民的互惠互利的全球化。中国的"一带一路"倡议即新自由主义全球化的替代方案。正如《21世纪的马克思》杂志主编安德烈·卡托内所言，帝国主义虽然一度遭遇重创，但从未停止其恶行，从未停止施加影响力。美帝国主义控制的大型国际机构直接或间接控制着第三世界国家，左右着其政治选择，诉诸经济讹诈或债务机制来扼制这些国家的经济。当前，世界范围内资源配置和资源分配不平等加剧了，发达国家和部分发展中国家之间的差距扩大了。当前帝国主义运用政治干预、文化和意识形态渗透、经济侵略、军事侵略等手段维持发达国家和发展中国家之间的不均衡关系，并通过这种不平等交换来掠夺发展中国家的资源。中国倡导共建"一带一路"，在世界范围内倡议推行反帝国主义、互惠互利的全球化。

二　国家意志力薄弱，国际政治领导力下降

国家意志力薄弱和对外战略失误导致的政治领导力下降是美国政治霸权相对衰落的主要表现。

（一）政治极化与美国政治领导力的下降

政治极化困扰着美国政治生态。尽管在内政方面民主党和共和党分歧不断，但从第二次世界大战直至20世纪70年代，民主党和共和党在对外政策上极少存在实质性分歧。以20世纪70年代为分水岭，民主党和共和党之间的分歧日渐严重。就两党对待国际机制的态度而言，民主党更多地强调合作与基于同意的一致，共和党更多地强调强制性手段。特朗普政府时期，政治极化达到空前程度。比如，2018年中期选举后，众议院和参议院分别被民主党和共和党所控制，这就增大了国会政治产出的难度。即便排除国会的分裂，政党的议席分立也使国会存在分化现象，造成政治僵局和政策震荡频现。[①] 又比如，在移民问题上，由于少数族裔选民是民主党竞选的基

---

① 徐理响：《竞争型政治：美国政治极化的呈现与思考》，《社会科学研究》2019年第6期。

本盘，民主党为了在总统大选中获胜，放开移民政策。共和党则以中下阶层白人为竞选的基本盘，反对引进移民的政策。再比如，在一些经济议题上民主党和共和党存在分歧，难以达成共识。《经济参考报》2021 年 9 月 13 日发文指出："作为经济议程的重要一部分，民主党此前计划在 9 月底之前推动国会通过总额约 1 万亿美元的基础设施投资计划和另外一项涵盖教育、医保、气候变化投资等规模达 3.5 万亿美元的支出法案。目前基建投资计划已得到国会跨党派支持，但大规模支出法案遭到全部共和党议员和部分温和派民主党议员的反对。……民主党内的进步派则表示，如果 3.5 万亿美元的支出法案无法获得国会批准，他们将阻挠基建投资立法通过。如何弥合党内分歧、达成中间妥协方案将是拜登政府和民主党面临的艰巨挑战。"①

当前，以极化为标志的否决式政治弊端显现。美式民主的初衷是防止集权，而今，它却导致无人可以集中权力作出重大决议。进入 21 世纪以来，愈演愈烈的政治极化使美国无法整合政治资源，亦无法统一政治意志，进而阻碍了美国在国际社会展现其实力并施加影响。

（二） 对外战略失误与美国政治领导力的下降

国家大战略事关国家综合国力。一个国家所追求的目标与实现目标的手段是国家大战略的一体两面。其中目标是指一个国家所追求的利益，手段是指国家调动一切资源从而实现这些目标的方法。②

20 世纪以前，美国能够正确认识国家利益所在，以经济和安全为国家的核心利益。因此，19 世纪的美国奉行以孤立主义为特征的现实主义对外大战略。但 20 世纪以来，美国对外大战略逐渐受威尔逊主义的影响，将价值理念层面的东西提升为国家利益，对外奉行自由国际主义大战略。21 世纪以来，奥巴马政府继承这一政治"衣钵"，并且将国际秩序纳入美国国家利益的范畴。③ 然而，自由国际主义大战略使美国成为大包大揽式的干涉主义者，其肆意插手他国事务，引起国内民众的不满和被干涉国的反抗。

---

① 高攀：《美国经济面临关键考验》，《经济参考报》2021 年 9 月 13 日。
② 杨卫东：《美国霸权地位的衰落——基于实力与政治领导力关系的视角》，选自黄平、郑秉文主编《历史上的铁路华工与中美关系》，中国社会科学出版社，2019，第 274 页。
③ 杨卫东：《美国霸权地位的衰落——基于实力与政治领导力关系的视角》，选自黄平、郑秉文主编《历史上的铁路华工与中美关系》，中国社会科学出版社，2019，第 274～276 页。

2017 年高喊"美国优先"口号上台的特朗普政府，其执政举措背离了自由国际主义大战略。特朗普能够登台与不平等问题是密不可分的。特朗普政府狭隘的民族主义最终损害了美国国家利益。此外，特朗普政府所奉行的单边主义，导致美国作为世界领导者的国家声誉遭受重挫，美国的国际领导力进一步受损。[①] 拜登执政以来，美国重新实行自由国际主义大战略。拜登执政一周年，美国外交在利益认知、理念层面出现某种程度的回归。具体来说，相较于特朗普政府对美国国家利益狭隘、极端的认识，拜登政府对美国国家利益的认识更为理性、系统。拜登政府重视盟友与美国的协调与合作，关注多边机制和国际组织的作用，秉持美国需要提供公共产品以及承担国际责任等方面的外交理念。

但拜登政府诸多表现蹩脚。比如，没有与北约盟友充分协商就急于从阿富汗撤军，这实际上沉重打击了美国的国际声誉。而在新冠疫苗问题上，拜登强调先保障美国人注射再考虑对发展中国家施以援助，WHO 官员对此数次进行公开抱怨。拜登奉行的"疫苗民族主义"政策，以及在南部边界对南美移民实行特朗普政府曾采取的非人道主义政策，都表明美国在很多问题上仍然延续"美国优先"的政策选择。拜登外交的重心十分明确，就是要以意识形态划线、搞地缘政治联盟，集中精力对准中国。尤为值得注意的是，拜登政府的"印太战略"已经从安全、军事领域，实质性地扩大到了产业链重组的经济领域。

在修复美欧关系上所取得的进展也可以看出美国世界领导力的下降。拜登政府致力于修复在特朗普时期受到极大损害的美欧关系。但美国想维持与盟友的主从格局，而欧洲想塑造对美"平等伙伴关系"，于是双方存在博弈和较量，这无疑是美国对欧洲领导力下降的表现。而且，拜登在处理对欧关系时受到国内政治的掣肘，不得不在维持内政与外交平衡的顾虑下施策。这就使欧洲对美国内政依然心存担忧和疑虑。2021 年拜登政府对欧外交有得有失：在打造美欧"价值观同盟"、实施"人权外交"等方面效果明显，但在对华竞争对抗、"印太战略"等方面与欧洲出现"同向不同步"

① 杨卫东：《美国霸权地位的衰落——基于实力与政治领导力关系的视角》，选自黄平、郑秉文主编《历史上的铁路华工与中美关系》，中国社会科学出版社，2019，第 276～277 页。

的状态，在经贸、产业和科技领域缓解摩擦、协调规则等方面也未能达标。在美俄在欧洲安全博弈加剧的背景下，欧洲对美国的政治前景和拜登政府的战略博弈能力的疑虑将会持续上升，因而欧洲将会努力推进"战略自主"建设。①

面对越来越多国家的谴责，美国在世界地缘政治舞台上的霸权地位已经大大削弱。世界上绝大多数国家拒不认可美国对俄罗斯的制裁是一个明确的迹象，表明其对美国的不信任度已急剧上升。越来越多的国家放弃以美元为国际货币本位的做法，标志着国际社会开始意识到，美国只印刷"废弃票据"。这对华盛顿和欧盟来说是一个粗鲁的觉醒。尽管如此，拜登对俄罗斯和中国的新保守主义战争姿态，以及在白宫对国内经济的态度表明，美国将继续竭尽全力保持其世界上最强大、最卓越国家的地位。对于世界其他国家来说，除了美国最亲密的盟友（它们曾对俄罗斯实施制裁，现在正处于失控的恶性通胀、能源短缺和经济衰退的边缘），美国的形象已是"今非昔比"。美国在地缘政治版图上的全方位主导地位已经不复存在。②

三 美国文化虚伪性尽显，文化吸引力减退

美国文化霸权的衰落主要有两个表现：其一是"普世价值"这一美国推行霸权统治的意识形态工具的虚伪性之暴露；其二是其他文明在世界范围内影响扩大，打破了美国文化特别是美式价值观在世界上的绝对优势地位。

（一）"普世价值"在美国及世界范围内尽显其虚伪性

美国主导的"普世价值"核心内容是"自由、民主、人权"。"普世价值"是美国意识形态上的强势话语。马克思主义认为，意识形态充满了阶级偏见。所以，"普世价值"作为意识形态工具并不具有"普世性"，"普世价值"是一个口是心非、口惠而实不至的虚假概念。近年来"普世价值"

---

① 参见《学者热议：拜登执政一周年外交成绩如何?》，中评网，http://bj. crntt. com/doc/1062/7/9/9/106279965. html? coluid = 7&kindid = 0&docid = 106279965&mdate = 0125001626。

② 参见 Richard Gale, Gary Null, "America's Full Spectrum Decline", *Global Research*, May 12, 2022。

在其国内及全球抗疫中上演了一出出荒唐的闹剧甚至恐怖剧，暴露了"普世价值"之虚伪性。

美国国内，阶级统治暴露了"普世价值"的虚伪性。美国国内的经济不平等、政治不平等、文化不平等无疑与"普世价值"所谓的"自由、民主、人权"格格不入。美国不平等的阶级性、种族性特征，以及各个领域不平等交织，彻底撕开了"普世价值"的遮羞布。以新冠疫情应对为例，美国医疗水平世界一流，具有抗击疫情的技术优势。美国地广人稀本来具有抗击疫情的空间优势。疫情在美国起初并不严重，美国本来具有抗击疫情的时间优势，但美国成为新冠感染致死人数最多的国家。新冠疫情暴露了美国的健康不平等、经济不平等。少数族裔尤其是非裔美国人往往成为疫情受害者，由于长期以来社会经济因素而导致的医疗不平等，他们患有基础病者比例更高，死于新冠的人数也不成比例。新冠疫情以来，美国"黑命贵"运动的再次兴起及政府的暴力镇压，使社会矛盾、种族矛盾更加尖锐。新冠疫情期间种族和阶级之间的健康不平等与"普世价值"明显相悖，"普世价值"彻底显露出其作为统治阶级意识形态工具的本质。

在国际社会，"普世价值"是西方文明唯我独尊的重要表现。苏东剧变见证了"普世价值"的"威力"。西方国家通过"普世价值"美化西方工业文明，向社会主义国家宣扬资本主义。社会主义国家的民众容易被所谓的西方文明诱骗。1991年以来，美国一直用"普世价值"干涉中国。事实上，美国假"普世价值"之名，行霸权主义之实。美国向来以"双标"横名世界。"普世价值"的"双标"色彩亦十分浓厚。在国际社会，美国那些不负责任的单边主义行径和退群行为无疑狠狠打了"普世价值"之"自由、民主、人权"的脸。

（二）　美国文化特别是美式价值观在世界上有所"失宠"

就文化自身而言，其具有渗透性和融合性。美国文化扩张是美国霸权的表现。当前，随着中东地区反美文化、中国文化的兴起，美国文化对世界的吸引力和威慑力均有所减弱。具体来说，首先，反美思潮盛行彰显对美国价值观的抗拒。冷战后，世界进入单极时刻，美国成为世界超级霸主，对外奉行干涉主义。2003年以来，美国肆意在中东挑起战争，并且干涉他国内政。美国因此树立了很多敌人，中东等伊斯兰文化区反美声浪高涨。[①]

其次，孔子学院在世界各国的大量设立及中华文化的世界性传播，在相当程度上抵制了美国文化霸权的扩张并对其产生了震慑作用。海外孔子学院是国际文化交流的重要载体。中国第一所海外孔子学院于 2004 年在韩国首尔挂牌成立，自那以后孔子学院和孔子课堂在海外蓬勃发展，遍布全球近 200 个国家，学员达 200 多万人。随着"一带一路"倡议的提出，中国政府加强了对孔子学院发展的政策指导。截至 2019 年，已经有 56 个"一带一路"共建国家设立了多个孔子学院。孔子学院在提升中华文化影响力上发挥了重要作用。[②]

最后，与美国学者所称的"我们正面临着一场不可言说的大危机，一场导致现代美国文化存在空虚的精神危机"[③] 不同的是，中国共产党领导中国人民创造了人类文明新形态，人类文明新形态的世界意义不断彰显。具体来说，两极格局解体后，美国学者弗朗西斯·福山、塞缪尔·亨廷顿凭借着体现和维护西方价值观合法性和政治经济整体利益、强调所谓美国对全球秩序的领导责任的著作而蜚声一时。"9·11"事件给了美国对外发动战争的理由，于是美国相继发动了一系列战争，"美国文明"给其战争对象国带去了深重的灾难和矛盾。2008 年金融危机使"美国文明"魅力渐失。反观社会主义中国，在经济社会发展等方面风景独好，而且提出构建人类命运共同体、全人类共同价值、"一带一路"倡议，在国际上以负责任大国形象出现。客观来说，随着中国自身发展越来越好且以自身的发展促进世界的进步，中国对其他国家的吸引力也越来越大，成为相当多国家及其人民心生向往的学习榜样。面对波谲云诡的国际形势和斗争形势，中国一以贯之地坚持中国特色社会主义，坚持推动文明交流互鉴，努力扩大各国共同利益汇合点，为探索人类现代化文明多元实现路径作出中国贡献。同时，中国不搞"文明优越论"和"人类中心论"，而是承认每一种文明都是世界

---

① 余丽：《美国霸权正在衰落吗?》，《红旗文稿》2014 年第 8 期。

② 陈武元、徐振锋、蔡庆丰：《教育国际交流对中国"一带一路"海外并购的影响——基于孔子学院和来华留学教育的实证研究》，《教育发展研究》2020 年第 21 期。

③ Richard Gale, Gary Null, "America's Full Spectrum Decline", *Global Research*, May 12, 2022.

百花园中的文明之花，没有优劣高下之分，主张"美美与共、各美其美"才是文明相处之道，主张"人与自然和谐共生"。此外，人类文明新形态丰富了世界精神谱系。几百年来，美西方不仅在疆域上主宰着世界，而且对他国他者进行"思想殖民"和主体性扼杀。美国学者萨义德的"东方学"就是东方主体缺席下的有关东方的话语体系。中国共产党成立以来，不断将马克思主义基本原理同中国具体实际相结合，并经过理论提升推出马克思主义中国化时代化理论成果，由此完成"理论—实践"循环互动。百余年来，中国共产党不断铸造主体精神，弘扬历史主动精神，形成了中国共产党的精神谱系，中国共产党作为世界上最大政党的主体自信和执政能力是中国特色社会主义道路自信、理论自信、制度自信、文化自信的根本支撑。①

第五节　美国施政方针封闭化影响全球治理

一　施政方针的封闭化

施政方针的封闭化主要体现在"美国优先"、单边主义和一系列"退群"行为上，三者互相渗透，甚至有很多的重合之处。

所谓"美国优先"，就是在美国对外政策中将美国的经济、政治、军事、安全等利益置于优先地位，将美国国家利益置于国际法和国际组织的规则之上，凡有利于美国国家利益的国际法和国际规则就遵守，凡不利于美国国家利益的就退出条约或相关国际组织。这淋漓尽致地体现了美国的霸权心态和自私心理。

单边主义是指在涉及双方或多方的事项或议题上，仅从我方出发，不顾及相关方的诉求、意见，我行我素，排斥合作的理念和行为。单边主义与多边主义相对，在国际上表现为冷落他国、蔑视国际组织、不遵守国际规则、独断专行地对自己认定的国际敌对者实施破坏性政策措施。②

在对外政策方面，特朗普政府热衷于搞单边主义和一对一的双边谈判，

---

① 王宇航：《中国式现代化文明新形态的世界意义》，《人民论坛》2021 年第 24 期。

② 徐黎：《为什么要坚持多边主义？》，《学习时报》2020 年 10 月 5 日。

并认为多边主义有损美国利益。因此，特朗普上任三天便签署了第一份行政命令，退出《跨太平洋伙伴关系协定》。之后，美国先后退出《巴黎协定》《伊朗核问题全面协议》《中导条约》等。另外，美国还威胁退出西方七国集团、世贸组织等组织。特朗普在任时甚至扬言退出北约。再者，美国认为联合国是其绊脚石，多次威胁要退出该组织。①

以上只是列举了美国一系列"退群"、退会、拒签、退约行为中的一部分，这些都是"美国优先"和美国单边主义的真实写照。相比于特朗普，拜登则提倡多边主义，"拜登重拾二战以来指导美国外交政策的核心信念：通过构建和领导国际秩序来推进自身利益；联盟和机构使美国的力量更加有效、持久和合法；全球参与维持着这种秩序。拜登政府再次与世界接触，参与多边治理，构建联盟体系和伙伴关系，重新加入《伊朗核问题全面协议》、《巴黎协定》和 WTO 等一系列国际协定和国际组织"②。但是，其所谓的多边主义不一定有利于中国，拜登意图联合其盟友孤立、遏制中国。拜登所推行的多边主义只不过为了重新获得美国对国际组织的领导权，进而重新称霸全球，进一步来讲，拜登的多边主义是"美国优先"的策略性转化，实质上仍然是以我为主，并将其他国家当作棋子和工具的封闭主义。

二 美国在全球治理中的倒退

全球治理是在国际制度和规范框架内，各行为者共同应对全球性问题，以维护全球利益和秩序。③ 由全球治理的含义可知，美国奉行的"美国优先"、单边主义及"退群"退约是和全球治理背道而驰的。作为观念的全球治理虽然在 20 世纪下半叶才开始在学术界流行，但是作为事实的全球治理却可以追溯到资本全球扩张所开启的世界历史时期。资本主义问世以来几易霸主，但由资本主义国家所主导的全球治理均奉行资本逻辑。300 年前，

① 李文政：《基于"美国优先"的美国对外经济政策新动向论析》，《外国问题研究》2020 年第 1 期；姜键：《美国"退群"的根本原因及其严重后果》，《思想理论教育导刊》2020 年第 7 期。

② 于阳阳：《资本主义金融化视域下美国经济治理的失灵》，《当代经济管理》2022 年第 11 期。

③ 陈家刚：《全球治理概念与理论》，中央编译出版社，2017，第 19 页。

欧洲以殖民掠夺的方式开启所谓的"全球治理";第二次世界大战结束后,美国成为全球治理的领头羊。它们主导的治理均是不平等的。① 以下从经济治理、和平治理、环境治理、卫生治理来谈论美国对全球治理的危害。

在全球经济治理上,以最近的美国两任总统为例。当选总统后,特朗普对外采取各种单边主义和保护主义措施,肆意挑起贸易争端。美国执意认为,中国的贸易政策使美国在双边经贸交往中"吃亏",单方面强行对华加征关税。一些西方国家也被任意加征关税,印度被取消最惠国待遇。② 就特朗普政府对华贸易抵制而言,这会破坏长期以来形成的中美两国优势互补、互利合作的格局。一些美国政客为了自己的政治需要,一味将祸水外引并制造外部敌人,而不是踏实解决国内问题,甚至指望通过单边主义的"脱钩""绝缘"来解决问题,最终只会进一步伤害美国的企业和人民。拜登政府阻碍全球经济治理的典型事件是 2022 年 8 月 9 日签署《2022 年芯片与科学法案》。该法案酝酿已久,在民主党和共和党两党分化、对立严重的情况下仍得以通过,主要源于其矛头直指中国,符合两党为数不多的共识。该法案将为美国半导体的研究和生产提供 520 多亿美元的政府补贴,还将为芯片工厂提供投资税抵免。法案另授权拨款约 2000 亿美元,用于促进美国未来 10 年在人工智能、量子计算等领域的科研创新。一些美国媒体用"美国有史以来影响最重大、最深远的法案之一""几十年来美国政府对产业政策最重大的干预""开创性立法"等来描述该法案。"开创性"主要体现在美国重拾其曾经严厉批判的产业政策,它还添加了大量单边行政干预全球市场、设置贸易和技术壁垒的设计,不断地将经济和科技问题泛政治化、泛安全化。除此之外,美国还致力于推动"芯片四方联盟"磋商会晤,这被公认为是美国在试图组建全球半导体产业"排华小圈子"。无论是上述法案还是联盟,都带有要求其他国家在中美之间"选边站"的强烈胁迫性。从某种意义上说,这些远非普通的产业扶持政策,而更像是美国企图"扼住中国发展的咽喉"而打出的"组合拳",地缘政治色彩颇为浓厚。实际上,芯片产业已经高度全球化,过去几十年,全球化分工体系和巨大的市

① 金灿荣、石雨松:《习近平的全球治理理念》,《太平洋学报》2019 年第 10 期。
② 吴茜:《现代金融垄断资本主义的危机及其制度转型》,《马克思主义研究》2020 年第 6 期。

场需求恰恰是芯片技术飞速进步的根本条件。

在全球和平治理上，美国政府由于偏袒军工复合体，有意或无意地成为世界和平的破坏者。20 世纪 80 年代，美国政府向阿富汗的宗教激进主义者提供武器和资金，发动了一场针对苏联的代理人战争。中情局（CIA）成功地摧毁了苏联的民主和社会主义试验，但它也最终创造了一股在 2001 年 9 月 11 日袭击美国的力量。在早期的冷战期间，以及针对"9·11"事件的"反恐战争"期间（"反恐战争"重击了阿富汗和伊拉克），这个军工复合体都大赚了一笔。数百万人死于战争利润的驱使，但是美国没有吸取任何教训。在特朗普的领导下，军工企业的经济利益不断得到巩固和加强。这位总统基本上把五角大楼交给了那些专门为毁灭人类而设计武器的公司的高管。那些本可以用于许多公共优先项目的资金——尤其是新冠疫情向美国表明的，迫切需要将资金用于全民医疗保险体系，反而流入了私人口袋。在特朗普的领导下，五角大楼和顶级武器制造商之间的合并狂潮，其规模甚至可能超过布什政府时期特别是"9·11"前后的合并。特朗普任内的所有国防部部长都是直接从国防工业中挑选出来的。吉姆·马蒂斯将军（Gen. Jim Mattis）是通用动力公司的董事会成员，该公司专门从事航空航天武器和核潜艇的研发。帕特·沙纳汉（Pat Shanahan）曾在战斗机制造商波音公司担任高管。马克·埃斯珀（Mark Esper）是雷神公司的首席说客，该公司制造了特朗普政府向叙利亚发射的巡航导弹。根据《政府监督项目报告》，美国国防部近 50% 的高级官员均以某种方式与国防承包商有联系。今天决定购买武器和外交政策的人，就是昨天出售政府军备的人。特朗普在其任期内为国防预算而战，这超出了以往的记录。截至 2020 年 9 月，特朗普已经两次签署单次总计超过 7000 亿美元的战争预算。① 2022 年 3 月 11 日《人民的世界》网站发文指出，"尽管普京或其他任何国家的军事行动可能会被这些人用大声的谴责或同情受害者的声音对待，但在他们沮丧的纸巾背后，我们可以感受到他们的喜悦，因为军事预算飙升，现在华盛顿每年

---

① Nearly Two Decades After 9/11, Military-Industrial Complex is Stronger than ever, People's World, https://www. peoplesworld. org/article/nearly-two-decades-after-9–11-military-industrial-complex-is-stronger-than-ever/.

近7800亿美元，德国政府以前被俄罗斯或中国的贸易商拉向一边，现在被军事垄断企业、雄心勃勃的扩张主义者和忠诚的五角大楼朋友们压倒，自从进军乌克兰以来，他们占据了上风"。①

在全球环境治理上，美国共和党倒向财阀统治组织。以气候变化为例，在该问题上，共和党强烈反对政府监管或通过税收来解决碳排放问题。放眼全球，共和党对现有科学的反对，无论就范围还是就力度而言，在各国保守党中均属异类。特朗普上台之前，共和党便是如此，特朗普执政期间更是如此。尽管全球气温不断上升，但该党却越来越不愿意处理气候变化问题，甚至不愿意承认气候变化带来的危机。② 美国在环境问题上推行单边主义，一度退出应对气候变化的《巴黎协定》。而很多研究表明，美国对气候变化应该负主要责任。比如，最近的一项研究显示，废弃的油气井泄漏的甲烷比以前人们所认为的多，美国的油气井每年所排放的甲烷占全球甲烷排放量的比例高达20%。③ 又比如，大型农业产业是造成温室效应的另一个因素，尤其是牛肉生产，2019年该行业温室气体排放量增长了10%。这是由于开垦土地种植庄稼、放牧和种植饲料，以及奶牛自身产生的甲烷增多。仅在美国，2019年美国人就消费了273亿磅牛肉。④ 当然，美国也尝到了气候变化的苦果。《华盛顿邮报》2021年9月的一项分析显示，近1/3的美国人生活在过去三个月遭受极端天气灾害的县，更多的人生活在经历了连日热浪的地方。化石燃料的开采和燃烧导致的气候变化，正在引发热浪、飓风、干旱（野火）以及极端降水（洪水）。自2021年6月以来，这些现象已在美国造成至少388人死亡。这个前所未有的由气候引发悲剧的夏天，打击了那些曾认为自己对气候风险免疫的人，也让此类气候灾难的幸存者

① A Criminal War Ushers in the Worst of Times in Ukraine, Russia, and Europe, People's World, https://www.peoplesworld.org/article/a-criminal-war-ushers-in-the-worst-of-times-in-ukraine-russia-and-europe/.

② 〔美〕雅各布·哈克、保罗·皮尔森：《推特治国：美国的财阀统治与极端不平等》，法意译，当代世界出版社，2020，第78页。

③ Climate Change: Everything You Need to Know, https://www.ecowatch.com/climate-change-guide-2652755448.html.

④ Climate Change: Everything You Need to Know, https://www.ecowatch.com/climate-change-guide-2652755448.html.

不堪忍受，他们说，这是他们经历过的最糟糕的夏天。① 据美国有线电视新闻网报道，超过 2500 万人依靠米德湖（Lake Mead）取水，但气候变化导致的严重干旱已经使湖水濒临枯竭。这个水源最初在 20 世纪 30 年代被填满，但现在处于有记录以来的最低水位。汇入米德湖的科罗拉多河（Colorado River）也面临着前所未有的缺水问题。随着气候变化和相关干旱的加剧，这些水源预计将进一步枯竭。② 除此之外，美国至今没有加入《生物多样性公约》也主要与共和党倒向财阀统治组织有关。在 1992 年里约大会上，各国领导人积极签署联合国《生物多样性公约》（简称《公约》）。但由于 1992 年是美国大选年，时任总统老布什正在与民主党人克林顿激烈竞争总统宝座，而老布什所在的共和党内相当多的参议员反对签署《公约》。于是代表着大企业利益的共和党以《公约》会"侵犯"美国主权、危及本国商业利益，并增加财政负担为由拒绝加入《公约》。1992 年克林顿胜选，并在上任不久后签署了《公约》。但签署并不意味着加入。美国真正加入《公约》还需要得到参议院 2/3 以上多数议员的同意，但由于共和党的阻挠，国会至今没有批准《公约》。尽管专家研究指出，加入《公约》并不会侵犯美国主权，不加入反而会给美国带来损害。实践也表明，美国不加入《公约》不仅严重破坏了全球生物多样性保护大计，美国境内生物多样性也出现锐减，不少生物已经灭绝。遗憾的是，美国至今似乎还没有加入此《公约》的迹象。拜登就任总统后不久，美国右翼智库就以"威胁美国主权"呼吁国会参议院在拜登任职期间继续抵制《公约》等国际条约。③ 总之，美国在环境治理上的劣迹给一些国家"带了坏头"，是在开历史"倒车"。

在全球卫生治理上，美国主导的全球卫生治理受资本控制，服务于少数医药巨头的利益。《人民的世界》网站 2022 年 8 月 2 日刊文指出，美国大型制药公司在新冠疫情中赚得盆满钵满，因为美国政府向企业提供了数十

---

① 2021 Summer Weather Disasters Strike 30% of Americans, So Far, https://www. ecowatch. com/extreme-weather-disasters-us-2021 – 2654927413. html.

② More Human Remains Expected to Appear as Lakes Dry Up, https://www. ecowatch. com/human-remains-found-lakes-drying. html.

③ 《环球深观察 | 看美国如何破坏全球环境治理：近 30 年不批〈生物多样性公约〉为哪般》，央视网，https://news. cctv. com/2021/10/18/ARTIsircWNme5UTOCEznkVsO211018. shtml。

亿美元的补贴，以生产新冠疫苗、个人防护设备、治疗工具和测试工具。例如，莫德纳（Moderna）用了《美国救援法案》（American Rescue Act），以及之前特朗普政府颁布的法案中的 100 亿美元，将其转化为迄今为止约 120 亿美元的疫苗利润。莫德纳创造了 4 个新的疫苗亿万富翁，他们的身价共价 100 亿美元，而只有 1% 的疫苗用于最贫穷国家的人。① 新冠疫情持续存在的一个原因是，美国等发达国家在早期的竞标战中购买了大部分可用的疫苗。此后，大型制药公司打着保护知识产权的幌子，限制发展中国家的疫苗供应。CNN 在一篇题为《疫苗不平等：我在肯尼亚的叔叔来不及接种疫苗就死于新冠肺炎，我却可以在美国一家药店里接种疫苗》的报道中指出，最贫困的国家遭遇了"疫苗隔离"和"灾难性的道德悲剧"。"大约一半的美国人已完全接种疫苗，而在肯尼亚，这个数字只有 1.1%。肯尼亚卫生部长坦言，该国距离新冠疫苗告罄仅有几天时间。"②

有美国网站刊文指出，拜登政府、美国疾病控制与预防中心利用大型科技公司在全球人口中进行破坏性的、致命的实验。美国疾病控制与预防中心的文件详细说明了联邦政府和三大社交媒体平台之间的定期沟通。其中包括定期举行"密切注意"会议（"be on the lookout" meetings）以查明与美国疾病控制与预防中心的 VAX-all 议程相冲突的信息。联邦政府官员提供了应该贴标签的帖子和应该完全审查的帖子的"例子"。除了审查制度之外，脸书（Facebook）还通过赠给美国疾病控制与预防中心价值 1500 万美元的广告积分来扩大政府和医药宣传。这些广告积分被用于调整社交距离、旅行限制和接种疫苗，同时隐藏新冠疫苗的相关信息。美国疾病控制与预防中心还与脸书确立了一份"可核实的信息源"清单，以保护美国健康与人类服务部发布的社交媒体帖子。在推特（Twitter）上，员工们安排了与美国疾病控制与预防中心官员的定期聊天，并警告脸书官方，他们的算法在消除"疫苗错误信息"方面做得不够好。推特官方联系了美国疾病控制与

---

① Pandemic "Best of Times" Created a New Billionaire Every 30 Hours, People's World, https://www.peoplesworld.org/article/pandemic-best-of-times-created-a-new-billionaire-every-30-hours/.

② 《全球"疫苗不平等"令人心碎》，中青在线，http://news.cyol.com/gb/articles/2021-08/11/content_ q6beVTpe6. html。

预防中心，要求其帮助确定应该在平台上审查的"错误信息"。美国疾病控制与预防中心向推特发送了一个官方图表，详细列出了它们想定为"错误信息"的推文。美国疾病控制与预防中心明确排除了疫苗损伤、疫苗脱落、流产风险、月经周期中断以及疫苗引起的基因改变等具体信息。在谷歌（Google）上，美国疾病控制与预防中心官员甚至为其知识库编辑了谷歌的代码。这些编辑的重点是促进隔离，以及促进口罩和疫苗的使用。美国疾病控制与预防中心官员告知谷歌通过使用搜索引擎本身来宣传美国疾病控制与预防中心的疫苗信息。美国疾病控制与预防中心还利用谷歌的"信号增强"（signal boost）来推广来自世界卫生组织的类似宣传，并推动"关于跟踪、分析和处理错误信息的全面全球培训"。美国疾病控制与预防中心官员不希望其与社交媒体勾结的事情被发现。在邮件中，美国疾病控制与预防中心官员指示推特员工不要将他们的指令外泄。美国疾病控制与预防中心官员写道："请不要在您的信任和安全团队之外分享信息。"美国疾病控制与预防中心试图掩盖有关新冠"疫苗"的重要信息，这些信息对知情同意过程至关重要。因此，美国劳工联合会（AFL）在法庭上控诉道，让每一个卷入这一欺骗性的、违反宪法流程的人接受问责和审判是理所应当的。①

　　此外，关于辉瑞疫苗致挪威多人死亡的事件，美国主流媒体像商量好了一样都未及时报道此事，美英等大媒体机构显然在故意淡化上述死亡事故。与此形成对照的是，它们会在第一时间炒作、放大中国疫苗的不利信息，以影响公众心理。它们通过给疫苗贴隐形地缘政治标签，不切实际地宣传和褒扬辉瑞疫苗，并打击中国产疫苗。美国主流媒体在疫苗问题上粗暴的双重标准以及这种"双标"背后的不健康心理表明，美国主流媒体的对华心理已经高度地缘政治化，双标已经成为政治正确。它们在涉及对华竞争问题上已经全无客观可言，一切只为打击中国。但是辉瑞疫苗受到美国行政当局和资本的强力推动，该疫苗的潜在风险被西方舆论刻意淡化了，而且那些舆论制造了一种印象，仿佛接种首次使用 mRNA 的辉瑞疫苗比使

---

① Lance Johnson，"Smoking Gun：US Government，CDC Colluded with Google，Twitter，Facebook to Censor Important Information about Experimental COVID Vaccines"，*Global Research*，August 1，2022.

用传统技术的中国疫苗更加安全。①

面对新冠疫情这个第二次世界大战以来最严重的全球公共卫生事件，美国政府在疫情防控中坚持以资本为中心，将抗疫政治化，在国内外均敷衍抗疫，无视国内普通民众生命健康安全，忽略国际组织和他国的正当权益。美国极大干扰了全球公共卫生治理和多边合作，招致国际社会的强烈反对。

第六节　美国不平等问题催生社会主义导向的变革

在当前美国国内国际背景下，如果说美国出现了社会主义，那显然是夸大事实，违背了马克思主义实事求是的原则。但社会形态的更替是前进性和曲折性的统一，遵循量变质变规律，也遵循对立统一规律和否定之否定规律。我们依然有必要探讨或者说预测美国社会主义。生产资料资本主义私有制向社会主义公有制过渡和转变才是美国出现社会主义确定无疑的证明和表现。在生产资料资本主义私有制依然顽固存在的情况下，本书遵循马克思主义经典作家"资本主义必然灭亡，社会主义必然胜利"的观点，认为美国不平等因素催生社会主义导向的变革。

一　马克思主义经典作家对美国社会主义的相关论述

作为无产阶级革命的导师，马克思恩格斯、列宁很早就意识到美国社会的独特性质，他们各自也就此提出过指导意见。1851 年 8 月 7 日，恩格斯在写给魏德迈的信中谈及美国的特殊性，"过剩的人口很容易流入农业地区，国家正在不可避免地迅速而且日益加快地繁荣，因此他们认为资产阶级制度是美好的理想等等"②。同年 12 月，马克思在《路易·波拿巴的雾月十八日》中写道："像北美合众国那样，在那里，虽然已有阶级存在，但它们还没有固定下来，它们在不断的运动中不断变换自己的组成部分，并且彼此互换着自己的组成部分；在那里，现代的生产资料不仅不和停滞的人

---

① 参见《社评：辉瑞疫苗致挪威多人死亡，美媒为何沉默？》，环球网，https://opinion.huan-qiu.com/article/41WmhpxsG3M。

② 《马克思恩格斯全集》第 27 卷，人民出版社，1972，第 592 页。

口过剩现象同时发生，反而弥补了头脑和人手方面的相对缺乏；最后，在那里，应该占有新世界的那种狂热而有活力的物质生产运动，没有给予人们时间或机会来结束旧的幽灵世界。"① 1848 年欧洲革命失败后，大批欧洲社会主义者移民美国，经过数十年的努力耕耘，他们并没有取得重大成就，获得的支持者也不多。鉴于此，1887 年恩格斯在《美国工人运动》中说："美国没有欧洲式的工人阶级，因此，那种使欧洲社会分裂的工人和资本家之间的阶级斗争，在美利坚共和国不可能发生，所以社会主义是一种舶来品，决不能在美国的土壤上生根。"② 但是，恩格斯进而指出："造成工人阶级和资本家阶级之间的鸿沟的原因，在美国和在欧洲都是一样的；填平这种鸿沟的手段也到处都相同。因此，美国无产阶级的纲领在最终目的上，归根到底一定会完全符合那个经过 60 年的分歧和争论才成为战斗的欧洲无产阶级广大群众公认的纲领。这个纲领将宣布，最终目标是工人阶级夺取政权，使整个社会直接占有一切生产资料——土地、铁路、矿山、机器等等，让它们供全体成员共同使用，并为了全体成员的利益而共同使用。"③ 这说明，恩格斯不认为美国会是例外，也就是说他认为美国的工人终将与欧洲的工人走上相同的道路。可是，后来的历史表明，美国的社会主义运动并没有如恩格斯之前所预测的那样行进，所以恩格斯在 1893 年写给左尔格的信中也承认"美国的情况的确也给工人政党的不断发展带来十分巨大和特殊的困难"。恩格斯指出了三方面的原因：两党制、外来移民、经济繁荣。但是他仍然认为，"当美国这样的国家建立社会主义工人党的条件真正成熟时，几个德国的社会主义空论家是决阻挡不了的"。④

自 2008 年金融危机以来，美国不平等问题在美国的基本经济制度、基本政治制度、基本社会制度的影响、限制下，愈加凸显。美国的资产阶级政府为了挽救自己的统治秩序和统治利益，不得不对美国的经济制度、政治制度、社会制度进行相应的改革和调整，而这种改革和调整是社会主义

---

① 《马克思恩格斯文集》第 2 卷，人民出版社，2009，第 479 页。
② 《马克思恩格斯文集》第 4 卷，人民出版社，2009，第 316 页。
③ 《马克思恩格斯选集》第 4 卷，人民出版社，2012，第 272 页。
④ 《马克思恩格斯全集》第 39 卷，人民出版社，1974，第 171 页。

导向的，从而为美国诞生社会主义不自觉地创造了现实条件。

二　"美国社会主义例外论"的虚假性

美国不平等问题催生了哪些与社会主义相关的社会变革，或者说，产生了哪些社会主义新因素？在回答这一问题之前，有必要先从历史和现实的角度辨认"美国社会主义例外论"的真伪。

从历史的角度讲，"美国社会主义例外论"的鼻祖，德国社会学家桑巴特（1863～1941 年）1906 年在《为什么美国没有社会主义》一书中指出了美国没有社会主义的原因所在。首先，从政治上来看，美国拥有相对民主的政治体制，又因其联邦制组织结构，政治事务更趋复杂。美国的政党政治能有效避免或缓解阶级冲突。当时，每个美国公民一年平均参加 22 次选举。国家切实保护公民权，工人可诉诸宪法和其他司法保护去解决很多问题。强大的工会组织尤其是领导人倾向于延续美国政治、经济制度，而非改变之。其次，从经济状况来讲，美国工人的生活水平，尤其是工资水平远远高于欧洲工人。作为移民国家，其工人突出特点就是拥有追求财富的强烈动机。相比于欧洲工人，美国工人更有钱去提高生活水平，过上体面的生活。最后，从社会地位上看，一方面，企业中报酬计算方法促使美国工人对美国资本主义持善意的态度，他们更易安于现状；另一方面，美国西部有大片土地可供大批移民开垦，使其成为自由农场主，这种经济条件消弭了各种社会矛盾。①

桑巴特总结道，虽然上述内容道出美国为何无社会主义，但这些原因是会改变或者消失的。② 由此可见，就连"美国社会主义例外论"的鼻祖也是承认美国出现社会主义的可能性的。不过，该书在诞生以来的一百多年里引起了广泛争论。有论者指出，"美国资本主义是资本主义的社会主义形式"③。有学者通过梳理美国社会主义运动史同样得出美国在历史上存在社

---

① 〔德〕维尔纳·桑巴特：《为什么美国没有社会主义》，孙丹译，电子工业出版社，2013，译者序第 3～5 页。

② 〔德〕维尔纳·桑巴特：《为什么美国没有社会主义》，孙丹译，电子工业出版社，2013，第 160 页。

③ 常欣欣：《疫情、危机与美国社会主义》，《科学社会主义（双月刊）》2021 年第 2 期。

会主义因素的结论。美国现有的经济矛盾、政治矛盾和社会矛盾只会催生出更多的社会主义因素，加速社会主义因素的聚集。

从现实层面而言，美国不平等问题致使"美国社会主义例外论"的虚假性凸显，斯蒂格利茨指出，美国曾因"美国例外论"而自豪，然而最近，这种例外主义已经带有贬义色彩：与那些收入水平相当的国家相比，美国的不平等和机会不平等问题更加严重。这些情况至少表明，美国应改变那种认为其他国家没有什么可资借鉴学习的观点，应该多关注国外的情况，并且学习其他国家于美国有益的经验和做法。正如一些国家密切关注美国，并且积极学习美国对其有益的方面一样。[①] 斯蒂格利茨称赞中国提出了独具一格的"中国特色社会主义市场经济"，称其为全世界提供了一个不同于美国市场经济的替代范本，并指出全世界都已经意识到美式资本主义似乎主要服务于上层社会。[②] 总之，无论从历史的角度还是从现实的角度来说，美国资本主义都并非绝对优越，其在历史上之所以表现卓越以至于堪称"美国例外"，那也是因为美国资本主义融入了社会主义因素，懂得在经济、政治、社会等各方面提升人民地位，并与人民分享发展成果。而在美国人民心中，始终存在对公平正义生活的向往，美国历史上的社会主义运动便足以说明。

三　当前美国各界的社会变革呼声和实践蕴含着社会主义新因素的萌芽

社会主义遵循唯物史观，认为人类社会是不断发展的，当前的社会形态不会一成不变长存于世，而资本主义的官方教材、各类意识形态机构则鼓吹资本主义永世长存。实际上，考察资本主义发展史不难发现，资本主义由于社会基本矛盾运动的影响会周期性地出现经济危机，而每次危机都会促使资产阶级进行相应社会变革。同样，资本主义社会存在各类社会运

---

① 〔美〕约瑟夫·E. 斯蒂格利茨：《美国真相》，刘斌、刘一鸣、刘嘉牧译，机械工业出版社，2020，第209～210页。

② 〔美〕约瑟夫·E. 斯蒂格利茨：《美国真相》，刘斌、刘一鸣、刘嘉牧译，机械工业出版社，2020，第27～28页。

动，社会运动是社会矛盾的典型表现，社会运动的结果通常是迫使斗争的各方作出相应调整和改变。由此可见，即便资产阶级声称资本主义永世长存，而现实的矛盾运动也使资产阶级遵循唯物史观，不自觉地推动人类社会向更高级阶段发展。当前美国由于各领域的不平等，政界、学术界、民间等或多或少存在社会变革的呼声或采取了相应行动。这种乐意变革的态度其实是美国人遵循唯物史观的一个表现，而社会主义的基本规定性之一是遵循唯物史观。就这一点而言，不管承认还是不承认，美国建国以来一直存在社会主义因素。

就当前美国政界来说，两个不得不说的人物是桑德斯和新任总统拜登。2016 年，来自民主党的桑德斯因打着"社会主义"旗号参加总统大选而闻名世界。他在经济、政治、社会各领域均主张进行全民普惠的改革，挑战市场势力和寡头政治。桑德斯的"社会主义"口号和主张化作民主社会主义，在美国底层民众、青年和大学生中大受欢迎。虽然竞选总统失败了，但桑德斯写就了《我们的革命》一书，透彻分析了美国政治、社会体制困境，并提出摆脱困境的药方。只可惜，特朗普在 2016 年大选中，很擅长"说接地气、接国情的真话"，也很擅长"祸水外引"。饱受不平等之苦难的美国民众为特朗普所迷惑，将不平等归咎于其他国家，以为自己失业、贫困是由于全球化，以为只要特朗普将外迁的制造业迁回美国，自己的经济状况就能够明显改善。一方面由于美国政治体制的局限性，另一方面由于特朗普本人的不作为、滥作为，特朗普主政的几年，美国不平等状况雪上加霜。桑德斯虽然 2016 年竞选失败，但是他执着于在美国推行社会主义事业。而美国国内越是不平等，桑德斯的事业就越有土壤和空间，也更加得民心。2020 年美国大选中，桑德斯重装上阵，在竞选中获得不少支持和选票，而且桑德斯的社会主义使民主党的灵魂受到洗礼。民主党其他候选人可能更喜欢将自己描述为"进步派"，或者干脆避免给自己贴上标签，但在政治舞台上的交流表明，该党长期强调术语、策略，以及意识形态和实用主义之间的平衡。不管被贴上什么标签，社会主义思想显然在民主党中有一席之地。参加辩论的每一位候选人都提出了加强政府对经济管理的计划，在某些情况下甚至大力加强政府宏观调控。社会主义在年轻人中也比在老一辈人中更受欢迎。① 虽然两次竞选都未当选，但是举世瞩目的美国大选无疑是桑德斯的民主社会主义在美国更为流行的助推器。

拜登之所以能够打败特朗普当选新任总统，在很大程度上应归因于特朗普执政期间美国日益增长的不平等。拜登已经意识到，美国必须改变如此严重的不平等状况，否则难以逃脱衰落的命运。为了改变不平等状况，拜登提出了增加公共投资的举措，并探索了两党竞争的政治环境下，有益于国计民生项目具体落地的策略。2021 年 3 月 31 日《人民的世界》网站刊文指出，拜登提出的罗斯福规模（FDR-scale）的公共投资将包括两部分。第一部分是一项庞大的基础设施法案，旨在重建美国破败不堪的桥梁、公路、铁路、公用事业和机场；宽带覆盖全国；升级管道以确保清洁的饮用水，防止弗林特式水危机重演；推广绿色能源，应对气候变化；提高联邦研发预算以重振制造业；改善退伍军人护理；等等。该项目的第二部分的全部细节尚未公布，但它将涉及"人力基础设施"：降低育儿成本，提供带薪探亲假和病假，以及将目前的儿童税收抵免延长至 2025 年。第二部分可能还包括两年免费的社区大学，普及学前教育，以及在一定程度上减轻压在数百万年轻工人身上的学生债务负担。3 月早些时候通过的涉及资金达1.9 万亿美元的《美国救援法案》，最终可能只是拜登鼓吹的"重建更美好未来"议程的"口号"。曾经，刺激支票、小企业工资补贴等都由国家通过赤字开支的方式来买单。这次不同。拜登提议下一轮的开支由富人和公司来买单。预计拜登将取消 2017 年特朗普对富人的部分减税措施。目前看来，最有可能的结果是将企业所得税提高几个百分点——从目前的 21% 提高到28%。然而，参议员桑德斯要求撤回特朗普给大企业的礼物，恢复原来35% 的最高税率。拥有广泛海外业务的科技公司可能在未来十年面临高达8000 亿美元的新税收；特朗普通过降低它们在国外赚取的利润所得税税率和在国外登记的利润所得税税率而让它们侥幸逃脱。像亚马逊这样多年来几乎没有缴税的大公司，可能面临至少 15% 的新最低税率。新资本利得税可能对对冲基金和私人股本集团打击最大。此前，资本利得税税率上限仅

---

① 参见 Sanders "Socialism" Represents a Battle for the Soul of the Democratic Party，https：//www. yahoo. com/news/sanders-socialism-represents-battle-soul-100050635. html？. tsrc = jtc_ news_ index。

为20%。与此同时，那些有固定工作拿工资的人却享受不到这样的福利。拜登希望堵住这个漏洞，并对年收入超过100万美元的夫妻所获得的股市收入征收与普通收入一样的税费。不过，对于拥有401k养老金计划或小规模投资的工薪阶层来说，他们不会受到资本利得税税率上调的影响。富人家族世代相传的巨额财富也成为征税目标。特朗普的减税政策保护了这些富人家庭，将针对夫妻的遗产税免税额从1100万美元提高到了2200万美元。拜登说，他希望恢复奥巴马时代的350万美元免税额，并恢复45%的税率。拜登可能采取的增税措施，用一个如今被过度使用的词来说，是史无前例的。但年薪低于40万美元的人是不用缴新税的。①

就美国学术界来说，有不少学者对美国不平等问题有所研究。由于篇幅限制，本书专门介绍诺贝尔经济学奖和诺贝尔和平奖双料得主斯蒂格利茨在最新力作《美国真相》一书中对于美国经济政治困境的分析及对策。总体来说，斯蒂格利茨对于美国的经济政治困境的分析，和本书前面几章关于美国不平等问题的论述是不谋而合的，虽然他没有明确地以"不平等"为著作标题里的字眼，他对于解决美国经济政治问题开出的药方显然也是解决美国不平等问题的药方。

通读《美国真相》一书可以发现，对于美国不平等问题，学者已经意识到集体行动的必要性，"有时集体行动对于确保社会总体目标的达成是必要的，而在这些情况下市场并不能自发产生公平且有效的结果"②。集体行动最可靠的后盾则是政府。由于集体行动需要集体主义精神护航，强调政府作用的重要性是社会主义的标配。更何况社会主义和资本主义在价值观上分别对应着集体主义和个人主义。个人主义显然是不利于集体行动的，甚至是与集体行动背道而驰的。因而，可以说明，学术界一部分人在思想观念上发生了由个人主义向集体主义的转变，并且呼吁使用社会主义的手段去拯救美国资本主义。尽管社会主义在斯蒂格利茨等学者看来尚且只是

---

① 参见 Biden Wants Corporations and the Rich to Pay for Rebuilding America, People's World, https://www.peoplesworld.org/article/biden-wants-corporations-and-the-rich-to-pay-for-rebuilding-america/。

② 〔美〕约瑟夫·E. 斯蒂格利茨：《美国真相》，刘斌、刘一鸣、刘嘉牧译，机械工业出版社，2020，第139页。

手段而非旨归，但他们在无形中推广社会主义国家的经验，由此催生美国社会主义新因素。

在《美国真相》一书中，斯蒂格利茨指出，社会利益回报和个人利益回报之间普遍存在冲突。比如，如果没有相应的规章制度监管，人们几乎不会在计算经济效益的时候考虑污染的成本。市场本身产生了太多的污染、不平等和失业。国防、公共基础设施、技术进步等大部分公共产品只能通过集体行动才能生产出来。再者，在整个社会中，一个公平、高效、为民的政府本身就属于最重要的公共产品。[①] 政府干预是社会经济活动必不可少的一部分。在某些领域，事实证明政府是比私人部门更有效率的参与者。而在某些情况下，公私合营则被证明是为社会提供服务的有效方式。[②] 有论者声称依靠政府去解决市场失灵是一件比市场失灵本身更糟糕的事情，况且政府失灵几乎无处不在，斯蒂格利茨指出这是错误的观点。他始终强调，没有政府，人们将无法生存。政府必须确立监管制度，必须进行干预。而问题是，如何确保政府的作为符合整个社会的利益。这就要防止政府失灵，而许多政府失灵与"俘获"有关。美国必须时刻提防政府被"俘获"，并且制定相关规则和制度，尽量避免该现象的出现。[③] 这种强调政府作用的观点，显然不同于新自由主义强调市场作用的观点。

在《美国真相》一书中，斯蒂格利茨耗费心力探讨了重建美国政治与经济的举措，包括两大方面。政治上恢复美国民主，涉及选举改革与政治进程、维护权力制衡机制以防止权力滥用、改革司法系统、降低金钱的政治影响力、开展进步运动等方面。这些举措旨在改变美国政治为极少数精英服务并为其所操纵的局面，增强普通民众的政治影响力，维护美国政治体制的公平正义，使民主变为名副其实的人民当家作主。经济上重拾经济活力，为所有人创造就业和机遇，涉及经济增长和生产率、有良好工作条

---

① 〔美〕约瑟夫·E. 斯蒂格利茨：《美国真相》，刘斌、刘一鸣、刘嘉牧译，机械工业出版社，2020，第139～140页。

② 〔美〕约瑟夫·E. 斯蒂格利茨：《美国真相》，刘斌、刘一鸣、刘嘉牧译，机械工业出版社，2020，第141页。

③ 〔美〕约瑟夫·E. 斯蒂格利茨：《美国真相》，刘斌、刘一鸣、刘嘉牧译，机械工业出版社，2020，第148～149页。

件的体面工作等方面。除此之外，斯蒂格利茨指出如何从经济上让人人过上体面的生活。他还指出，经济议程的改革旨在"重塑美国经济，维护社会公正，并让大多数美国人过上他们所向往的中产阶级生活"①。这些经济议程的改革都要求政府发挥主导作用，要求政府变为社会的、人民的政府，而不是资本的政府。

就美国民间来说，社会主义新因素集中体现在各类社会主义组织的组建及其相关活动与社会主义运动的发展两大方面，而且组建组织和社会主义运动之间互相渗透，组建组织本身也是社会运动的一种。因此本书选取美国既有名又有影响力的美国民主社会主义者（DSA）及其活动的开展作为考察民间社会主义新因素的载体。DSA 的章程及细节指出，"我们是社会主义者，因为我们拒绝基于私人利益、异化劳动、财富和权力的严重不平等……以及维护现状的残暴经济秩序。我们是社会主义者，因为我们对人道的社会秩序有着共同的看法，这种社会秩序建立在大众对资源和生产的控制、经济计划、公平分配……的基础上。我们是社会主义者，因为我们正在为实现这一愿景制定一个具体的战略，发起多数派运动，使民主社会主义在美国成为现实。我们认为，这种战略必须承认美国社会的阶级结构，这种阶级结构意味着，在那些拥有巨大经济实力的部门和绝大多数人口之间存在着基本的利益冲突"②。DSA 还存在一些分支机构，比如波士顿民主社会主义者是其地方分会。该组织致力于反对各种形式的压迫——经济不平等、父权制、白人至上以及其他。这些多重压迫是相互关联、相互交织、不可分割的。在大波士顿地区的社区和政治中，其成员正在为社会变革而发起大规模的社会运动，同时建立一个公开的社会主义存在（Socialist Presence）。③ 波士顿民主社会主义者支持那些与其目标一致的候选人，他们的目标是在美国发起一场大规模的社会主义运动，并将民主原则扩展到生活的各个领域，包括工作场所和经济领域。他们认为选举工作与这一使命是

---

① 〔美〕约瑟夫·E. 斯蒂格利茨：《美国真相》，刘斌、刘一鸣、刘嘉牧译，机械工业出版社，2020，第178页。

② Constitution，https：//www. dsausa. org/about-us/constitution/.

③ Who We Are，https：//www. bostondsa. org/.

分不开的。他们在支持候选人方面是有选择性的，因为他们想要与其建立密切的关系，在联系选民方面为候选人提供重要的支持。①

此外，有西方媒体指出，以金融危机和不平等加剧为背景，美国社会主义正在经历一个多世纪以来的最大的繁荣。持此意识形态的 DSA 的成员已有近 10 万人，这是一个多世纪以来的最高值。DSA 已经在华盛顿拥有 4 名国会议员，在美国 50 个州的不同议会中有上百名议员。桑德斯对 DSA 的发展壮大功不可没。华盛顿乔治敦大学历史学家迈克尔·卡津表示："如果没有桑德斯，DSA 就不会成为今天拥有超过 9 万名成员的群众组织。2015 年，在桑德斯参加民主党初选之前，DSA 只有 6000 名成员。"由于近年来社会主义的兴起，DSA 成员的形象发生了很大变化。DSA 全国政治委员会成员阿克什·西迪基指出："在 2016 年之前，也就是党员在 5000 人左右的时候，普遍的党员形象是'婴儿潮一代'，是在上世纪六七十年代被政治化的人。然而，从 2017 年到 2020 年的短短 3 年，加入成员的平均年龄从 50 多岁下降到目前的 32 岁。"②

美国社会主义新因素还体现在工会组织的活动上。2022 年 8 月 12 日《人民的世界》网站对美国钢铁工人联合会（USW）在拉斯维加斯举办的为期 5 天的会议进行了报道，从中可以看出工会正在重归工人，即正在为人民的事业而奋斗。有 2000 名代表以及观察员和其他人士参加了此次会议。工会主席汤姆·康威（Tom Conway）制定了相关议程，美国副总统卡玛拉·哈里斯（Kamala Harris）对此表示赞赏。根据美国钢铁工人联合会网站上的帖子，具体细节都在代表们通过的决议中。"人们想要更多的权利……想要更多的发言权……想要更多的机会"，康威在他的主题演讲中这样说道。这一诉求不仅存在于美国钢铁工人联合会的传统行业——钢铁、铝、石油、水泥、轮胎和橡胶、化工等行业从业者之中，还存在于高科技行业、咖啡师行业和体育行业等新兴行业从业者，尤其是大学运动员之中。康威说，该工会将扩大会员组织，并在 4 月宣布了让普通成员带头组织新单位的计

---

① 2021 Candidate Endorsements, https://www. bostondsa. org/endorsements/.

② 《西媒文章：社会主义在美国复兴》，参考消息网，http://column. cankaoxiaoxi. com/2022/0803/2487238. shtml.

划。他预测，其中许多将是"绿色"产业。在康威的前任里奥·杰拉德（Leo Gerard）的领导下，美国钢铁工人联合会倡议创立并领导了"蓝绿联盟"（Blue Green Alliance）——由工会和环保组织组成——来推动共同的事业，在美国，在太阳能、风能、水和其他清洁能源领域创造绿色就业机会，这些工作应该是属于工会的。康威说："新技术的出现和清洁能源就业机会的增长意味着，未来的美国钢铁工人联合会成员构成可能与80年前不一样，但它的力量和团结度只会增长。"这也是拜登政府的目标。拜登政府颁布的《通胀削减法案》（the Inflation Reduction Act）通过提供补贴和税收抵免等方式刺激绿色就业岗位的创造和绿色产业的发展。

康威指出，在某种程度上美国钢铁工人联合会是顺着工人行动主义浪潮从东海岸蔓延至西海岸的，同时，根据国家劳动关系委员会（the National Labor Relations Board）的说法，这也是对企业违反劳动法的情况有所增加的回应。康威宣称："如果说冠状病毒大流行教会了我们什么，那就是工人们渴望工会。"工会向委员会提交的选举请愿书"在最近几个月飙升了58%。与此同时，不公平劳动指控飙升了16%，反映出雇主不惜一切代价阻挠组织活动"。

哈里斯赞扬了不断增加的请愿活动，"今天，在你们的领导下，我们看到美国劳工运动新时代的开始，你们站在为这场运动而战斗、流血的伟大领袖的肩膀上"。

哈里斯指出，"美国钢铁工人联合会正在开创一个新时代。你们正在为更高的工资、更安全的工作条件、更有力的免受骚扰和歧视的保护而奋斗。每天我都能看到。我正在游历全国"，"每一天，你们都在努力确保工人们总是有发言权，他们的工作尊严总是受到尊重"。

哈里斯还指出，"让我们明确一点，就像我之前说的：每个人都能从这项工作中受益，因为当工会工资上涨时，每个人的工资也会上涨。当工会工作场所更安全时，所有工作场所都更安全。工会强大，美国就强大"①。

通过上述分析，尽管美国社会主义的实现道阻且长，但是我们有理由坚信，美国不平等问题将催生社会主义变革。

---

① 参见 Organizing a Top Topic at Steelworkers Convention，People's World，https://www.peoplesworld.org/article/organizing-a-top-topic-at-steelworkers-convention/。

参考文献

经典文献

《马克思恩格斯文集》（第1~10卷），人民出版社，2009。

《马克思恩格斯选集》（第1~4卷），人民出版社，2012。

《马克思恩格斯全集》第43卷，人民出版社，2016。

《马克思恩格斯全集》第1卷，人民出版社，1995。

《马克思恩格斯全集》第3卷，人民出版社，2002。

《马克思恩格斯全集》第2卷，人民出版社，1957。

《列宁全集》第27卷，人民出版社，2017。

《列宁全集》第20卷，人民出版社，1958。

《列宁全集》第35卷，人民出版社，1985。

《列宁全集》第30卷，人民出版社，2017。

《列宁全集》第38卷，人民出版社，2017。

《列宁选集》第4卷，人民出版社，2012。

《列宁专题文集　论辩证唯物主义和历史唯物主义》，人民出版社，2009。

《列宁专题文集　论资本主义》，人民出版社，2009。

《列宁专题文集　论无产阶级政党》，人民出版社，2009。

《列宁专题文集　论社会主义》，人民出版社，2009。

中文专著

滑明达：《文化超越与文化认知：美国社会文化研究》，中国社会科学出版社，2006。

薛涌：《市场到哪里投胎：三种资本主义模式的得失》，商务印书馆，2013。

杨悦：《美国社会运动的政治过程》，社会科学文献出版社，2014。

张发青：《探究美国民主制度的发展历程》，山西人民出版社，2017。

张宇燕、高程：《美国行为的根源》，中国社会科学出版社，2015。

王雨辰：《伦理批判与道德乌托邦——西方马克思主义伦理思想研究》，人民出版社，2014。

蔡江南主编《医疗卫生体制改革的国际经验：世界二十国（地区）医疗卫生体制改革概览》，上海科学技术出版社，2016。

周毅：《国际医疗体制改革比较研究》，新华出版社，2015。

王帆、凌胜利主编《人类命运共同体——全球治理的中国方案》，湖南人民出版社，2017。

国务院发展研究中心社会发展研究部课题组：《全面强化健康教育：中国问题与国际经验》，中国发展出版社，2019。

李林、莫纪宏：《全面依法治国　建设法治中国》，中国社会科学出版社，2019。

陈家刚：《全球治理概念与理论》，中央编译出版社，2017。

胡键：《资本的全球治理　马克思恩格斯国际政治经济学思想研究》，上海人民出版社，2016。

李包庚等：《人类命运共同体：破解全球治理危机的中国方案》，当代中国出版社，2020。

周穗明、王玫等：《西方左翼论当代西方社会结构的演变》，江苏人民出版社，2008。

高国荣：《美国环境史学研究》，中国社会科学出版社，2014。

任铃：《从西方环境运动看当代资本主义的社会矛盾》，红旗出版社，2015。

高丽：《中国义务教育阶段教师资源配置问题研究》，中国社会科学出版社，2014。

朱世达：《当代美国文化》，社会科学文献出版社，2011。

郭兴利：《论不平等的法律调控》，中国社会科学出版社，2011。

孙剑坪：《全球视野下的核心价值体系：兼论对高校学习社会主义核心价值体系的意义》，中国社会科学出版社，2015。

魏南枝：《梦想与挑战——中国梦与美国梦的比较研究》，中国社会科学出版社，2018。

许倬云：《许倬云说美国：一个不断变化的现代西方文明》，上海三联书店，2020。

陆德明：《现代世界体系中的中国发展》，格致出版社，2008。

周淼：《当代资本主义垄断问题研究》，经济管理出版社，2012。

周琪、李桐、沈鹏：《美国对外援助：目标、方法与决策》，中国社会科学出版社，2014。

靳辉明：《马克思主义原理及其当代价值研究》，中国社会科学出版社，2013。

刘瑞复：《马克思主义法学原理读书笔记》，中国政法大学出版社，2018。

周文：《国家何以兴衰》，中国人民大学出版社，2021。

袁明：《名家通识讲座书系：美国文化与社会十五讲》（第二版），北京大学出版社，2015。

张斌贤等：《美国教育改革：1890—1920 年》，中国人民大学出版社，2019。

张斌贤、高玲等：《迎接工业化的挑战：美国职业教育运动研究》，教育科学出版社，2019。

彭正梅：《异域察论　德国和美国教育学研究》，华东师范大学出版社，2015。

劳均堂：《旅美杂记　一个普通中国人眼中的美国》，浙江大学出版社，2015。

简悦：《美国社会文化细节观察》，天津教育出版社，2010。

唐昊：《竞争与一致　利益集团政治影响下的美国霸权逻辑解析》，人民出版社，2010。

周世厚：《利益集团与美国高等教育治理——联邦决策中的利益表达与整合》，中央编译出版社，2012。

杨明光：《利益集团与美国中东政策》，云南大学出版社，2012。

卢林：《美国经济外交的结构和动力》，上海人民出版社，2017。

杨倩：《比较政治学视野中的民粹主义》，当代世界出版社，2020。

姜辉：《当代西方工人阶级研究》，中国社会科学出版社，2015。

姜辉：《马克思、恩格斯、列宁、斯大林论资本主义危机》，中国社会科学
　　出版社，2015。

秦国民、石杰琳：《制度建设与政治发展》，中国社会科学出版社，2019。

李慎明、杨晓萍：《国际交往与文化软实力：兼论中国特色社会主义新文化
　　战略》，湖南大学出版社，2016。

李慎明：《战争、和平与社会主义》，社会科学文献出版社，2000。

佟德志：《民主的否定之否定——近代西方政治思想的历史与逻辑》，天津
　　人民出版社，2015。

佟德志：《在民主与法治之间 西方政治文明的二元结构及其内在矛盾》，人
　　民出版社，2006。

佟德志：《现代西方民主的困境与趋势》，人民出版社，2008。

张文木：《国家战略能力与大国博弈》，山东人民出版社，2012。

王志民：《"一带一路"西南走向的地缘经济政治环境研究》，世界知识出版
　　社，2022。

陈永红：《美国战略空间拓展研究》，军事科学出版社，2014。

李慎明主编《世界在反思：国际金融危机与新自由主义全球观点扫描》，社
　　会科学文献出版社，2010。

辛向阳：《马克思主义方法论研究》，中国社会科学出版社，2021。

姜辉主编《恩格斯思想年编》，中国社会科学出版社，2020。

栾文莲、刘志明、周淼：《资本主义经济金融化与世界金融危机研究》，中
　　国社会科学出版社，2017。

程恩富：《35位著名学者纵论恩格斯列宁思想》，中国社会科学出版社，2020。

程恩富：《马克思主义原理与应用研究》，中国社会科学出版社，2019。

程恩富、余斌、张建云：《马克思主义整体性新论》，中国社会科学出版社，
　　2013。

林建华：《中国梦与软实力建设》，知识产权出版社，2016。

陈学明：《走向人类文明新形态》，天津人民出版社，2022。

张国祚：《理论思维与文化软实力》，湖南大学出版社，2016。

张文木：《美国帝国主义是资本主义的没落阶段》，当代中国出版社，2022。

韩庆娜：《武力与霸权：冷战后美国对外军事行动》，人民出版社，2014。

章忠民：《黑格尔的当代意义》，上海财经大学出版社，2003。

刘伟：《批评与超越：西方马克思主义对人的本质的探讨及现实意义》，研究出版社，2022。

李黎明、刘静垚：《不可不知的美国史 不可不知的历史》，华中科技大学出版社，2018。

黄安年：《二十世纪美国史》，河北人民出版社，1989。

张化桥、张杼航：《金融科技乱象》，中国人民大学出版社，2021。

乔依德、何知仁等：《全球金融失衡与治理》，中信出版集团，2021。

刘元春、刘青：《失序的美国》，中国人民大学出版社，2023。

王伟光主编《当代资本主义研究》，中国社会科学出版社，2023。

中文译著

〔美〕大卫·哈维：《资本社会的 17 个矛盾》，许瑞宋译，中信出版集团，2016。

〔美〕詹姆斯·M. 斯通：《美国社会经济五个基本问题》，忠华译，中信出版集团，2017。

〔美〕理查德·霍夫施塔特：《美国政治传统及其缔造者》，崔永禄、王忠和译，商务印书馆，1994。

〔德〕霍尔格·霍克：《美国的伤痕：独立战争与美国政治的暴力基因》，杨靖译，东方出版社，2019。

〔美〕威廉·利奇：《欲望之地：美国消费主义文化的兴起》，孙路平、付爱玲译，北京大学出版社，2020。

〔美〕罗伯特·威廉·福格尔、斯坦利·L. 恩格尔曼：《苦难的时代：美国奴隶制经济学》，颜色译，机械工业出版社，2015。

〔英〕戴维·李、布赖恩·特纳主编《关于阶级的冲突——晚期工业主义不平等之辩论》，姜辉译，重庆出版社，2005。

〔英〕约翰·斯科特：《公司经营与资本家阶级》，张峰译，重庆出版社，2002。

〔法〕托克维尔：《论美国的民主》，张晓明编译，北京出版社，2007。

〔美〕马修·辛德曼：《数字民主的迷思》，唐杰译，中国政法大学出版社，2016。

〔美〕唐·泰普斯科特：《数字化成长：网络世代的崛起》，陈晓开、袁世佩译，东北财经大学出版社、McGraw-Hill 出版公司，1999。

〔美〕雅各布·S. 哈克、保罗·皮尔森：《赢者通吃的政治：华盛顿如何使富人更富，对中产阶级却置之不理》，陈方仁译，格致出版社、上海人民出版社，2015。

〔美〕托马斯·戴伊、哈蒙·齐格勒、路易斯·舒伯特：《民主的反讽：美国精英政治是如何运作的》，林朝晖译，新华出版社，2016。

〔美〕诺姆·乔姆斯基：《世界秩序的秘密：乔姆斯基论美国》，季广茂译，译林出版社，2015。

〔美〕多姆霍夫：《谁统治美国：权力政治和社会变迁》（第五版），吕鹏、闻翔译，凤凰出版传媒集团，2009。

〔美〕托马斯·斯坎伦：《为什么不平等至关重要》，陆鹏杰译，中信出版社，2019。

〔美〕唐·沃特金斯、亚龙·布鲁克：《平等不公正：美国被误导的收入不平等斗争》，启蒙编译所译，上海社会科学院出版社，2019。

〔美〕理查德·拉撒路斯：《环境法的形成》，庄汉译，中国社会科学出版社，2017。

〔俄〕C. A. 坦基扬：《新自由主义全球化　资本主义危机抑或全球美国化？》，王新俊、王炜译，教育科学出版社，2008。

〔英〕保罗·马蒂克：《资本主义的冬天　经济危机和资本主义的失败》，魏佳妮、刘清山译，石油工业出版社，2019。

〔英〕保罗·科利尔：《资本主义的未来》，刘波译，上海三联书店，2020。

〔英〕保罗·科利尔：《战争、枪炮与选票》，吴遥译，南京大学出版社，2017。

〔德〕理查德·莱文索恩：《战争致富史话：枪炮、金钱与算计》，周新译，地震出版社，2020。

〔美〕迈克尔·英伯、泰尔·范·吉尔：《美国教育法》（第3版），李晓燕、申素平、陈蔚译，教育科学出版社，2011。

〔美〕G. 威廉·多姆霍夫：《谁统治美国：公司富豪的胜利》，杨晓婧译，外语教学与研究出版社，2017。

〔日〕佐藤俊树：《不平等的日本——告别"全民中产"社会》，王奕红译，南京大学出版社，2008。

〔埃及〕萨米尔·阿明：《不平等的发展》，高铦译，社会科学文献出版社，2017。

〔美国〕威廉·J. 基夫，莫里斯·S. 奥古尔：《美国立法过程——从国会到州议会》（第十版），王保民、姚志奋译，法律出版社，2019。

〔美〕雅各布·哈克、保罗·皮尔森：《推特治国：美国的财阀统治与极端不平等》，法意译，当代世界出版社，2020。

〔美〕约瑟夫·E. 斯蒂格利茨：《巨大的鸿沟》，蔡笑译，机械工业出版社，2017。

〔美〕伯尼·桑德斯：《我们的革命》，钟舒婷、周紫君译，江苏凤凰文艺出版社，2018。

〔美〕约瑟夫·E. 斯蒂格利茨：《不平等的代价》，张子源译，机械工业出版社，2020。

〔美〕克里斯托弗·海耶斯：《精英的黄昏：后精英政治时代的美国》，张宇宏译，上海译文出版社，2017。

〔美〕罗伯特·A. 达尔：《论政治平等》，谢岳译，上海人民出版社，2014。

〔美〕罗伯特·帕特南：《我们的孩子》，田雷、宋昕译，中国政法大学出版社，2017。

〔德〕桑巴特：《为什么美国没有社会主义》，孙丹译，电子工业出版社，2013。

〔英〕安东尼·阿特金森：《不平等，我们能做什么》，王海昉、曾鑫、刁琳琳译，中信出版集团，2016。

〔美〕罗伯特·戈登：《美国增长的起落》，张林山等译，中信出版集团，2018。

〔美〕马克·里拉：《分裂的美国》，马华灵、顾霄容译，上海人民出版
社，2022。

〔美〕托佛勒：《大未来》，黄继民等译，人民中国出版社，1993。

〔美〕乔万尼·阿瑞吉、贝弗里·J. 西尔弗等：《现代世界体系的混沌与治
理》，王宇洁译，生活·读书·新知三联书店，2003。

〔加〕罗杰·马丁：《失衡的美国：资本主义经济的效率陷阱》，王正林译，
广东经济出版社，2022。

〔德〕海因里希·奥古斯特·温克勒：《西方的困局：欧洲与美国的当下危
机》，童欣译，中信出版集团，2019。

〔美〕保罗·巴兰、保罗·斯威齐：《垄断资本：论美国的经济和社会秩
序》，杨敬年译，商务印书馆，2021。

〔美〕詹姆斯·里卡兹：《货币战争》，凌复华译，上海译文出版社，2018。

〔加拿大〕尼克·斯尔尼塞克：《平台资本主义》，程水英译，广东人民出版
社，2018。

〔美〕厄尔·怀松、罗伯特·佩卢奇、大卫·赖特《新阶级社会——美国梦
的终结?》（第四版），张海东等译，社会科学文献出版社，2019。

〔美〕沃尔特·沙伊德尔：《不平等社会：从石器时代到 21 世纪，人类如何
应对不平等》，颜鹏飞译，中信出版集团，2019。

〔英〕迈克尔·马尔莫：《健康鸿沟：来自不平等世界的挑战》，俞敏译，人
民日报出版社，2019。

〔英〕彼得·莱尔：《全球海盗史：从维京人到索马里海盗》，于百九译，广
东人民出版社，2022。

〔英〕史蒂文·卢克斯：《个人主义》，阎克文译，江苏人民出版社，2001。

〔美〕约翰·C. 查尔伯格：《艾玛·戈德曼：美国式个人主义者》，翟青青、
张懿译，上海社会科学院出版社，2016。

〔捷克〕丹尼尔·沙拉汉：《个人主义的谱系》，储智勇译，吉林出版集团有
限责任公司，2009。

〔美〕威廉·詹姆斯：《实用主义》，燕晓冬编译，重庆出版社，2006。

〔美〕威廉·詹姆斯：《实用主义：一些旧思想方法的新名称》，王怡然、陈

鋆译，北京理工大学出版社，2019。

〔美〕卡尔·罗杰斯：《论人的成长》（第二版），石孟磊译，世界图书出版公司，2019。

〔美〕俾耳德、巴格力：《美国史》，魏野畴译，向达校订，上海社会科学院出版社，2016。

〔美〕莎拉·丘奇威尔：《美国优先和美国梦 1900－2017》，詹涓译，社会科学文献出版社，2021。

〔美〕弗雷德里克·刘易斯·艾伦：《大变革时代 光荣与梦想 1900－1950：全方位变革，走向全球权力之巅》，秦传安译，江苏人民出版社，2019。

〔美〕比尔·布莱森：《那年夏天：美国 1927》，闫佳译，浙江人民出版社，2016。

〔美〕艾伦：《美国改造时期——争取民主的斗争》，宁京译，生活·读书·新知三联书店，1957。

〔英〕克恩·亚历山大、拉胡尔·都莫、约翰·伊特威尔：《金融体系的全球治理：系统性风险的国际监管》，赵彦志译，东北财经大学出版社，2010。

〔韩〕洪椿旭：《金钱何以改变世界：传染病、气候变化与金融危机》，郑丹丹译，东方出版中心有限公司，2022。

〔新加坡〕尚达曼、朱民：《未来全球金融治理：二十国集团全球金融治理名人小组报告》，朱隽译，中信出版集团，2020。

〔美〕杰夫·马德里克：《看不见的孩子：美国儿童贫困的代价》，汪洋、周长天译，上海人民出版社，2022。

〔法〕托马斯·皮凯蒂：《21 世纪资本论》，巴曙松等译，中信出版社，2014。

〔日〕丸山俊一、日本 NHK 欲望资本主义制作组：《欲望资本主义：黑暗力量觉醒之时（2）》，袁志海、梁济邦译，浙江人民出版社，2022。

〔美〕塞缪尔·鲍尔斯，理查德·爱德华兹，弗兰克·罗斯福，梅伦·拉鲁迪：《理解资本主义：竞争、统制与变革》（第四版），孟捷、张林、赵准、徐华译，中国人民大学出版社，2022。

〔日〕橘本俊诏：《日本的教育不平等》，彭曦译，南京大学出版社，2015。

〔美〕米凯莱·阿拉塞维奇、安娜·索奇：《不平等简史》，罗海蓉、智艳等译，上海社会科学院出版社，2018。

中文期刊

刘经纬：《生物多样性及其中国哲学意蕴论要》，《人民论坛·学术前沿》2022 年第 14 期。

郭永虎、安鑫玉：《近期美国国会涉华经贸立法及其影响（2019－2021）》，《东北师大学报》（哲学社会科学版）2022 年第 4 期。

李向阳：《特朗普政府需要什么样的全球化》，《世界经济与政治》2019 年第 3 期。

刘胜湘、张鹏、高瀚：《特朗普政府国家安全战略的不确定性论析》，《东北亚论坛》2020 年第 5 期。

宫福清：《中国教育现代化的价值追求》，《红旗文稿》2019 年第 16 期。

程恩富、夏晖：《美元霸权：美国掠夺他国财富的重要手段》，《马克思主义研究》2007 年第 12 期。

余丽：《美国霸权正在衰落吗?》，《红旗文稿》2014 年第 8 期。

高建明、郭杰：《美国左翼的现状、问题与前景》，《科学社会主义》2020 年第 1 期。

韩召颖、岳峰：《金融危机后美国的新孤立主义思潮探析》，《美国研究》2017 年第 5 期。

蔡萌、岳希明：《从马克思到皮凯蒂：收入分配的跨世纪之辩》，《经济学动态》2016 年第 11 期。

高海龙：《"单一行政官"理论与美国总统权力的扩张》，《美国研究》2020 年第 1 期。

约翰·罗默、梁爽、黄斐：《社会主义、马克思主义和平等———耶鲁大学教授约翰·罗默访谈》，《社会科学辑刊》2016 年第 6 期。

黄涛、艾超南：《我国立法腐败及其治理的政治学分析》，《云南行政学院学报》2011 年第 3 期。

郝玥、李凯林：《苏联学者对马克思主义法学的两种理解考辨》，《北京行政学院学报》2020 年第 2 期。

吴茜：《现代金融垄断资本主义的危机及其制度转型》，《马克思主义研究》
　　2020 年第 6 期。

刘卫东、Michael Dunford、高菠阳：《"一带一路"倡议的理论建构——从新
　　自由主义全球化到包容性全球化》，《地理科学进展》2017 年第 11 期。

本·法因、阿尔弗雷多·萨德·费略、金梦迪、方然、保国伟、林日新：
　　《我们需要了解的关于新自由主义的十三个问题》，《政治经济学评论》
　　2017 年第 5 期。

陈伟光、蔡伟宏：《逆全球化现象的政治经济学分析——基于"双向运动"
　　理论的视角》，《国际观察》2017 年第 3 期。

韩英：《全球劳工套利的帝国主义本质与中国的选择》，《当代经济研究》
　　2016 年第 8 期。

郭立宏、田瑶：《产业结构、收入不平等与金融行为》，《统计与信息论坛》
　　2020 年第 4 期。

叶险明：《人类命运共同体意识的复杂性与全球治理——一种新全球治理理
　　念的构建》，《河北学刊》2019 年第 6 期。

金灿荣、石雨松：《习近平的全球治理理念》，《太平洋学报》2019 年第
　　10 期。

陈刚：《集团政治视角下的美国民主》，《江汉论坛》2016 年第 9 期。

李增刚：《新政治经济学的学科含义与方法论特征》，《教学与研究》2009
　　年第 1 期。

王保民、袁博：《美国利益集团影响立法的机制研究》，《国外理论动态》
　　2020 年第 1 期。

李慎明：《重点做好国内改革、发展和稳定工作——我国未来发展重要战略
　　机遇期的相关问题》，《毛泽东邓小平理论研究》2019 年第 8 期。

王伟：《21 世纪美国白人极端主义现象研究》，《民族研究》2019 年第 5 期。

周宏、李国平：《金融资本主义：新特征与新影响》，《马克思主义研究》
　　2013 年第 10 期。

陈琪、罗天宇：《美国政治的极化之势》，《人民论坛》2020 年第 17 期。

方芳、黄汝南:《金融化与实体经济:金融本质再考察》,《教学研究与参考》2019 年第 2 期。

刘艳明:《美国系统性种族主义理论综述》,《北京社会科学》2019 年第 3 期。

马峰:《全球化与不平等:欧美国家民粹浪潮成因分析》,《社会主义研究》2017 年第 1 期。

邢文增:《美国资本主义体系的危机与马克思主义替代方案——访美国马克思主义经济学家理查德·沃尔夫》,《世界社会主义研究》2022 年第 9 期。

魏南枝:《美国的文化认同冲突和社会不平等性——种族矛盾的文化与社会源流》,《学术月刊》2021 年第 2 期。

林红:《"达尔之问"的再讨论:经济不平等与美国的再分配困境》,《美国研究》2021 年第 2 期。

刘华初、刘睿博:《马克思"不平等批判"的辩证解读及当代启示》,《北京行政学院学报》2023 年第 2 期。

章忠民:《马克思主义中国化时代化新的飞跃的深刻意涵与当代价值》,《马克思主义研究》2022 年第 11 期。

汪亭友、刘月红:《认清两种价值观的根本区别》,《前线》2022 年第 6 期。

马兴、姜添辉:《如何认识与刻画教育不平等:伯恩斯坦编码理论的视角》,《华东师范大学学报》(教育科学版)2023 年第 4 期。

[美] 托马斯·奈尔:《什么是新冠资本主义?》,王洁编译,《当代世界与社会主义》2023 年第 1 期。

骆意中:《法律面前人人平等:谁的面前? 何种平等?》,《浙江社会科学》2023 年第 2 期。

张航、关祥睿:《马克思公平观的三个维度及现实启示——基于〈哥达纲领批判〉的分析》,《政治经济学评论》2023 年第 1 期。

周浥莽、李月旻:《理解金融化——定义、解释与研究议程》,《社会学评论》2023 年第 1 期。

郑万军、叶航、罗俊:《不平等来源、亲社会行为与反社会行为——来自实验室实验的证据》,《经济学动态》2023 年第 1 期。

张源：《傅立叶与美国乌托邦》，《科学社会主义》2022 年第 2 期。

易佳乐：《科恩的社会主义平等观及其当代启示》，《科学社会主义》2021 年第 6 期。

西蒙·莫恩：《当代新自由主义的肖像：1% 人群收入的增长及其经济后果》，刘歆、刘明明译，詹榕校，《国外理论动态》2023 年第 1 期。

埃玛纽埃尔·雷诺：《马克思剥削概念探源及其当代价值》，王玥译，《国外理论动态》2022 年第 6 期。

蓝江：《如何干掉贪婪的资本饕餮——解读南希·弗雷泽的〈食人资本主义〉》，《中国图书评论》2023 年第 3 期。

胡惠林：《国之大者，文化江山：文化强国的标志是为世界提供一种文明》，《中国文化产业评论》2023 年第 1 期。

林承园：《资本运动的空间矛盾透视——对当代资本主义变化趋势的再认识》，《当代经济研究》2023 年第 2 期。

刘志刚：《中西方现代化的不同逻辑起点、模式选择与价值追求》，《马克思主义研究》2023 年第 1 期。

张洪为：《中国式现代化何以推进全体人民共同富裕？——基于中西方现代化发展历程的比较分析》，《行政论坛》2023 年第 1 期。

郝宇青：《新时代新征程中如何守住"人民的心"？》，《行政论坛》2023 年第 1 期。

钮维敢、谈东晨：《基于"颜色革命"的冷战后资本主义阵营公共外交探析》，《宁夏社会科学》2023 年第 1 期。

焦佩、马小月：《美国左翼对新时代中国特色社会主义认知的核心问题述评》，《北京联合大学学报》2023 年第 1 期。

陆轶之：《美式民主话语体系及话语权解构》，《马克思主义研究》2023 年第 1 期。

林锋、王先鹏：《马克思恩格斯的"无产阶级"概念及其现代发展》，《教学与研究》2023 年第 1 期。

林汉青、王少国、王春玺：《代议制民主下的权力结构与美国收入不平等及其批判》，《经济社会体制比较》2023 年第 1 期。

李寅：《当代美国经济不平等的缘起——"新经济"和信息技术革命的漫长
　　阴影》，《文化纵横》2022 年第 6 期。

马峰：《美国社会不平等现状分析与发展趋势探究》，《马克思主义研究》
　　2022 年第 9 期。

葛奇：《货币政策对收入和财富不平等的影响》，《国际金融》2022 年第
　　9 期。

林德山：《当代资本主义不平等问题的根源及其影响》，《人民论坛·学术前
　　沿》2022 年第 9 期。

张跃、丁毅、杨沈龙、解晓娜、郭永玉：《社会不平等如何影响低地位者的
　　系统合理信念》，《心理科学进展》2022 年第 7 期。

陆晓明：《美联储货币政策和经济不平等的关系》，《国际金融》2022 年第
　　3 期。

李勇：《政治不平等的两个论证》，《现代哲学》2022 年第 1 期。

崔小涛：《美国人权价值观的分裂及其影响》，《人权》2022 年第 1 期。

陶涛：《美国贫富分化形势、根源与走向》，《人民论坛》2021 年第 35 期。

张景全：《美国政治极化的深层根源》，《人民论坛》2021 年第 35 期。

李实、陶彦君、詹鹏：《全球财富不平等的长期变化趋势》，《社会科学战
　　线》2022 年第 4 期。

罗皓文、葛浩阳：《全球经济治理体系的变革何以可能？：一个政治经济学
　　的分析》，《世界经济研究》2022 年第 3 期。

欧阳向英：《不平等视角下的世界政治演变》，《观察与思考》2021 年第
　　8 期。

陈金英：《美国政治中的身份政治问题研究》，《复旦学报》（社会科学版）
　　2021 年第 2 期。

侯为民：《〈资本论〉与当代中国马克思主义政治经济学的建构》，《中国劳
　　动关系学院学报》2020 年第 6 期。

刘建江、贺新元：《马克思感性概念的哲学革命意蕴——以〈关于费尔巴哈
　　的提纲〉为中心的考察》，《河南社会科学》2022 年第 3 期。

刘小兰：《中国道路的特质、世界意义及其建议——安德烈·卡托内访谈

录》,《岭南学刊》2020 年第 4 期。

夏银平、倪晶晶:《另一个世界是可能的——法国左翼对新自由主义的批判性研究》,《当代世界与社会主义》2020 年第 1 期。

张树华:《正确的民主观、全新的发展路》,《经济导刊》2022 年第 7 期。

外文专著

Thomas Piketty, *Capital in the Twenty-first Century*, Cambridge, Massachusetts: The Belknap Press of Harvard University Press, 2014.

Paul A. Baran and Paul M. Sweezy, *Monopoly Capital: An Essay on the American Economic and Social Order*, New York and London: Monthly Review Press, 1968.

Bacevich, J. Andrew, *The New American Militarism: How Americans are Seduced by War*, New York: Oxford University Press, 2013.

Sick, Gary, *All Fall Down: America's Tragic Encounter with Iran*, New York: Random House, 1985.

Lee Drutman, *The Business of America is Lobbying*, *How Corporations Became Politicized and Politics Became More Corporate*, Oxford: Oxford University Press, 2015.

Richard J. Grace, *Opium and Empire*, *The Lives and Careers of William Jardine and James Matheson*, Quebec and Ontario: McGill-Queen's University Press, 2014.

Stewart Jay Cohen, *Climate Change in the 21st Century*, Quebec and Ontario: McGill Queen's University Press, 2009.

Agasha Mugasha, *The Law of Multi-Bank Financing*, Quebec and Ontario: McGill Queen's University Press, 1998.

Norman Ravvin, *Failure's Opposite*, Quebec and ontario: McGill Queen's University Press, 2011.

G. Kallis, *Why Malthus Was Wrong and Why Environmentalists Should Care*, Stanford: Stanford University Press, 2019.

W. LaFaber, *Inevitable Revolutions: The United States in Central America*, New York: Norton&Company, 1993.

G. Livingstone, *America's Backyard: The United States and Latin America from the Monroe Doctrine to the War on Terror*, London: Zed Books, 2009.

Hickel, J. , The Divide, *A Brief Guide to Global Inequality and Its Solutions*, London: Penguin Random House, 2017.

A. G. Frank, *Capitalism and Underdevelopment in Latin America: Historical Studies of Chile and Brazil*, New York: Monthly Review Press, 1967.

John Weeks, *Capital and Exploitation*, Princeton: Princeton University Press, 1981.

Michel Aglietta, *A Theory of Capitalist Regulation: The US Experience*, London, New York: Verso, 1987.

Smith, Neil, *Uneven Development Nature, Capital, and the Production of Space*, 3. ed, Athens, Georgia: The University of Georgia Press, 2008.

Robert Rerrucciand Carolyn Cummings Perrucci, eds. , *The Transformation of Work in the New Economy*, New York: Oxford University Press, 2007.

Howard Zinn, *A People's History of the United States*, New York: Harper Colophon Books, 1980.

G. William Domhoff, *Who Rules America?*, 6th ed. , Boston: McGraw-Hill, 2010.

Martin N. Marger, *Social Inequality*, 5th ed. , New York: McGraw-Hill, 2011.

Richard Wilkinson and Kate Pickett, *The Spirit Level: Why More Equal Societies Almost Always Do Better*, New York: Bloomsbury Press, 2009.

Natalia Molina, *A Place at the Nayarit: How a Mexican Restaurant Nourished a Community*, California: University of California Press, 2022.

Mike Amezcua, *Making Mexican Chicago: From Postwar Settlement to the Age of Gentrification*, Chicago: University of Chicago Press, 2022.

Michel Beaud, *A History of Capitalism, 1500 – 2000*, New York: Monthly Review Press, 1997.

Gerald Horne, *The Dawning of the Apocalypse: The Roots of Slavery, White Su-*

premacy, *Settler Colonialism, and Capitalism in the Long Sixteenth Century*, New York: Monthly Review Press, 2020.

Paul Le Blanc and Michael D. Yates, *A Freedom Budget for All Americans: Recapturing the Promise of the Civil Rights Movement in the Struggle for Economic Justice Today*, New York: Monthly Review Press, 2009.

Henry A. Giroux, *America's Addiction to Terrorism*, New York: Monthly Review Press, 2015.

Jim Cullen, *The Art of Democracy: A Concise History of Popular Culture in the United States*, New York: Monthly Review Press, 2002.

Bruce Neuburger, *Lettuce Wars: Ten Years of Work and Struggle in the Fields of California*, New York: Monthly Review Press, 2008.

Bruce Brown, *Marx, Freud, and the Critique of Everyday Life: Toward a Permanent Cultural Revolution*, New York: Monthly Review Press, 2010.

Garett Jones, *10% Less Democracy: Why You Should Trust Elites a Little More and the Masses a Little Less*, Stanford: Stanford University Press, 2020.

E. Wood, *Democracy Against Capitallism*, Cambridge: Cambridge University Press, 1995.

A. Murray, and J. Birnbaum, *Show down at Gucci Gulch: Lawmakers, Lobbyists, and the Unlikely Triumph of Tax Reform*, New York: Vintage, 1988.

C. Harman, *Zombie Capitalism: Global Crisis and the Relevance of Marx*, London: Haymarket Books, 2010.

Lewis D. Solomon, *Cycles of Poverty and Crime in America's Inner Cities*, New Brunswick, NJ: Transaction Publishers, 2012.

外文期刊

Vanda Almeida, "Income Inequality And Redistribution in the Aftermath of the 2007 - 2008 Crisis: The U. S. Case", *National Tax Journal*, Vol. 73, No. 1, 2020.

Steve Riczo, "The Billion-Dollar Question", *USA Today*, Vol. 148, No. 2898, 2020.

Kreier Rachel, "Moral Hazard: It's the Supply Side, Stupid!", *World Affairs*, Vol. 182, No. 2, 2019.

Johnna Montgomerie, "The Pursuit of (Past) Happiness? Middle-class Indebtedness and American Financialization", *New Political Economy*, Vol. 14, No. 1, 2009.

John Posey, "Income Divergence Between Connecticut and Mississippi: Financialization and Uneven Development, 1970 – 2010 ", *Southeastern Geographer*, Vol. 59, No. 3, 2019.

Jeremy Lott, "Monopoly Brewing Small Breweries Are Being Squeezed by Conglomerate Power", *American Conservative*, Vol. 19, No. 3, 2020.

Aaron M. Renn, Governing, "The Rage of Those Left Behind ", *The Atlantic Monthly*, Vol. 29, No. 10, 2016.

Brian C. Thiede, Scott R. Sanders and Daniel T. Lichter, "Born Poor? Racial Diversity, Inequality, and the American Pipeline", *Sociology of Race and Ethnicity*, Vol. 4, No. 2, 2018.

Jeffrey A. Winters, Benjamin I. Page, "Oligarchy in the United States?", *Perspectives on Politics*, Vol. 7, No. 4, 2009.

Wendy Leo Moore, "The Legal Alchemy of White Domination: Embedding White Logic in Equal Protection Law", *Humanity & Society*, Vol. 38, No. 1, 2014.

Stephanie L. Hartzell, "Alt-White: Conceptualizing the 'Alt-Right' as a Rhetorical Bridge between White Nationalism and Mainstream Public Discourse", *Journal of Contemporary Rhetoric*, Vol. 8, No. 1/2, 2018.

Theoharry Grammatikos, Nikolaos I. Papanikolaou, " 'Too-Small-To-Survive' versus 'Too-Big-To-Fail' banks: The Two Sides of the Same Coin", *Financial Markets, Institutions & Instruments*, Vol. 27, No. 3, 2018.

Douglas A. Hicks, "How Economic Inequality is a Theological and Moral Issue",

Interpretation: *A Journal of Bible and Theology*, Vol. 69, No. 4, 2015.

Susan E. Mayer, "The Relationship Between Income Inequality and Inequality in Schooling", *Theory and Research in Education*, Vol. 8, No. 1, 2010.

Eric Joseph van Holm, "Unequal Cities, Unequal Participation: The Effect of Income Inequality on Civic Engagement", *American Review of Public Administration*, Vol. 49, No. 2, 2019.

Dongkyu Kim, Mi-son Kim and Sang-Jic Lee, "Income Inequality, Social Mobility, and Electoral Participation in the US Counties: Revisiting the Inequality-Participation Nexus", *Political Studies*, December 1, 2021.

Johan Galtung, "On the Future of the International System", *Journal of Peace Research*, Vol. 4, No. 4.

Linda M. Burton, Daniel T. Lichter, Regina S. Baker, John M. Eason, "Inequality, Family Processes, and Health in the 'New' Rural America", *American Behavioral Scientist*, Vol. 57, No. 8, 2013.

Leo V. Mayer, "Agricultural Change and Rural America", *The ANNALS of the American Academy of Political and Social Science*, Vol. 529, No. 1, 1993.

Chadwick F. Alger, "The Multinational Corporation and the Future International System", *The Annals of the American Academy of Political and Social Science*, Vol. 403, No. 1, 2012.

Sameer Vohra, Carolyn Pointer, Amanda Fogleman, Thomas Albers, Anish Patel, Elizabeth Weeks, "Designing Policy Solutions to Build a Healthier Rural America", *The Journal of Law*, *Medicine & Ethics*, Vol. 48, No. 3, 2020.

Kimberly Greder, Angelica S. Reina, "Procuring Health: Experiences of Mexican Immigrant Women in Rural Midwestern Communities", *Qualitative Health Research*, Vol. 29, No. 9, 2019.

Ellen E. Whipple, Laura L. Nathans, "Evaluation of a Rural Healthy Families America (HFA) Program: The Importance of Context", *Families in Society*: *The Journal of Contemporary Social Services*, Vol. 86, No. 1, 2005.

Susan A. Lawrence, B. Jan McCulloch, "Rural Mental Health and Elders: Historical Inequities", *Journal of Applied Gerontology*, Vol. 20, No. 2, 2001.

Evelyne Huber, François Nielsen, Jenny Pribble, John D. Stephens, "Politics and Inequality in Latin America and the Caribbean", *American Sociological Review*, Vol. 71, No. 6, 2006.

Stanley R. Bailey, Fabrício M. Fialho, Andrew M. Penner, "Interrogating Race Color, Racial Categories, and Class Across the Americas", *American Behavioral Scientist*, Vol. 60, No. 4, 2016.

Ben Levin, "Chile, Latin America, and Inequality in Education", *Phi Delta Kappan Magazine*, Vol . 93, No. 2, 2011.

Steven J. Coleman, "Savage Inequalities: Children in Americas Schools", *Journal of Education*, Vol. 174, No. 3, 1992.

Major G. Coleman, "At a Loss for Words: Measuring Racial Inequality in America", *Review of Black Political Economy*, Vol. 43, No. 2, 2016.

Carole V. Bell, Robert M. Entman, "The Media's Role in America's Exceptional Politics of Inequality Framing the Bush Tax Cuts of 2001 and 2003", *The International Journal of Press/Politics*, Vol. 16, No. 4. 2011.

John R. Chambers, Lawton K. Swan, Martin Heesacker, "Better off Than We Know Distorted Perceptions of Incomes and Income Inequality in America", *Psychological Science*, Vol. 25, No. 2, 2014.

David Lester, "Inequality of Income and Rates of Violence in Caucasian and Black Groups", *Psychological Reports*, Vol. 79, No. 3, 1996.

Melanie Heath, "Proposing Prosperity? Marriage Education Policy and Inequality in America", *Contemporary Sociology: A Journal of Reviews*, Vol. 47, No. 3, 2018.

Monica Prasad, "Inequality and Prosperity: Social Europe vs. Liberal America", *Contemporary Sociology: A Journal of Reviews*, Vol. 36, , No. 1, 2007.

Amit Bhaduri, "Climate Change", *The Economic and Labour Relations Review*, Vol. 23, No. 3, 2012.

Josephine Harmon, "U. S. Gun Culture as a Martial Culture Within a Weberian

Framework: Disrupting the State's Monopoly on Force", *Josephine Harmon Cultural Studies · Critical Methodologies*, Vol. 22, No. 5, 2022.

Jennifer D. Carlson, "States, Subjects and Sovereign Power: Lessons from Global Gun Cultures", *Theoretical Criminology*, Vol. 18, No. 3, 2014.

Deanna Hollas, "Self Defense is Killing Us", *Interpretation: A Journal of Bible and Theology*, Vol. 76, No. 3, 2022.

Benjamin D. Utter, " 'Accessories included': Armed Christians and the Mythos of Heroic Violence", *Review & Expositor*, Vol. 117, No. 3, 2020.

Andrew Goldsmith, Mark Halsey, David Bright David Brig, "Taking Crime Guns Seriously: Asocio-material Perspective", *Criminology & Criminal Justice*, Vol. 22, No. 3, 2022.

Shirley M. Carswell, "Have We Surrendered to Gun Violence in Urban America? Federal Neglect Stymies Efforts to Stop the Slaughter Among Young Black Men", *Race and Justice*, Vol. 12, No. 1, 2022.

Darci M. Graves, "Guns on Campus: An Autoethnography of 'Concealed Carry' Policies", *Feminism & Psychology*, Vol. 32, No. 2, 2022.

Dae-Young Kim, "COVID-19 and Gun Violence: Keeping Unknown Shocks and Volatility in Perspective", *Criminal Justice Review*, Vol. 48, No. 2, 2023.

Wolfgang Muno, Alexander Brand Alexander Brand, "Farewell to Leadership? Ideas of Hegemony and Counter-hegemony in the Americas", *International Area Studies Review*, Vol. 17, No. 4, 2014.

James Anderson, "Saving the World from American Hegemony", *Environment and Planning D: Society and Space*, Vol. 22, No. 6, 2004.

Aaron Good, "American Exception: Hegemony and the Dissimulation of the State", *Administration & Society*, Vol. 50, No. 1, 2018.

A. Dello Buono, "The Crisis of US Hegemony in the Era of Obama: Four Views from Latin America", *Critical Sociology*, Vol. 38, No. 2, 2012.

Mark Beeson, "The Declining Theoretical and Practical Utility of 'Bandwagoning': American Hegemony in the Age of Terror", *The British Journal of Politics and International Relations*, Vol. 9, No. 4, 2007.

John Ikenberry, "Reflections on After Victory", *The British Journal of Politics and International Relations*, Vol. 21, No. 1, 2019.

Heather Ba, "Hegemonic Instability: Complex Interdependence and the Dynamics of Financial Crisis in the Contemporary International System", *European Journal of International Relations*, Vol. 27, No. 2, 2021.

Dídimo Castillo Fernández, "The Hegemony Crisis, the Neoliberal Model, and the United States Power Structure", *Critical Sociology*, Vol. 47, No. 7 – 8, 2021.

Michael Mastanduno, "Liberal Hegemony, International Order, and US Foreign Policy: A Reconsideration", *The British Journal of Politics and International Relations*, Vol. 21, No. 1, 2019.

Nicole Eustace, "Emotional Pursuits and the American Revolution", *Emotion Review*, Vol. 12, No. 3, 2020.

Cecilia Anigstein, Gabriela Wyczykier, "Union Actors and Socio – environmental Problems: The Trade Union Confederation of the Americas", *Latin American Perspectives*, Vol. 46, No. 6, 2019.

Matthew M. Bodah, "Internal Jurisprudence and Trade Union Democracy: The Case of the Auto Workers", *Economic and Industrial Democracy*, Vol. 13, No. 1, 1992.

David Darmofal, Nathan J. Kelly, Christopher Witko, Sarah Young, "Federalism, Government Liberalism, and Union Weakness in America", *State Politics & Policy Quarterly*, Vol. 19, No. 4, 2019.

Harold Meyerson, "Pro – Labor, Non – Union: America in 2022", *New Labor Forum*, Vol. 31, No. 1, 2022.

Steve Lopez, "Union – Free America: Workers and Antiunion Culture", *Contemporary Sociology: A Journal of Reviews*, Vol. 40, No. 6, 2011.

Mark R. Rank, "The Effect of Poverty on America's Families Assessing Our Research Knowledge", *Journal of Family Issues*, Vol. 22, No. 7, 2001.

Linda M. Burton, Daniel T. Lichter, Regina S. Baker, John M. Eason, "Inequality, Family Processes, and Health in the 'New' Rural America", *American Behavioral Scientist*, Vol. 57, No. 8, 2013.

Mark R. Rank, James Herbert Williams, "A Life Course Approach to Understanding Poverty among Older American Adults", *Families in Society: The Journal of Contemporary Social Services*, Vol. 91, No. 4, 2010.

Mark D. Partridge, Dan S. Rickman, "High – Poverty Nonmetropolitan Counties in America: Can Economic Development Help?", *International Regional Science Review*, Vol. 28, No. 4, 2005.

Amy K. Glasmeier, "One Nation, Pulling Apart: the Basis of Persistent Poverty in the USA", *Progress in Human Geography*, Vol. 26, No. 2, 2002.

Emilio de Antuñano, "Mexico City as an Urban Laboratory: Oscar Lewis, the 'Culture of Poverty' and the Transnational History of the Slum", *Journal of Urban History*, Vol. 45, No. 4, 2019.

Meghan Ashlin Rich, "Unhealthy Cities: Poverty, Race, and Place in America", *Contemporary Sociology: A Journal of Reviews*, Vol. 41, No. 1, 2012.

Bruce Western, "Poverty Politics and Crime Control in Europe and America", *Contemporary Sociology: A Journal of Reviews*, Vol. 40, No. 3, 2011.

Howard Jacob Karger, "The 'Poverty Tax' and America's Low – Income Households", *Families in Society: The Journal of Contemporary Social Services*, Vol. 88, No. 3, 2007.

Thomas J. Cooke, "Book Review: Confronting suburban poverty in America", *Economic Development Quarterly*, Vol. 28, No. 2, 2014.

Elizabeth Mattiuzzi, Margaret Weir, "Governing the New Geography of Poverty in Metropolitan America", *Urban Affairs Review*, Vol. 56, No. 4, 2020.

Stephen McKinney, "The Relationship of Child Poverty to School Education", *Improving Schools*, Vol. 17, No. 3, 2014.

Brian C. Thiede, Daniel T. Lichter, Scott R. Sanders, "America's Working Poor

Conceptualization, Measurement, and New Estimates", *Work and Occupations*, *Vol.* 42, No. 3, 2015.

Maia Cucchiara, "The Unacknowledged Disaster: Youth Poverty and Educational Failure in America", *Contemporary Sociology: A Journal of Reviews*, Vol. 45, No. 5, 2016.

Bradley L. Hardy, Rhucha Samudra, Jourdan A. Davis, "Cash Assistance in America: The Role of Race, Politics, and Poverty", *Review of Black Political Economy*, Vol. 46, No. 4, 2019.

Laura Grindstaff, "Framing Class: Media Representations of Wealth and Poverty in America", *Contemporary Sociology: A Journal of Reviews*, Vol. 35, No. 5, 2006.

Max Fraser, "Biden and Black Rock", *New Labor Forum*, Vol. 31, No. 2, 2022.

Edward Ashbee, "China, the American Jobs Plan, and the Impact of 'Strategic Competition'", *Jadavpur Journal of International Relations*, Vol. 26, No. 1, 2022.

Richard Johnson, "Joe Biden's Rooseveltiana Ambitions", *Political Insight*, Vol. 12, No. 4, 2021.

Maria Ferguson, "Washington View: The Biden Education Plan", *Phi Delta Kappan*, Vol. 102, No. 1, 2020.

Lucian G. Conway, Alivia Zubrod, "Are U. S. Presidents Becoming Less Rhetorically Complex? Evaluating the Integrative Complexity of Joe Biden and Donald Trump in Historical Context", *Journal of Language and Social Psychology*, Vol. 41, No. 5, 2022.

Elizabeth Bomberg, "Joe Biden's Climate Change Challenge", *Political Insight*, Vol. 13, No. 1, 2022.

James D. Boys, "In Charge, But Not in Control: Biden's Foreign Policy", *Political Insight*, Vol. 13, No. 1, 2022.

Jo Ann A. Abe, "Cognitive-Affective Styles of Biden and Trump Supporters: An Automated Text Analysis Study", *Social Psychological and Personality Sci-*

ence, Vol. 14, No. 2, 2023.

Roderick P. Hart, "Why Trump Lost and How? A Rhetorical Explanation", *American Behavioral Scientist*, Vol. 66, No. 1, 2022.

Andrew Strom, "Biden's Task Force on Worker Organizing Shows the Limits of Executive Action", *New Labor Forum*, Vol. 31, No. 2, 2022.

Arun Kundnani, "Race and America's Long War", *Race & Class*, Vol. 60, No. 1, 2018.

Deborah Parsons, "Race and Policing in America: Conflict and Reform", *Contemporary Sociology: A Journal of Reviews*, Vol. 37, No. 6, 2008.

Lynn Weber, "Katrina's Imprint: Race and Vulnerability in America", *Contemporary Sociology: A Journal of Reviews*, Vol. 40, No. 6, 2011.

Saher Selod, "Islamophobia and Racism in America", *Contemporary Sociology: A Journal of Reviews*, Vol. 47, No. 5, 2018.

Sarah Willie – LeBreton, "Acting White?: Rethinking Race in 'Post – Racial' America", *Contemporary Sociology: A Journal of Reviews*, Vol. 44, No. 3, 2015.

Rodney D. Coates, "Law and the Cultural Production of Race and Racialized Systems of Oppression Early American Court Cases", *American Behavioral Scientist*, Vol. 47, No. 3, 2003.

Clarence Spigner, "Health, Race, and Academia in America: Survival of the Fittest?" *International Quarterly of Community Health Education*, Vol. 11, No. 1, 1990.

Jessica J. Wyse, "Race, Ethnicity, Crime and Criminal Justice in the Americas", *Contemporary Sociology: A Journal of Reviews*, Vol. 42, No. 6, 2013.

Stanley R. Bailey, Fabrício M. Fialho, Andrew M. Penner, "Interrogating Race Color, Racial Categories, and Class Across the Americas", *American Behavioral Scientist*, Vol. 60, No. 4, 2016.

Bryant Keith Alexander, "Introduction 'Hands Up! Don't Shoot!': Policing Race in America", *Cultural Studies Critical Methodologies*, Vol. 16, No. 3,

2016.

John B. McConahay, Betty B. Hardee, Valerie Batts, "Has Racism Declined in America? It Depends on Who is Asking and What is Asked", *Journal of Conflict Resolution*, Vol. 25, No. 4, 1981.

David E. Kidd, "The History and Definition of Water Pollution A Teaching Unit", Bulletin of Science, Technology, Vol. 3, No. 2, 1983.

Martin Allen, Robert Clark, Joseph A. Cotruvo, Neil Grigg, "Drinking Water and Public Health in an Era of Aging Distribution Infrastructure", *Public Works Management & Policy*, Vol. 23, No. 4, 2018.

Gale Norton, Michael Suk, "America's Public Lands and Waters: The Gateway to Better Health?", *American Journal of Law*, Vol. 30, No. 2 – 3, 2004.

Kathryn Furlong, "America's Water and Wastewater Crisis: The Role of Private Enterprise", *Contemporary Sociology: A Journal of Reviews*, Vol. 42, No. 4, 2013.

Rolando E Díaz – Caravantes, Adriana Zuniga – Teran, Facundo Martín, Marta Bernabeu, Philip Stoker, Christopher Scott, "Urban Water Security: a Comparative Study of Cities in the Arid Americas", *Environment & Urbanization*, Vol. 32, No. 1, 2020.

Debra Knopman, Martin Wachs, Benjamin Miller, Scott Davis, Katherine Pfrommer, "Renewing America's Infrastructure: An Agenda for Federal Transportation and Water Policy", *Public Works Management & Policy*, Vol. 23, No. 4, 2018.

Brenda M. Afzal, "Protecting the Health of American Communities: Access to Information", *Policy and Politics*, Vol. 4, No. 1, 2003.

Adell Brown, Ralph D. Christy, Tesfa G. Gebremedhin, "Structural Changes in U. S. Agriculture: Implications for African American Farmers", *The Review of Black Political Economy*, Vol. 22, No. 4, 1994.

Amy Rose, "America at Work New Partnerships for Corporate America and Education", *Adult Learning*, Vol. 3, No. 8, 1992.

Thomas B. Lawrence, Graham Dover, "Place and Institutional Work Creating Housing for the Hard – to – house" *Administrative Science Quarterly*, Vol. 60, No. 3, 2015.

Daniel T. Lichter, Kenneth M. Johnson, "Opportunity and Place: Latino Children and America's Future", *The ANNALS of the American Academy of Political and Social Science*, Vol. 696, No. 1, 2021.

W. S. Sherman, "Changing Values in the Work Place", *Asia Pacific Journal of Human Resources*, Vol. 19, No. 1, 1981.

Stephen Sweet, "Book Review: Working in America Continuity, Conflict, and Change", *Teaching Sociology*, Vol. 35, No. 4, 2007.

Edythe M. Krampe, "Working and Growing up in America", *Contemporary Sociology: A Journal of Reviews*, Vol. 33, No. 3, 2004.

Peter W. O'Brien, "Futures Research in Education", *Australian Journal of Education*, Vol. 20, No. 1, 1976.

Austin H. Johnson, "Men in Place: Trans Masculinity, Race, and Sexuality in America", *Contemporary Sociology: A Journal of Reviews*, Vol. 49, No. 3, 2020.

Michael C. Herron, "Blacks, Hispanics, and Whites A Study of Race – Based Residual Vote Rates in Chicago", *American Politics Research*, Vol. 41, No. 2, 2013.

Michael J. Hanmer, Michael W. Traugott, "The Impact of Voting by Mail on Voter Behavior", *American Politics Research*, Vol. 32, No. 4, 2004.

Alan James Simmons, Manuel Gutierrez, John E. Transue, "Ranked – Choice Voting and the Potential for Improved Electoral Performance of Third – Party Candidates in America", *American Politics Research*, Vol. 50, No. 3, 2022.

Maria Abascal, Miguel Angel Centeno, "Who Gives, Who Takes? 'Real America' and Contributions to the Nation – State", *American Behavioral Scientist*, Vol. 61, No. 8, 2017.

Cynthia Bogard, "Consuming Politics: Jon Stewart, Branding, and the Youth Vote in America", *Contemporary Sociology: A Journal of Reviews*, Vol. 40, No. 3, 2011.

Todd Donovan, "Obama and the White Vote", *Political Research Quarterly*, Vol. 63, No. 4, 2010.

Dante J. Scala, Kenneth M. Johnson, "Political Polarization along the Rural – Urban Continuum? The Geography of the Presidential Vote, 2000 – 2016", *The Annals of the American Academy of Political and Social Science*, Vol. 672, No. 1, 2017.

Sandra Ley, "To Vote or Not to Vote How Criminal Violence Shapes Electoral Participation", *Journal of Conflict Resolution*, Vol. 62, No. 9, 2018.

Rodney E. Hero, Robert R. Preuhs, "Black – Latino Political Relationships: Policy Voting in the U. S. House of Representatives", *American Politics Research*, Vol. 38, No. 3, 2010.

Amy E. Jasperson, Hyun Jung Yun, "Political Advertising Effects and America's Racially Diverse Newest Voting Generation", *American Behavioral Scientist*, Vol. 50, No. 9, 2007.

Richard W. Boyd, "Decline of U. S. Voter Turnout Structural Explanations", *American Politics Research*, Vol. 9, No. 2, 1981.

Rodney S. Taylor, "To Vote or Not to Vote: Is That the Question?", *Review & Expositor*, Vol. 112, No. 3, 2015.

Daniel R. Biggers, Michael J. Hanmer, "Understanding the Adoption of Voter Identification Laws in the American States", *American Politics Research*, Vol. 45, No. 4, 2017.

Mary Lee Dunn, "Draft Public Health Statement on the U. S. —Central American Free Trade Agreement (CAFTA)", *New Solutions: A Journal of Environmental and Occupational Health Policy*, Vol. 14, No. 3, 2004.

Jennifer Hayes Clark, Tracy Osborn, Jonathan Winburn, Gerald C. Wright, "Representation in U. S. Legislatures: The Acquisition and Analysis of

U. S. State Legislative Roll-Call Data", *State Politics & Policy Quarterly*, Vol. 9, No. 3, 2009.

Ian Kingsbury, "Silencing the Seventh Trumpet: Analyzing the Effect of Private Schooling on Voting Behavior", *Education, Citizenship and Social Justice*, Vol. 14, No. 3, 2019.

Tom Daniels, "The Napa County Agricultural Preserve: Fifty Years as a Foundation of America's Premier Wine Region", *Journal of Planning History*, Vol. 18, No. 2, 2019.

Courtney L. Juelich, Joseph A. Coll, "Rock the Vote or Block the Vote? How the Cost of Voting Affects the Voting Behavior of American Youth Part of Special Symposium on Election Sciences", *American Politics Research*, Vol. 48, No. 6, 2020.

Namkje Koudenburg, Tom Postmes, Ernestine H. Gordijn, "If They Were to Vote, They Would Vote for Us", *Psychological Science*, Vol. 22, No. 12, 2011.

R. Michael Alvarez, Dustin Beckett, Charles Stewart, "Voting Technology, Vote - by - Mail, and Residual Votes in California, 1990 - 2010", *Political Research Quarterly*, Vol. 66, No. 3, 2013.

图书在版编目（CIP）数据

当代美国的不平等：基于马克思主义视域的一项研
究／刘小兰著. -- 北京：社会科学文献出版社，
2023.6
ISBN 978 - 7 - 5228 - 1902 - 0

Ⅰ.①当…　Ⅱ.①刘…　Ⅲ.①社会问题 - 研究 - 美国
Ⅳ.①D771.28

中国国家版本馆 CIP 数据核字（2023）第 098291 号

当代美国的不平等：基于马克思主义视域的一项研究

著　　者／刘小兰

出 版 人／王利民
责任编辑／王小艳
责任印制／王京美

出　　版／社会科学文献出版社·马克思主义出版分社（010）59367004
　　　　　　地址：北京市北三环中路甲 29 号院华龙大厦　邮编：100029
　　　　　　网址：www.ssap.com.cn
发　　行／社会科学文献出版社（010）59367028
印　　装／三河市东方印刷有限公司

规　　格／开 本：787mm × 1092mm　1/16
　　　　　　印 张：15　字 数：229 千字
版　　次／2023 年 6 月第 1 版　2023 年 6 月第 1 次印刷
书　　号／ISBN 978 - 7 - 5228 - 1902 - 0
定　　价／98.00 元

读者服务电话：4008918866